Franz Robiller

LEBENSRÄUME

Moor Wiese Wald See

Dr. sc. Franz Robiller

Lebensräume

Moor Wiese Wald See

Urania-Verlag
Leipzig · Jena · Berlin

Robiller, Franz:
Lebensräume: Moor, Wiese, Wald, See /
Franz Robiller. [Zeichn. Gerhard Medoch.]
– 4. Aufl. – Leipzig; Jena; Berlin:
Urania-Verlag, 1987. – 176 S.: 256 Ill.
(z. T. farb.) ISBN 3-332-00142-6

ISBN 3-332-00142-6

4. Auflage 1987, 51. bis 70. Tausend

VLN 212-475/151/87 · LSV 1309
Lektor: Bernd Scheiba
Gesamtgestaltung: Dominique Kahane und Hans-Joachim Schauß,
Gruppe 4, Berlin
Zeichnungen: Gerhard Medoch, Berlin

Bildnachweis:
Alle Fotos vom Verfasser; S. 129 (Herschel); S. 120 (Jarisch);
S. 7, 17, 31, 85, 89, 97, 117, 126, 139, 171 (Borrmann);
S. 143 (Schäfer); S. 45 (Piechocki); S. 80 (Lange);
S. 153 (Olberg)

Printed in the German Democratic Republic
Lichtsatz und buchbinderische Verarbeitung:
INTERDRUCK Graphischer Großbetrieb Leipzig –
III/18/97
Druck: Druckerei Fortschritt Erfurt
Best.-Nr.: 653 546 5
02400

Inhalt

Frühling am See
7

Von Wiesen und Feldern
31

In den Stockwerken des Mischwaldes
61

Das Moor der Unken und Kraniche
87

Im Kiefernwald
117

Der Fichtenwald und seine Lichtungen
143

Literatur
175

Frühling am See

Dunkle, tiefhängende Wolken treibt der Wind über den See und das flache Land. Wenige große Tropfen fallen, werden mehr und mehr. Auch einige Schneeflocken sind dabei. Plötzlich schüttet es wie aus Eimern, ununterbrochen, als wolle es nicht mehr aufhören. Die weißnackigen Feldsperlinge schlüpfen noch rechtzeitig in die Höhlen der alten, schrägen Apfelbäume am Wegrand, und die schwarzköpfige Rohrammer auf dem Schilfhalm bricht ihren stammelnden monotonen Gesang ab und verschwindet im Röhricht. In weiten Wellenbögen strebt nun auch die erst vor einer Woche aus dem Süden eingetroffene Schafstelze der alten Kopfweide am Erlensaum zu und findet dürftigen Schutz unter einem dicken Ast am klobigen Stamm. Drei Koppelpfähle weiter trippelt der Wiesenpieper eilends zu seinem kunstlosen Nest, in dem das erste bräunlichgelbe Ei liegt. Die brütenden Graugänse im Rohr am sumpfigen Ende des Sees müssen aber auf den Nestern die Regenflut ertragen.

Eine gute halbe Stunde später ist alles wie ein Spuk vorbei. Die Sonne schiebt sich hinter den Wolken hervor und beleuchtet die nassen Wiesen und Wege. Aprilwetter, das mit seiner Unbeständigkeit diesem Monat zwischen Winter und Frühling das Gepräge gibt. Zaghaft schimmert frisches Grün im gleißenden Sonnenlicht zwischen dem grauen Grasteppich an den Wegrainen zum See, und schon lugen die purpurnen Lippenblüten der kleinen Taubnesseln unter dem dunklen Blattgrün hervor. Als kräftig gelbe Farbtupfen im fleischigen, satten Grün ihrer Blätter stehen Sumpfdotterblumen am Rande des schilflosen Ufersaumes der Viehtränke (Bild). Drüben, am Koppelzaun, wo die breite Schilfwildnis beginnt, die einst den ganzen See einschloß, bis die weidenden Rinder tiefe Lücken auf Jahre hinaus rissen, sind noch die typischen Zonen der Uferpflanzenwelt dieses flachen Gewässers erhalten. An den hohen Eichen- und Rotbuchenwald schließen sich seewärts Erlen an, die, je näher sie am Wasser stehen, immer schlechter wachsen. An ihrem Rand haben sich einige Weiden angesiedelt, deren Kätzchen fast alle verblüht sind. Der Regenguß nahm ihnen den letzten Pollen. Nur einige Nachzügler werden in den nächsten Tagen noch etwas von der duftenden frühlingkündenden Pracht verraten. Hier und dort schlüpfen Stare aus den Höhlen der alten Schwarzerlen. Sie hatten wohl auch Zuflucht vor dem Unwetter gesucht. Bereits seit Mitte Februar sind sie aus dem Süden zurückgekehrt und haben gleich nach der Ankunft einen Blick in die wohlbekannten Höhlen geworfen. In manchen liegt jetzt ein liederliches Nest mit hellblauem Gelege. Die Erlen standen damals noch im Wasser, und die milchigen Eisschichten zu ihren Füßen schmolzen erst später bei zwar unfreundlichem, aber wärmerem Wetter. Alle Jahre das gleiche Bild am Rande des breiten, hohen Schilfgürtels.

Die Wochen wurden freundlicher, langsam wich das Wasser zurück, und die violettbraunen Troddeln der Schwarzerlen schwenkte der Wind hin und her. Nahe am Wald blühen zwischen ihren Stämmen die weißen Buschwindröschen, die zusammen mit den goldgelben Blüten des Scharbockskrautes und den pfeifenden und schnalzenden Strophen der flügelschlagenden Stare den Frühling verkünden. Noch ein paar Wochen, dann werden hier die blauen Blüten der Kriechenden Günsel leuchten und hinunter zum See die rotbraunen Kelche der Bachnelkenwurz nicken. Am Ufersaum, wo jetzt die Sumpfdotterblumen blühen, stehen dann die hohen Wasserschwertlilien mit den gelben, bizarren Köpfen. Und dann beginnt der Wald des Schilfs. Breit liegt er zwischen den niedrigen Erlen und Weiden und der weit offenen Wasserfläche. Zum Ausklang des Frühlings, den ganzen Sommer über bis in den Herbst, werden am Ufersaum einige Großstauden als einzige das Flachwasser mit den grünen Stengeln und scharfrandigen Blättern des gut mannshohen Schilfs teilen: Die violetten Krönchen des oftmals kletternden Bittersüßen Nachtschattens fallen dann ebenso im grünen Röhricht auf wie die rötlichen Dolden des meterhohen Gemeinen Wasserdostes, während sich die kleinen Blüten des Rosenroten Weidenröschens mit den ungleichen, länglichen Blättern sehr bescheiden ausnehmen. Sie alle können aber bald dem Schilf beim Vordringen in den See nicht mehr folgen, das Wasser wird zu tief. Von nun an gehört den im Sande kriechenden Wurzelstöcken des mancherorts bis 4 m hoch werdenden Grases diese Zone allein. Wenn das Wasser tiefer als 2 m wird, ist auch ihrer Ausbreitung die Grenze gesetzt. Andere Pflanzen nutzen dann diesen Bereich des Sees. In windstillen Buchten öffnen hier morgens die blühen-

Aprilwetter.

Die Zonierung der Pflanzenwelt an einem großen, eutrophen See mit flachem Ufer.

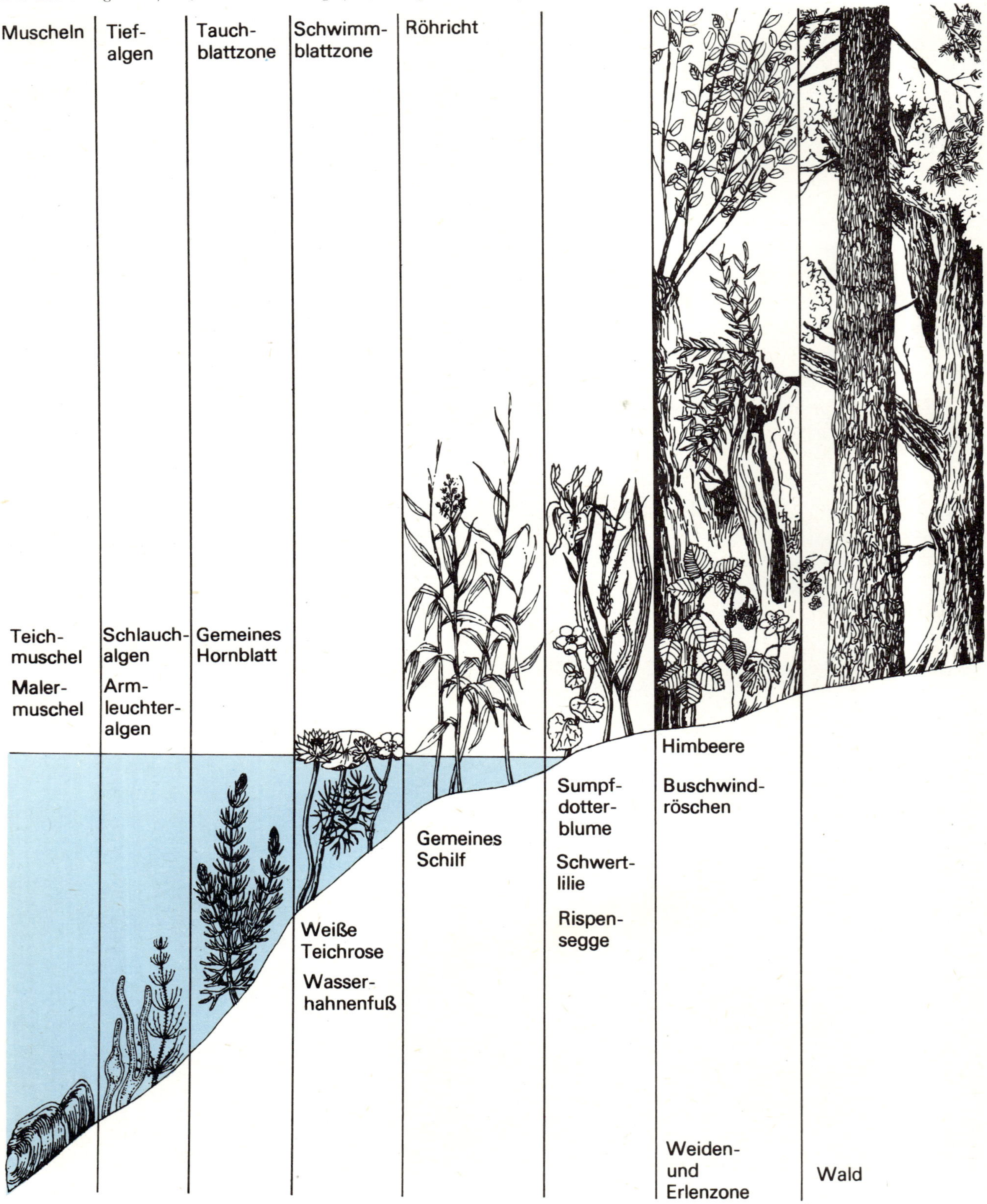

den Weißen Teichrosen zwischen den herzförmigen, wachsüberzogenen Blättern ihre prächtigen Kelche und schließen sie wieder zum Abend. Auch die unscheinbaren gelben Blüten der Großen Mummel schwimmen, umgeben von ihren ledrigen Blättern und den grünen flaschenförmigen Früchten, auf dem ruhigen Wasser. Oftmals schließen sich an das Röhricht gleich die fiederblättrigen Pflanzen des Ährentausendblattes, bei denen nur die unauffälligen Blüten aus dem Wasser ragen, und einige Großlaichkräuter an. Kanadische Wasserpest und Wasserhahnenfuß leben gleichfalls hier, recken aber in Tiefen zwischen 4 und 8 m nicht mehr ihre kleinen Blüten über die spiegelnde Fläche, zu weit ist der Weg nach oben. Sie blühen dann auch nicht mehr. Das wurzellose Gemeine Hornblatt als Unterwasserblüher wird wie andere Pflanzen der Tauchblattzone in größeren Tiefen mehr und mehr von Armleuchteralgen und Quellmoosen abgelöst. Bald bilden diese allein mit anderen Algen ganze Wiesen, die Zone der Tiefalgen. In sehr tiefen, sauberen Seen schließt sich, manchmal erst ab 30 m Tiefe, der algenfreie Grund an.

Unser Gewässer ist aber bei weitem nicht so tief, obgleich es alle charakteristischen Zonen der Ufervegetation aufweist. Noch trägt der Schilfgürtel nicht das einheitliche Grün, denn es ist erst die gute Hälfte des Aprils vorüber. Gelbe Stengel, dicht an dicht.

Gaukelnd kommt eine Rohrweihe *(Circus aeruginosus)* näher und zieht mit langsamen Flügelschlägen über die winterdürren Schilfwälder. Silbern blitzen die hellgrauen Flügelbinden der langen Weihenschwingen auf. Ein Männchen streicht dahin. Vor Tagen balzte es mit vier anderen unter den zerrissenen Wolken der weiten Himmelskuppel: Weite Kreise und rasante Abstürze wechseln da mit Überschlägen und langsamem Hochschrauben; erneutes Gaukeln in den Höhen und wieder mit angelegten Schwingen im sausenden Fall hinunter zum Wasser. Ihr klägliches «Kuich» trägt der Wind über den See bis hinaus in die Feldmark. Herrliche, faszinierende Flugspiele, die erst ein nahender Aprilschauer beendete.

Seitdem haben sich die Paare gefunden und ihre Reviere bezogen. Im dichten Schilfgürtel der Uferzone, nahe den Schwarzerlen, schleppten Männchen und Weibchen der schlanken, bussardgroßen Vögel Schilfhalme herbei und begannen auf umgeknicktem Röhricht mit dem Bau ihres Horstes. Bei diesem Paar hatte es das dunkelbraune Weibchen mit der gelblichen Kopfplatte eilig mit dem Eierlegen. Nur die Erlen- und Birkenzweige zum Unterbau und wenige Rohrhalme darüber waren erst herbeigetragen und zu einer flachen Kuhle verbaut worden, das Ganze noch weit entfernt von der späteren Größe und Höhe der Schilfburg, als schon das erste Ei wie verloren auf den

Uferzonen am Süßwasser.

spärlichen Stengeln lag. Weithin leuchtete sein Weiß, als das Weibchen abstrich (Bild). Von jetzt an wurde gebrütet. Alle zwei Tage legte es ein weiteres Ei hinzu, bis zum vollen Vierergelege. Unterdessen trug das Männchen weitere Halme und Stengel herbei. Der Horst wuchs und wurde zur breiten, hochgeschichteten Plattform. Das Gelege lag nun auch auf weicheren Halmen und Blättern. So manches Mal stand das Männchen mit wehender Schilflast in den Fängen, gegen den Wind rüttelnd, über der Brütenden, bevor es einfiel.

Auf den Eiern verbringt das Weibchen nun die kommenden Wochen und wird nur sehr selten vom Ehepartner abgelöst. Dafür versorgt er es aber bestens mit Futter. Das Gelege darf nur kurze Zeit unbedeckt sein, denn da es ohne jegliche Tarnfarbe ist, würden die auffälligen Eier bald die verschiedensten Feinde anlocken. Inzwischen schieben die Wurzelstöcke ringsumher grüne Halme, so daß der gelbe Schilfwald immer mehr verschwindet. Auch um die Burg der Rohrweihen wird es von Tag zu Tag dichter und höher, und der wachsende Graswall läßt die Sonnenstrahlen nur noch in den Mittagsstunden auf dem braunen Rücken des Weibchens spielen. Richtig eingeschlossen ist nun der aufgetürmte Schilfhaufen.

Unaufhörlich dreht sich die Jahresuhr. Das Treiben auf dem See und in seinen Randzonen nimmt ständig zu. Der Fortpflanzungstrieb bestimmt nun das Geschehen in der Lebensgemeinschaft, bei einigen verborgen und still, bei anderen auffällig und laut. Die Lachmöwen *(Larus ridibundus)* auf den Kaupen im Seichtwasser gehören weder zu den einen noch zu den anderen. Ihre tausendköpfige Brutkolonie ist hier das größte Spektakulum weit und breit, das selbst nachts nicht vollständig verklingt. Das Geschrei der strahlendweißen Vögel mit den schokoladenbraunen Köpfen wird beim Näherkommen zum ohrenbetäubenden Lärm, der sich mit keinem anderen hier am See auch nur annähernd vergleichen läßt. Vogelwolke auf Vogelwolke steigt beim Heranwaten in den Himmel auf, und trotzdem bleiben noch immer viele Möwen auf den Nestern. Sie schwingen sich erst nach und nach hoch und verstärken das wilde Durcheinander in der Luft. In den flachen Mulden aus Schilfblättern, Rohrstengeln und Binsen liegen zwei bis vier, überwiegend aber drei Eier, die eine kurz- bis längs-

Im dichten Schilfgürtel der Uferzone begannen die Rohrweihen mit dem Bau ihres Horstes. Er war noch klein und niedrig, als das Weibchen das erste Ei legte.

ovale Form haben und deren Färbung von Olivgrün bis Braun, Beige, ja bei wenigen sogar bis Hellblau variiert. Nester an Nester stehen hier, manche nur einen knappen Meter auseinander. In einigen sind die Eier angepickt, drängt das neue Leben aus der engen Schale, in anderen liegen nasse, frischgeschlüpfte Junge. Aber viele laufen auch schon zwischen Binsen und Rohr, rutschen von den Blüten, schwimmen bis zu den nächsten und erklimmen sie. Unbeholfen stolpern die Kleinen umher, während die Größeren infolge ihrer kräftigeren Beine sich weit schneller und zielsicherer bewegen.

Zum offenen Wasser hin, am Rande der Kolonie und auch in der etwa 5 m breiten Wasserstraße inmitten der niedrigen Halmenwelt, quer durch das lärmende Volk der Lachmöwen, fallen flache Haufen aus faulenden Stengeln und Halmen auf. Es sind typische Taucher-nester. Nur bei wenigen liegen die drei bis vier Eier offen da, die meisten sind mit faulen Pflanzenteilen vor den suchenden Augen der Feinde geschützt. Bläulichweiß, die Farbe der frischgelegten Eier, ist hier kein Gelege mehr. Hell- bis dunkelbraun sind die Eier durchweg gefärbt. Der tagelange Kontakt mit den fauligen, modrigen Niststoffen gab ihnen diese Farbe. Von den Tauchern ist nichts zu sehen; sie schwimmen und tauchen draußen auf dem See. Nach Einschlüpfen in das Versteck zwischen den Lachmöwennestern auf den schwimmenden Inseln senkt sich die schwingenreiche Wolke über der Kolonie wieder nieder. Der Alltag nimmt seinen Fortgang. Ringsumher fallen fast gleichzeitig alle Möwen auf den Nestern ein, die ersten aber sitzen auf den vier senkrechten Versteckstangen und schreien wie alle übrigen. Nichts anderes ist jetzt zu hören, nicht das laute Konzert der Frösche aus dem schwimmenden Teppich der hellgrünen Wasserlinsen zwischen dem Schilf und der Kolonie (Bild), nicht einmal das wiehernde Brüllen und Quiecken des «Hengstes», des Rothalstauchers, der mit seinem Weibchen das Nest vor der Schilfkante gebaut hat, gut 200 m von den Lachmöwen entfernt (Bild). Aber wie sollte es auch, denn das eigene geschriene Wort im Versteck erreicht das Ohr nicht. Lockend schwimmen einige Braunköpfige, und knallrot leuchten die Schnäbel. Hier und dort werden sie von den auf den Nestern Schreienden angehaßt, wenn sie ihnen zu nahe kommen. Junge krabbeln unter den

Vor der Schilfkante verlandender Gewässer brütet der Rothalstaucher.

Zwischen der Schilfzone inmitten der Wasserlinsen lauern die Frösche auf Beute.

Der zierliche Schwarzhalstaucher ist auf sein Nest zurückgekehrt.

Ständig umschwimmt der Schwarzhalstaucher sein von den Möwen besetztes Nest.

überhängenden Büscheln hervor, paddeln vorüber und kehren zurück zu ihren schilfblättrigen Mulden. Einige bleiben aber auch in denen anderer sitzen und werden dann sehr unsanft mit Schnabelhieben von den zurückkehrenden Besitzern vertrieben, manche erklimmen sogar unter großen Anstrengungen einige Tauchernester. Die meisten aber machen sich bald wieder auf, rutschen unbeholfen ins Wasser zurück und verschwinden zwischen den Bülten. Drei Junge bleiben aber auf einem Nest zwischen den Tauchereiern hocken. Sie scheinen nach den Eltern zu schreien, aber ihre Stimmchen sind im allgemeinen Lärm nicht zu hören.

Plötzlich tauchen ganz andere Vögel aus dem Wasser auf, einige kommen auch eilends angeschwommen, Schwarzhalstaucher *(Podiceps nigricollis)* sind es. Was für ein Anblick! Quicklebendige Tiere mit prächtigen goldgelben Federohren vor unwirklich leuchtenden roten Augen, in deren Mitte die kleine dunkle Pupille sitzt. Mit kurzem Sprung setzen sie auf den Nesthügel auf. Weiß blitzt der Bauch, noch perlt das Wasser vom Gefieder (Bild), da wirft der Schnabel mit wenigen schnellen Griffen die faulenden Pflanzen zur Seite, und ehe man sich versieht, sitzt der außerhalb des Wassers plump wirkende Vogel schon auf den Eiern. Noch zwei-, dreimal rückt er sich kurz zurecht, dann sieht er ruhig umher. Die Schwarzhalstaucher haben hier bei den Lachmöwen ihre Kolonie mit etwa zwei Dutzend Nestern. Der See mit seinen Vegetationszonen wurde ihren Siedlungsansprüchen gerecht. Sie brauchen zum Leben die Tauchpflanzen im Flachwasser vor den weit bewachsenen Ufersäumen, die aber noch große, offene Wasserflächen freilassen. Wie aus einem Märchen muten diese Lappentaucher mit dem samtschwarzen Kopf und Hals an. Nicht minder schön ist das satte Rotbraun der Seiten. All das scheint aber nur der Rahmen eines Bildes zu sein, das von der Pracht der Augen und Federohren gestaltet wird. Lange bleiben sie nicht so ruhig sitzen. Temperamentvolle Vögel sind sie, die blitzschnell die Hälse nach vorn oder nach oben werfen und heftig zischen, wenn eine vorbeischwimmende oder dicht über sie fliegende Möwe oder ein zu nahe auftauchender Artgenosse die Grenzen des Nestbereiches mißachtet. Die Möwen scheren sich gar nicht um den zischenden Wilden, der zur Verstärkung

Lachmöwen mit Jungen, die in Abwesenheit der Altvögel ein Schwarzhalstauchernest erkletterten.

seiner Drohpose auch noch mehrmals kurz das Gefieder sträubt. Dann wirkt die rote Iris ganz besonders wie eine fremde, eingesetzte Scheibe. Auf Artgenossen dagegen macht der drohende Auftritt mehr Eindruck. Sie tauchen sofort weg oder schwimmen hastig davon.

Alle Schwarzhalstaucher in der Runde haben ihre Nester bezogen, nur einer schwimmt kreisförmig um seine «Insel» mit dem Gelege herum, zeitweise gesellt sich auch ein zweiter hinzu. Auf ihr sitzen nämlich immer noch die drei jungen Möwen, zu denen inzwischen auch noch ein Altvogel niedergegangen ist (Bild). Keine der Vier kümmert sich um den hassenden Nestbesitzer im Wasser, dem es nicht gelingt, sie zu vertreiben (Bild). Erst nach etwa einer Stunde schwimmen die Jungen zurück zu den Kaupen. Der Alte ist schon lange wieder auf Futtersuche. Erst jetzt kann der Schwarzhalstaucher sich auf seinem Gelege niederlassen. Vorher aber ordnet er noch das von den Möwen verschobene Nistmaterial, stochert auch mehrmals mit dem Schnabel zwischen die Eier.

Was für eine turbulente Welt ist doch diese Vogelkolonie! Wenn man anfangs meinen könnte, es gehe alles durcheinander, sei chaotisch, ist es doch ganz anders. Die Paare finden aus den über tausend Nestern ihre gemeinsam gebauten Halmmulden mit den gesprenkelten Eiern sicher heraus, auch ihre braunbedunten Jungen, selbst wenn die Kleinen das Nest verlassen haben und zwischen den Bülten sitzen. Denn jedes Paar hat sein festumrissenes Brutrevier. Selbst wenn die kunstlosen Näpfe dicht an dicht stehen, verlaufen zwischen ihnen unsichtbare Grenzen, deren Mißachtung zu heftigen Auseinandersetzungen führt. Nicht nur der betroffene Nesteigentümer ist aufgebracht, sondern auch auf alle umliegenden Bewohner greift die Erregung über, besonders als die Zeit der Nistplatzwahl das Treiben vor Wochen in der Kolonie beherrschte. Verschiedene Körperbewegungen und Stimmäußerungen bestimmen als feste Verhaltensmuster die Eingliederung der Paare in die mehrwöchige Gemeinschaft, machen das Zusammenleben auf engstem Raum innerhalb der hundert- oder tausendköpfigen Scharen der Kolonien in jedem Frühjahr aufs neue erst möglich. Eine solche Gemeinschaft bedeutet Schutz für alle Mitglieder, besonders vor den Nesträubern, von denen hier die Nebelkrähen zu den ärgsten zählen. Gemeinschaftlich wehren sie die Eindringlinge ab, während sie vor Greifvögeln, die auch für die Altvögel eine Gefahr bedeuten, die Flucht ergreifen, genauso wie außerhalb der Brutzeit, wenn sie im Lande zu mehreren, manchmal zu Hunderten umherstreifen. Genügend Lachmöwen verbleiben immer in der Kolonie; ständig schwingen sich welche hoch, fliegen zu den Feldfluren. Rückkehrende fallen ein und schützen mit ihrer Anwesenheit die Nester der nach Würmern, Raupen, Käfern, Grillen, Engerlingen, Mäusen und mancherlei anderem Getier suchenden Gefährten vor zudringlichen Feinden.

Den schwimmenden, eiertragenden Inseln der zierlichen, flinken Schwarzhalstaucher kommt dieses soziale Verhalten der Möwen gleichfalls zustatten, denn manche von ihnen könnten beim Nestverlassen ihre Eier nicht ohne die pflanzliche Abdeckung schutzlos liegenlassen. Unweigerlich wären diese Gelege verloren, wie es mit denen der Hauben-, Zwerg- und Rothalstaucher häufig passiert, die fern von den Lachmöwen brüten, wenn ihnen bei plötzlichen Störungen keine Zeit mehr zum Zudecken bleibt.

Obwohl die Lachmöwen Vögel des Wassers sind, holen sie doch ihre Nahrung überwiegend von Wiesen, Feldern und Schutthalden, wo sie das meiste auflesen und damit keinen Schaden an den Kulturpflanzen auf den Äckern verursachen. Sie haben ein breitgefächertes Nahrungsspektrum. Die Fische machen nach eingehenden Untersuchungen, besonders von Gerhard Creutz, im Gegensatz zu früheren Ansichten, nur einen unbedeutenden Teil aus. Viele davon gehören außerdem noch zu den Arten, wie Stichlinge, Moderlieschen und Gründlinge, die der Fischwirt als Nahrungskonkurrenten nur ungern sieht und für deren Vertilgung er dankbar ist. Gern vermerkt er auch die Beseitigung toter und das Ausmerzen kranker Fische, weil diese wegen möglicher Infektionskrankheiten seinen Edelfischbestand gefährden. Die braunköpfigen Vögel, die nach der Brutzeit nur noch ein schwarzer Ohrfleck ziert, leisten also viel Nützliches für Land- und Fischwirtschaft und sind in ihrem Verbreitungsgebiet wertvolle, schützenswerte Mitglieder innerhalb der Lebensgemeinschaft.

Selbst ein Paar der spitzflügligen Flußseeschwalben *(Sterna hirundo)* auf der Schlammbank, gut zwei Dutzend Meter von der lärmenden Brutsiedlung der Möwen entfernt, genießt für seine gelbbraunen, gefleckten Eier auch den von der Brutgesellschaft ausgehenden Schutz. Erstmalig bauten in diesem Jahr die weißen Vögel mit den bläulichen, langen Schwingen, der schwarzen Kopfplatte und dem roten Schnabel mit schwarzer Spitze bei den Tausenden Mohrenköpfen, wie Wolf Spillner treffend die Lachmöwen nennt, ihr Nest. Nur diese beiden eleganten Flieger ließen sich an dem großen See nieder, obwohl sie sonst eigentlich zu mehreren gesellig brüten. In Lachmöwenkolonien sind ihre Nester gar nicht selten, und an der Küste brüten sie oft in Brutsiedlungen mit anderen Seevögeln. Sie kennen die Vorteile einer solchen Kolonie nur zu gut. Im geschmeidigen weichen Flug zieht meistens einer der Vögel gemächlich über den See, rüttelt hastig, fliegt weiter, rüttelt wieder und stößt blitzschnell nach unten. Das Wasser spritzt auf, und schon ist er wieder zu sehen. Kurz verweilt er nur, dann schwingt er sich elegant hoch, strebt mit Beute hin zum Nest, das auf schlammigem Boden steht, zum brütenden Partner (Bild).

Hier, wo Schilf und Rohr schon jahrelang nicht

Auf dem Nest gelandete Flußseeschwalbe. Es wurde auf einer Schlammbank in der Nähe des großen Möwenbrutplatzes gebaut.

geschnitten wurden und breite ausgedehnte Bestände bilden, ist besonders nachts ein stakkatoartiges «Ü ü ü» zu hören, dem ein tiefes «Prump» folgt, das weit durch die Schilfwälder zum offenen Wasser schallt, wo die Fische ab und an plätschernd springen und der Mond sich spiegelt. Der «Moorochse» ruft, meistens mehrmals hintereinander, auch tagsüber, und verrät häufig erst dadurch seine Anwesenheit. «Große Rohrdommel» ist der eigentliche deutsche Name, *Botaurus stellaris* der wissenschaftliche. Abseits des fast kreisrunden Schilfnestes auf umgebrochenen oder zusammengeschwemmten Stengeln bekommt man den Vogel mit dem braunen längsgestreiften und quergewellten Gefieder und den langen grünlichen Beinen selten zu Gesicht, und im Schilf tarnt ihn seine unbewegliche «Pfahlstellung» vorzüglich vor suchenden Blicken. Wenn er die schützende Graswildnis überhaupt verläßt, dann streicht er unauffällig im niedrigen Flug über das Wasser. Von April bis in den Juni, manchmal noch im Juli, ist die unheimliche Stimme des Männchens zu hören, an manchen Tagen und Nächten häufig, an anderen gar nicht. Die eigenartigen Laute gelten wohl der Paarung und Reviermarkierung, wobei die heimliche Lebensweise des Vogels eine differenzierte Klärung erschwert. Gleichfalls noch unsicher ist die häufig vertretene Ansicht einer zeitweiligen, wenn auch seltenen Vielehe der Männchen. Man ist sich auch nicht ganz klar, ob immer nur das Weibchen brütet, was aber allgemein nach Einzelbeobachtungen angenommen wird. Umstritten sind auch die Angaben, wonach das Füttern des brütenden Weibchens durch das Männchen erfolgt. Die Jungen werden anfänglich nur vom Weibchen versorgt. Nach Reiherart umfassen ein oder zwei der Kleinen seitlich den Schnabel der Alten und ziehen ihn herunter, der dann die vom Vogel hochgewürgte Beute, vorverdaute Frösche, Kaulquappen, kleine Fische, Krebse, Insekten, Blutegel und selbst Wasserratten, in den hungrigen Schlund der Nestlinge gleiten läßt. So geschieht die Fütterung in der Anfangszeit der Aufzucht, ausgenommen die ersten beiden Lebenstage, wo das Futter vom Altvogel auf dem flachen Nestboden abgelegt wird und die Jungen es aufpicken. Senkrecht setzt dabei die Mutter ihren Schnabel auf die ausgewürgte Nahrung und läßt so die Jungen das Mitgebrachte finden. Der Schnabel der Alten erhält mit dieser Handlung für die Bedienten die Bedeutung einer «Futterquelle». Vom dritten Tage an umklammern sie diese und bestimmen damit fortan die Einleitung der Fütterung selbst. Erst wenn die Nesthocker älter sind, wird das Futter wieder auf die Schilfplattform abgelegt. Wie berichtet wird, beteiligt sich nun auch das Männchen am Herantragen der Nahrung. Erstmals nach 14 Tagen verlassen die Jungen das Nest und sind nach vier bis fünf Wochen selbständig und flugfähig. Noch ist es nicht soweit, und mancher Frosch wird bis dahin verfüttert werden (Bild).

Wie diese Vögel in der Schilf- und Tauchblattzone brüten, so bauen alljährlich andere, aber immer die gleichen Arten, ihre Nester zwischen Froschlöffel, Gemeinem Igelkolben, Wasserschwertlilien, Doldiger Schwanenblume und Wasserschwaden in der Verlandungszone des Sees. Wohlverborgen brüten inmitten dieser Pflanzenwelt die Stockenten *(Anas platyrhynchos)*. Tief drücken sich die Weibchen in den dunenweichen Nestnapf (Bild), während das «Quäckquäck» der Erpel vor der Schilfkante und von den Schlammbänken herüberschallt. Wenige Tage später schlüpfen die Jungen — alle gleichzeitig. Sobald sie trocken sind, geht es mit der Mutter hinein ins Schilf, wo es in den nächsten siebeneinhalb Wochen bis zum Erwachsensein vielerlei Gefahren zu überstehen gilt.

Wenn die Stockenten bereits ihre Jungen führen, haben die Rohrammern *(Emberiza schoeniclus)* in der gleichen üppigen Pflanzenzone das weit besser versteckte, weichgepolsterte Nest gerade erst gebaut und beginnen zu brüten (Bild).

Selbst das gegenüberliegende schilflose, trockene Ufer, wo Stein auf Stein liegt, infolgedessen die üblichen Pflanzenzonen nicht entstehen konnten und nur einige kümmerliche Hirtentäschel das unregelmäßige Einerlei unterbrechen, wird als Brutplatz genutzt. Der Flußregenpfeifer *(Charadrius dubius)* trippelt hier geduckt, verhofft kurz und trippelt weiter zu seinen

Im alten Schilf- und Rohrbestand füttert die Große Rohrdommel ihre Jungen.

In der Verlandungszone des Sees brütet die Stockente.

Gut getarnt hat die Rohrammer ihr Nest in der dichten Pflanzenwelt des verlandeten Ufers gebaut.

Auch das flache steinige Seeufer wird als Brutplatz genutzt. Hier liegen die Eier des Flußregenpfeifers und fügen sich durch Farbe und Zeichnung vorzüglich in die Umgebung ein.

vier Eiern (Bild), die in einer flachen Mulde ohne jegliche Unterlage und damit bestens getarnt zwischen den Steinen liegen. Ein wahrlich unauffälliges Leben führt hier jedes Jahr ein Paar und verrät sich meistens nur durch seine Rufe. Das Gefieder tarnt die Vögel vorzüglich in der steinigen Umgebung, und ihr Verhalten sorgt zusätzlich für Unauffälligkeit. Immer wacht der nichtbrütende Partner aufmerksam in der Nähe des Nestes und macht bei drohender Gefahr durch heftiges Flügellahmstellen und Niederkuscheln mit Schwanzspreizen auf sich aufmerksam. Fast immer lockt er die Feinde vom Gelege fort, führt sie durch sein Verhalten in die Irre. Das «Verleiten» ist eine Form der Nestverteidigung, die mehrere im offenen Gelände brütenden Arten aber nur während der Brutzeit zeigen. Es ist schon erstaunlich, wie der lerchengroße Vogel dieses Verhalten mit seiner eigenen Sicherheit in Einklang bringt, ein ständiger Konflikt zweier großer entgegengerichteter Triebhandlungen.

Weitab von dem breiten Schilfgürtel, dort, wo nur ein schmaler Saum Röhricht steht, hatte auf einer grünen Landzunge vor gut fünf Wochen das Weibchen der scheuen wilden Höckerschwäne *(Cygnus olor)* das letzte der sieben grüngrauen Eier gelegt. Jetzt steht die Zeit des Schlüpfens bevor. Etwa 40 Stunden vor dem Sprengen der Eischale war bereits die leise Stimme des ersten Jungen zu hören. Der Eizahn schafft an diesem letzten Vormittag unaufhörlich Platz, groß und größer wird das Loch in der Schale. Auch in den anderen Eiern ist Piepen zu hören, und bis auf eins haben alle bereits kleine Öffnungen oder, wo der Schnabel arbeitet, sternförmige Risse in der Schale.

Länger als sonst hält das Weibchen beim Näherkommen aus, dann steht es aber doch auf, obwohl uns noch 30 m vom Nest trennen, und läuft auf dem üblichen Trampelpfad die wenigen Schritte zum Wasser. Langsam gleitet es hinein. Die Schwäne an diesem einsamen See haben noch das volle Fluchtverhalten, wie es in einer Biozönose zur Erhaltung des eigenen Lebens notwendig ist. Bei den halbzahmen

Schlupf eines Höckerschwans. Weitab vom breiten Schilfgürtel auf einer grünen Landzunge bauten die wilden Höckerschwäne ihr großes Nest.

Schwänen an den von Menschen stark besuchten Teichen, Seen und Flüssen ging es durch die Domestikation weitgehend verloren. Das Gelege ist diesmal nicht wie sonst, wenn das Schwanenweibchen auf den Unterwasserweiden des Flachwassers gründelte, zugedeckt. Durch die unerwartete Störung blieben alle Eier in dem massigen Haufen aus Rohr, Schilf, Wasserpest, Seerosenwurzeln und Hornkraut offen liegen. Plötzlich reißt zirkulär das Ei mit der größten geschaffenen Öffnung. Das Junge arbeitet mächtig, drückt und schiebt, und Minuten später liegt es erschöpft und naß vor der Schale (Bild). Inzwischen schwimmt das Schwanenmännchen in drohender Pose vor dem schütteren Schilfsaum auf und ab.

Das Schwanenweibchen kehrt nach unserem Weggehen sehr schnell zurück auf das Nest, und zwei Stunden später ist das Junge trocken und macht schon einen erstaunlich kräftigen Eindruck. Das verwundert eigentlich nicht, denn bereits am übernächsten Morgen geht es mit den anderen Nestjungen hinter der Alten her erstmalig ins Wasser. Es sind hochentwikkelte Nestflüchter, die es mit dem Kräftig- und Größerwerden eilig haben. Auf dem großen, trockenen, gelben Nesthaufen blieb ein Ei zurück. Es war faul. Die Familie schwamm langsam, vorweg die führende Schwanenmutter, in Richtung Schilfwald, vor dem viel Wasserpflanzen und Wasserlinsen wachsen. Täglich sind sie nun dort zu sehen, diese eleganten schneeweißen Vögel mit den silbergrauen Jungen, die von weitem wie schwimmende Wollknäule aussehen. Die Kleinen fressen vom ersten Tag an auf dem Wasser allein und bekommen häufig von den Alten die pflanzliche Nahrung vorgelegt. Ein rechtes Familienidyll! Bis zum kommenden Frühjahr leben sie zusammen. Erst wenn der Bruttrieb wieder das soziale Verhalten der Vögel zu bestimmen beginnt, werden die Jungvögel weggebissen. Sie bilden dann mit anderen noch nicht brutfähigen oder überzähligen älteren Männchen oft sehr zahlreiche Schwanengesellschaften, die in respektvoller Entfernung von den Brutrevieren bleiben und sich untereinander leidlich vertragen. Im Alter von vier Jahren, manchmal auch schon dreijährig, erlangen die Schwäne Brutreife. Solange liegen die großen silberweißen Vögel viel auf dem offenen Wasser oder schwimmen und putzen sich vor dem Schilfwald in einer Ecke des Sees.

Einige Stunden altes Bleßrallenküken.

Die leuchtenden Silberfahnen des Wollgrases wehen nun schon seit Wochen im Wind am Sumpfrand des Sees. Viele schon ließen die Samenfäden als zarte Flöckchen über Wiesen und Felder und über die Weite des Wassers schweben. An den schmalblättrigen Gemeinen Igelkolben am nassen Ufer kommen täglich mehr von den stachligen weiblichen Blütenköpfen zum Vorschein, und auch der Gemeine Froschlöffel kündigt mit seinen Rispen die bevorstehende Blütezeit an. Lang fluten seine schmalen Blätter unter Wasser. Vereinzelt kommen auch die bandförmigen Blätter des Spitzen Pfeilkrautes dazu, dessen rötlichweiße Blüten zwischen den aufrechten pfeilförmigen Luftblättern sich anschicken aufzubrechen. Am Koppelweg, der zum breiten Schilfwald vor den Erlen und Weiden hinführt, blüht hellpurpurn der halbschmarotzende Ackerwachtelweizen, umgeben von den blaugesprenkelten Flecken des kleinblütigen Ehrenpreises und den roten, weithin leuchtenden Farbtupfen des großblumigen Klatschmohns. Alle inmitten der vielgestaltigen Gelb-, Blau-, Rot- und Weißblühenden erleben jetzt «ihre» Zeit des Jahres, die Blütezeit, die Vermehrung bedeutet. Im Schilfgürtel, vor dem die ausgefahrenen Spuren des Weges einen Bogen machen und an den schiefen Eichenkloben des Weidezaunes entlang in die Feldmark führen, regt sich in diesen Tagen an vielen Stellen neues Leben unter warmem Bauchgefieder. Besonders bei den Bleßrallen *(Fulica atra)*, im Volksmund allgemein als Bleßhühner bekannt, schlüpfen in den Nestern die schwarzen, rotköpfigen Jungen. Wie Kobolde sehen die farbenprächtigen Kerlchen aus, wenn sie auf dem Nest stehen und nach der Alten rufen, die sie nur bei Störungen verläßt. Drei bis vier Tage hudert sie die Kleinen, für die zunächst nur das Männchen Futter herbeiträgt, dann folgen die Ausflüge in die Welt des Schilfs, wo sich die Eltern in die Fütterung und Bewachung der Jungen teilen. Öfter, besonders in der ersten Zeit, kehren sie auf dem nicht selten angelegten Schilfsteg in das tiefnapfige Nest zum Ausruhen zurück. Am Abend aber finden sich alle Jungen ein, um die Nacht unter dem Gefieder der Mutter zu verbringen.

Die Bleßrallen gehören hier zu den häufigsten Gefiederten, die wegen ihrer zänkischen Art anderen den Lebensraum streitig machen. Würden die Rohrweihen nicht viele der Jungen greifen, um ihren nach Atzung gierenden Nachwuchs auf der Schilfburg zu versorgen, wäre der Bestand der Bleßrallen bald unerträglich hoch, und den Enten wie anderen Schilfvögeln würden mehr und mehr die Reviere genommen. Ginge es über Jahre hin so fort, verlöre die Biozönose des Sees unter dem ungleichen konkurrierenden Druck manches ihrer Mitglieder; zumindest würden die betroffenen Populationen einschneidend vermindert. Die Störungen des lebensgemeinschaftlichen Gefüges wären empfindlich. Aber glücklicherweise leben genügend Rohrweihen an diesem entlegenen Gewässer. Sie sind die einzigen, die die Populationsstärke der Bleßrallen regulieren können, denn die noch in früheren Jahrzehnten häufigen anderen Greifvögel sind selten und damit für die Lebensgemeinschaft unbedeutend geworden. Die gelben Fänge der Weihen greifen nicht nur die Küken der Bleßrallen, sie leeren auch manches Gelege dieser plumpen schwarzgrauen Vögel, wenn sie wieder und wieder im Schaukelflug über den Rohrwäldern nach Beute spähen. Auch das

Rohrweihe beim Plündern des Bleßrallengeleges. Würden die Rohrweihen nicht viele Nester der Bleßrallen leeren und deren Junge greifen, dann wäre bald das lebensgemeinschaftliche Gefüge des Sees durch die starke Rallenpopulation empfindlich gestört.

Nachgelege der Bleßralle am Ende der Schilfmauer, gut zwei Steinwürfe von dem Nest der Höckerschwäne entfernt, entgeht dem scharfen Auge des Weihenweibchens nicht. Schon die ersten acht gelbbraunen, feingepunkteten Eier dieses Paares raubte es gleich zu Brutbeginn; die drei nachgelegten kommen ihm gerade recht (Bild); denn an diesem frühen Morgen konnte es bisher noch nichts den Jungen zutragen. Weich landet es auf dem Nestrand. Aufmerksam blicken die gelben Augen umher, nach links und rechts, immer wieder, dazwischen nur ein kurzer Blick auf die Eier. Minutenlang. Endlich beugt es sich in den tiefen Napf aus Rohrblättern und Wasserpflanzen. Aus der Froschperspektive sind Kopf und Hals nicht mehr zu sehen. Plötzlich hebt es den Körper und steht waagerecht über dem Nest; weiß leuchtet der Oberkopf im Sonnenlicht. Wieder senkt es den Kopf zu den Eiern, hebt ihn kurz an und läßt ein im Schnabel gehaltenes Ei auf die anderen fallen. Nochmal das gleiche, dann scheint die Schale zerbrochen zu sein. Nun bleibt der Kopf lange in der Nestmulde, und beim kurzen Aufschauen glänzt der Schnabel vom Eiweiß. Wenig später fällt das zweite Ei in gleicher Weise in das Nest. Schon beim ersten Herunterfallen bricht es auf. Nicht ein einziges Mal führt der Vogel Beißbewegungen aus. Jetzt hebt die Weihe seltener den Kopf. Die zerbrochenen Eier nehmen sie ganz in Anspruch. Dann ist sie fertig, schaut eilig nach beiden Seiten und schwingt ab. Eine Viertelstunde hat das Mahl gedauert; auf dem Nestboden bleiben nur kleine Schalenreste zurück. Vom Inhalt der Eier sind nur Spuren übriggeblieben. Es ist erstaunlich, daß die Rohrweihe die Eier in dieser Weise öffnet und sie nicht mit dem kräftigen Hakenschnabel zerbeißt.

Tagelang regnete es, unaufhörlich nieselnd, kaum ein trockenes Fleckchen gab es noch am See und in der Feldmark. Die Pflegearbeiten auf den Äckern und die Mahd auf den Wiesen gingen aber weiter. Die Traktoren- und Maschinengeräusche hingen über den Schlägen nahe dem Schilf, wo das Rohrweihenmännchen im zeitigen Frühjahr eifrig Nistmaterial zum ärmlichen Horst und dem bereits brütenden Weibchen trug. Der Lärm hielt heute die scheue Alte vom Hudern ab. Das weiße Dunenkleid der Jungen, an deren Größe man deutlich den zweitägigen Schlupfabstand erkannte und die sich untereinander gar nicht vertragen, wurde naß und nässer und war am Ende ein kalter, patschnasser «Pelz». Das Futter ließ die Mutter aus der Luft in das Nest fallen, weil es ihr schon zum Landen zu unruhig war. Die beiden jüngsten Nestlinge überstanden den Dauerregen nicht und waren bereits nach zwei Tagen tot.

Endlich zeigte die Natur wieder ein freundliches, warmes Gesicht, zum Glück für das letzte Junge. Die Wiese war inzwischen gemäht, und Ruhe herrschte auf den umliegenden Fluren, nur das Blöken der Kühe drang herüber zum See. Nun bekommt das eine Junge alles herbeigetragene Futter. Zwei-, dreimal, selten mehr, lahnt es nach oben, dann fällt bereits die beutebringende Alte ein. Erst spät bekommt es seine Mutter zu Gesicht, denn das hohe Schilf versperrt die Sicht und läßt nur einen kleinen Himmelausschnitt frei. Wasserratten, Frösche, auch eine junge Drossel, selbst das Hinterteil eines Junghasen, Wühlmäuse und vor allem junge Bleßhühner unterschiedlichster Größe, alles fein säuberlich gerupft und abgezogen, legt die Alte fortan Tag für Tag auf dem Nest ab. Nur Sekunden bleibt sie, dann schwingt sie sich hoch zu neuem Beutefang. Mumifiziert liegen die beiden Nestgeschwister auf der großen Plattform, und nicht selten landet das Weihenweibchen auf einem von ihnen (Bild). Oft sitzt auch das Junge auf den starren Körpern, wenn es an Beutestücken zerrt oder über sie hinwegsteigt, hinunter ins flache Wasser, um zu baden. Besonders in den heißen Mittagsstunden, wenn das Schilf wie ein Backofen strahlt, bleibt es unten am Horst dicht über dem Wasser im schattigen Schilf sitzen. Immer kommt nur das Weibchen mit Futter, vorzugsweise am späten Morgen. So geht Tag für Tag hin. Zusehends schließt sich das Federkleid, öfter und länger gebraucht der bald flügge Nesthocker nun seine Schwingen, und laut rauscht es, wenn er flügelschlagend auf dem Nest umherhüpft. Nach 35 Tagen ist die Schilfburg leer, die junge Weihe ist mit der Alten unterwegs. Die Schwingen sind nun kräftig genug, um den noch jagdunerfahrenen Greifvogel über den See zu tragen. Er muß noch viel in den kommenden Wochen lernen, um unter den lebensgemeinschaftlichen Gesetzen bestehen zu können. Zwischen alten Beuteresten, meistens Knochen mit Sehnen, liegen die beiden toten Geschwister, von denen Maden das Letzte noch verschwinden lassen. Die Verendeten

Häufig landete das Rohrweihenweibchen auf einem der vor Tagen verendeten Nestjungen. Das lebende Junge hat Futter erhalten und stützt sich beim Kröpfen mit beiden Flügeln ab.

Viele Libellen gehören zur Lebensgemeinschaft des Sees obgleich man einige Arten auch weitab, z. B. in Wäldern, beobachten kann.

tragen keine Spuren, die auf ein Kröpfen durch die Alten oder den ausgeflogenen Jungvogel schließen lassen, was bei kleinen toten Rohrweihen öfters beobachtet wurde.

Immer, wenn die Weihen über dem Röhricht oder die Weißdorn- und Schlehenbüsche am Wiesenrain ihres Reviers fliegen, hört unter ihnen manche kleine Kehle auf zu singen. Ihre in gleißender Sonne silberne, scharf umrissene Silhouette, auch ihr schwarzer Schatten vor regenkündenden, bleigrauen Wolkenwänden lassen die Melodie des Sees und der Feldflur verstummen. Nur Froschquaken und Grillenzirpen, die ständige Begleitung im großen Konzert, das der Frühling zur Ankunft des Sommers dirigiert, geben diesem kleinen Flecken Erde noch akustische Stimmung. Als abwechslungsreiche Untermalung dringt aus der Ferne das wirbelnde Trillern der Lerche, das monotone gleichbleibende Sirren des Feldschwirls, das abgehackte Lied der Rohrammer, das «Wiehern» der Rothälse und das warnende, gedämpfte «Scharr» des Teichrohrsängers herüber zu dem rüttelnden Greifvogel. Nur kurz «steht» er in der Luft, dann zieht er gaukelnd weiter. Erst zaghaft, dann lauter und immer lauter ruft und singt es wieder in alter Stärke. Das helle, lockende «Köw» der Bleßrallen, auch ihr scharfes «Pix», das leise «Quakquak» einer Stockente und das Quieken der Wasserralle verleihen dem Röhricht das übliche Leben. Gleichmäßig schwatzend tönt es wieder «tiri tiri tiri tier tier tier zäck zäck zerr zerr tiri tiri schwerk» in einem fort, und dann dicht daneben laut und hart «karre karre kiet kiet», dann folgen die vorherigen Strophen, die nun knarrender, kreischender klingen. Da rutscht auch schon der Sänger aus dem Wirrwarr der Schilfwelt an einem Halm hoch und trägt mit weit offenem Schnabel seine unmelodischen Strophen vor. Unter dem Gewicht des knapp starengroßen Vogels neigt sich der Stengel langsam zur Seite. Unbeirrt knarrt der Drosselrohrsänger *(Acrocephalus arundinaceus)* weiter. Auch die leiseren ähnlichen Strophen aus der grünen Wildnis unter ihm stören den Sänger nicht. Hier strapaziert sein Verwandter, der kleinere Teichrohrsänger *(Acrocephalus scirpaceus)* seine Kehle. Er bringt kaum weniger unmelodische Töne als der Drosselrohrsänger hervor. Beide singen unermüdlich, selbst noch in der Nacht. Dazwischen werden ihre Jungen im tiefen, kunst-

Brut-, Nahrungs- und Schutzraum der Drosselrohrsänger ist die Schilfzone. Ein Schleimfaden zieht vom geöffneten Schnabel des Altvogels zu dem des Jungen und mehrere Tropfen «rollen» an ihm herunter in den Rachen des Nesthockers. Groß war an diesem Tag die Hitze im Schilf.

Eifrig füttern die Teichrohrsänger ihre Jungen, deren Nest gleichfalls im schwankenden Schilf steht.

vollen Körbchen aus Schilfblättern und Wasserpflanzen zwischen einigen Rohrhalmen versorgt. Die wachsenden schwankenden Rohrstengel nehmen den festen Napf mit dem brütenden Vogel und später mit den sperrenden Jungen mit in die Höhe und lassen den Abstand zum Wasser größer werden.

Brütende Hitze hängt im Schilf, die Luft flimmert. Von den vier jungen Drosselrohrsängern haben am Vortag bereits zwei, noch stummelschwänzig, das Nest verlassen und klettern mit ihren langen Beinen unbeholfen im Rohrwald in der Nähe des schützenden Korbes umher. Sie werden fleißig von den Alten gefüttert. Auch der dritte Nesthocker macht sich plötzlich auf und davon und verschwindet im Schilf. Nur das letzte Junge bleibt im Nest und hechelt fast die ganze Zeit, die einzige Möglichkeit zu schwitzen, denn Vögel besitzen keine Schweißdrüsen. Auch das Nesthäkchen wird rührig mit Libellen (Bild) und verschiedenen anderen Insekten, die in der Schilfwelt leben oder sich hier nur vorübergehend niederlassen, versorgt.

Wieder kommt einer der Altvögel, füttert den gierig Sperrenden im Nest und bleibt auf dem Rand sitzen. Ein Schleimfaden zieht vom geöffneten Schnabel des Jungen zu dem des Alten und mehrere Tropfen «rollen» an ihm herunter in den Rachen. Dann verschwindet «Karrekiet» wieder im Schilf. Nur für Minuten bleibt der Schnabel des Jungen geschlossen, dann hechelt es wieder wie all die Stunden zuvor.

Näher zum Ufer hin, dort wo gleichfalls der Drosselrohrsänger mit Knarren, Kreischen und Quietschen gegenüber anderen seiner Art das Revier abgrenzt, steht das kleinere Nest der Teichrohrsänger. Die Jungen brauchen noch zwei Tage, bis sie ausfliegen. Sofort schnellen die hungrigen Schnäbel hoch, und weit werden sie gesperrt, wenn die nestnahen Halme die leichten unregelmäßigen Erschütterungen der fußenden Alten zum Gräsernapf weiterleiten. Emsig füttern die braungelblichen Vögel. Ständig, alle paar Minuten geht es zwischen dem hungrigen Nachwuchs und dem kerfenbietenden Schilf hin und her, auch das eine und andere vorbeifliegende Insekt wird erbeutet. Manches Mal treffen beide Vögel zugleich am Nest ein und stopfen dann zusammen die hungrigen Schnäbel (Bild). Die Alten gönnen sich wahrlich keine Ruhe, gerade daß sie noch schnell den weißen, in ein Häutchen eingeschlossenen Kotballen mitnehmen. Vom höhergelegenen Feldrain gesehen, verrät das Wackeln einzelner Halme die anspringenden und abfliegenden Schilfbewohner bei erneuter Futtersuche.

Als Nahrungsspezialist ernährt sich der Eisvogel überwiegend von kleinen Barschen, Rotfedern, Stichlingen und anderen Fischen, die wirtschaftlich bedeutungslos sind.

Die Rohrsänger nehmen keine Notiz von dem tief über dem Wasser schnell vorbeischnurrenden Vogel, den die Sonne im strahlendsten Blaugrün leuchten läßt. Sie kennen den gedrungenen Flieger. Mehrmals am Tage kommt der Eisvogel *(Alcedo atthis)* im gradlinigen Flug hier vor der Schilfkante vorbei. Fliegt er den eingesenkten Bachlauf hoch, dann ist er mit Futter unterwegs zur Brutröhre in der lehmigen Uferböschung im Waldesinneren. In letzter Zeit trägt er zu seinen Jungen überwiegend Fische, die selten einmal 8 cm Länge haben (Bild). Kleine Barsche, Rotfedern, Stichlinge und andere, die fischwirtschaftlich bedeutungslos sind. Die Jungen im kugeligen Brutraum am Ende der etwa 80 cm langen Röhre sind jetzt schon recht groß und haben durch die noch geschlossenen Federkiele ein stacheliges Aussehen, bald wie kleine Igel. Stoßtauchend stellen die Eisvögel ihrer Beute nach, meistens von dem morschen Pfahl am Ende des Schilfwaldes oder von den überhängenden niedrigen Zweigen der Uferweiden bei den schwarzbraunen Rohrkolben aus, die der Wind schon tüchtig zerzaust hat. Sie holen ihre Nahrung nur aus dem Wasser, neben Fischen auch Krebstiere, Larven und verschiedene Insekten. Heimlich und scheu führen diese Nahrungsspezialisten, hier und überall, wo sie jagen, ihr Leben, das an das Vorkommen kleiner Fische gebunden ist. Durch die zunehmende Industrialisierung verschmutzen Abwässer häufig Bäche, Flüsse und Seen, machen sie sauerstoffarm und vergiften sie. Örtlich werden manchmal noch in unverantwortlichem Maße Giftstoffe in sie abgelassen. Das biologische Gleichgewicht dieser Gewässer ist dann bald gestört, oft so gravierend, daß die Biozönose in ihnen vollständig zusammenbricht. Die kleinen für den Eisvogel unentbehrlichen Fische sterben bereits zu Beginn der Vergiftung, und damit verliert der «fliegende Edelstein» seine Lebensgrundlage. Immer mehr Paare verschwanden in den letzten Jahren aus traditionsreichen Eisvogelrevieren. Außerdem dezimieren frostklirrende Winter wie eh und je die Vögel, die vor Jahrtausenden aus dem warmen Süden in die kälteren nördlichen Zonen einwanderten. Das auffällige, tropisch anmutende Gefieder, was sie deutlich in der Farbenpracht von den meisten einheimischen Vögeln unterscheidet, läßt die alte Herkunft erkennen. So verwundert es nicht, daß sie mit dem Winter schlecht fertig werden. Als Stand- und Strichvögel verbringen sie die harte Zeit bei uns und ziehen auch gar manches Mal noch südwärts.

Am Rande des lockeren Jungwuchses, zu dessen Füßen sich die vielblütige Wiese zum See erstreckt, über die Bläulinge, die fliegenden Saphire, die Boten der Sonne und der Wärme, flimmern, steht eine alte Kiefer. Auf einem ihrer obersten, dürren, doch festen Äste baumt häufig einer der beiden Fischadler *(Pandion haliaetus)* auf. Das Paar lebt schon jahrelang hier. In den letzten Wochen ist das Weibchen auf dem Überhälter allerdings nicht mehr zu sehen. Es brütete seit Anfang Mai im zentnerschweren Knüppelhorst auf der schon seit Jahren abgestorbenen Kiefernkrone und hudert bereits einige Tage die geschlüpften Jungen, um sie vor allem vor der stechenden Sonne am

Nahrungskette mit dem Fischadler als Gipfeltier.

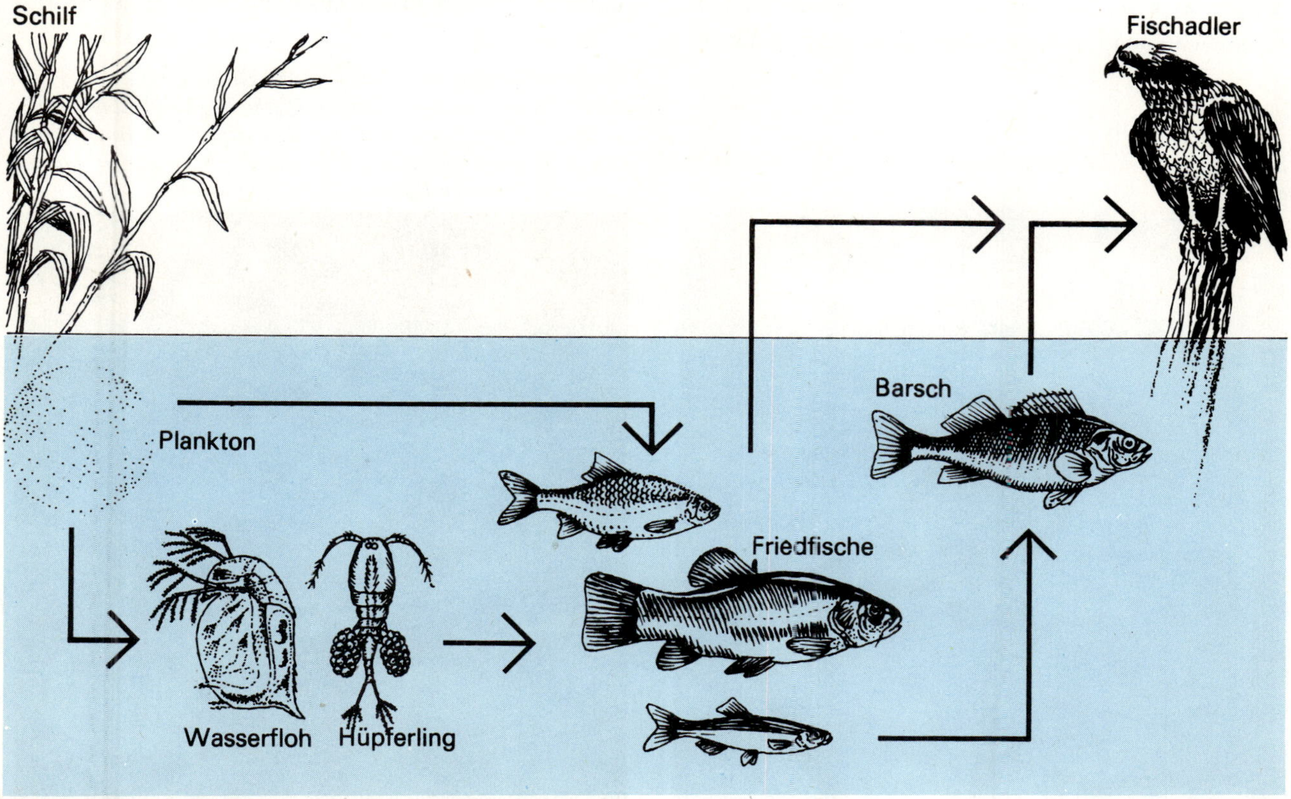

frühlingsblauen Himmel, die von morgens bis abends auf dem Horst liegt, zu schützen. Aber im April, als die Vögel aus dem Süden zurückkehrten, da konnte man ihre weiße Unterseite fast täglich vom gleichen Ast aus leuchten sehen. Ein- bis zweimal schlugen bei jedem Anflug noch die langen gewinkelten Schwingen, wenn die Fänge bereits das trockene Holz umfaßt hatten, und balancierten den fußenden Adler aus. Erst dann saß er sicher auf dem Ast in 30 m Höhe, ein Bild der Ruhe. Der leichte Wind bläst die hinteren Kopffedern ein wenig hoch. Seine gelben Augen sind zum See gerichtet, wo die Adler meistens jagen.

Sie sind wie die Eisvögel Nahrungsspezialisten, die ihre Beute aus dem Wasser holen (Bild). Ihre Beute heißt Fische und nochmals Fische. Nicht selten sind es wirtschaftlich wichtige Arten, wie Karpfen und Forellen, besonders, wenn mit ihnen besetzte Gewässer zum Jagdrevier der Fischadler gehören. Trotzdem bleibt der Schaden im Vergleich zu vielen anderen fischdezimierenden Faktoren bedeutungslos. Ein Fischadlerpaar braucht zusammen mit seinen zwei bis drei Jungen im Jahr etwa 1,5 dz Fische verschiedenster Art als Nahrung. Pro Tag beläuft sich der Schaden an den Fischgewässern durch einen Adler auf 24 Pfennige. Schon allein die verschiedenen Krankheiten lassen Eingriffe der Adler in die Fischbestände vom Größenvergleich her vergessen.

Die Zahl dieser großen Flieger, die langsam beutesuchend über das Wasser ziehen, auch segeln und rütteln, und deren kurze Pfiffe durchdringend über die Fluren schallen, wurde in der Vergangenheit immer geringer, und die letzten von ihnen sind in unseren Breiten vom Aussterben bedroht. Sie gehören zu den Gliedern der Lebensgemeinschaft, die den menschlichen Schutz vielfältig und intensiv benötigen. Da der Fischadler Nahrungsketten angehört, die sich im Wasser aufbauen, in denen er die Stellung eines Gipfeltieres einnimmt, ist er für die Sauberkeit seines Jagdgewässers und somit für die Gesundheit eines Teils der Seebiozönose ein vorzüglicher Indikator. Beispielsweise wurde in Schweden durch Gewässerverunreinigungen mit Methylquecksilber gut dreimal so viel dieses Giftes in seinen Federn gefunden als in den vor hundert Jahren präparierten Bälgen. Auch der Haubentaucher, ebenfalls ein Fischjäger, zeigte ähnliche Merkmale. Bei beiden wurden 1964 und in dem darauffolgenden Jahr Konzentrationen dieses Stoffes

Der größte Vogel der Nahrungsspezialisten am See ist der Fischadler.

Gehören Karpfen- und Forellenteiche zum Jagdrevier des Fischadlers, so greift er auch diese Edelfische in größerer Zahl. Trotzdem bleibt der Schaden durch den in unseren Breiten vom Aussterben bedrohten Vogel im Vergleich zu vielen anderen fischdezimierenden Faktoren bedeutungslos.

Fliegende Höckerschwäne.

festgestellt, die für körnerfressende Vögel bereits tödlich wirken, wie Anreicherungen von mit Methylquecksilber gebeiztem Getreide in Nahrungsketten zeigten, die auf dem Festland ihren Ursprung hatten. Mit den Abwässern gelangten quecksilberhaltige Fungizide (Pilzbekämpfungsmittel), die in der Holzveredlungsindustrie verwendet wurden, in die Gewässer und damit in die Nahrungsketten.

Manche Vögel sind also sehr empfindliche Bioindikatoren, besonders die Endglieder von Nahrungsketten, wie Greifvögel und Eulen, die auf einschneidende Veränderungen in einer Landschaft, auch in örtlich begrenzten Teilen, sofort reagieren. Besonders die Speicherungen von radioaktiven Substanzen und Schädlingsbekämpfungsmitteln, nicht nur der inzwischen verbotenen Quecksilberpräparate, in den Fettbausteinen des Körpers, im Ei, in der Leber, im Gehirn und auch in den Federn, zwar in täglich nur geringen Mengen, aber über Wochen, Monate und Jahre hinaus, äußern sich in Störungen des Verhaltens und der Fortpflanzung. Sie führen schließlich zum Rückgang und letztlich zum regionalen Aussterben der betroffenen Art. Solche Veränderungen im Frühstadium zu erfassen, ist unerläßlich, um unabhängig von ethischen Verpflichtungen eine gesunde Umwelt zu erhalten und nahenden Gefahren rechtzeitig begegnen zu können. In diesem Zusammenhang leisten Federanalysen als leicht zugängliche, sich in Abständen erneuernde Organgebilde wertvolle Dienste, die es in Zukunft mehr zu nutzen gilt. Genaue Kenntnisse über den Mauserverlauf der für solche Bestimmungen vorgesehenen Vögel waren notwendig. Sie lagen aber auch durch Untersuchungen in der Vergangenheit häufig schon vor. So war es möglich, mit Sicherheit sagen zu können, daß die schwedischen Fischadler das Methylquecksilber in ihrer Heimat und nicht während des Zuges aufnahmen. Die bekannten Zeiten des Wechsels der Schwingen und ihre charakteristische Folge lieferten den Beweis. Als Endglied von Nahrungsketten ist der Mensch ebenso wie die genannten Vögel besonders gefährdet, denn auch er speichert mit Speisen Pestizide und radioaktiven Abfall.

Ende 1953 erkrankten an der Minamata-Bucht in Japan 121 Bewohner an einem bis dahin unbekannten Nervenleiden, das in schweren Fällen nicht mit Lähmungen im üblichen Sinne einherging, sondern sich in Störungen des Muskelzusammenspiels äußerte. 22 Menschen starben. Die Mediziner stellten Quecksilbervergiftungen fest, wie sie schon in den einschlägigen Industriebetrieben beobachtet worden waren. Die Vergiftung dieser Menschen hatte ihre ursächlichen Zusammenhänge mit der Ableitung quecksilberhaltiger Abwässer aus einer kunststoffherstellenden chemischen Fabrik in die Minamata-Bucht. Das Methylquecksilberchlorid floß reichlich in das Gewässer, und bald hatten Muscheln und Fische über die Nahrungsketten so viel Gift angereichert, daß besonders die Fischer und ihre Familienangehörigen durch den Genuß dieser Tiere lebensbedrohlich erkrankten oder den Vergiftungserscheinungen erlagen. Zu einer ähnlichen Erkrankung, wiederum durch Abwässer, die mit Methylquecksilber vergiftet waren, kam es im gleichen Land am Angano durch den Verzehr von Fischen. Damit nicht genug. 1968 traten unter den Bewohnern an den Flüssen Oyabe und Oomata gleichfalls Vergiftungen mit Methylquecksilber auf, das im Übermaß in den Flußfischen gespeichert war.

Am Beispiel des DDT-Gehalts eines Sees in Kalifornien soll noch kurz die lange biologische Halbwertszeit eines in früheren Jahren häufig eingesetzten Schädlingsbekämpfungsmittels skizziert werden. Im Wasser betrug die Konzentration des DDT «nur» 0,05 ppm (parts per millions ≙ mg/kg), während sie im Westtaucher als Nahrungskettenendglied in der stattlichen Höhe von 1600 ppm nachgewiesen wurde, also eine Anreicherung um das 32000fache! Dieses Präparat wurde auch im menschlichen Körper in deutlicher Konzentration gefunden, doch waren bislang noch keine Schädigungen festzustellen. Spuren wies man bereits bei Neugeborenen nach, wo über die Muttermilch eine kontinuierliche Zufuhr erfolgte. Da bei ständiger Konzentrationsanreicherung Schäden des menschlichen Organismus nicht ausgeschlossen sind, empfahl die Weltgesundheitsorganisation (WHO), dieses Präparat nur noch dort anzuwenden, wo es durch andere, umweltfreundlichere Mittel nicht zu ersetzen ist.

Von solchen Präparaten verlangt man heute, daß sie möglichst artspezifisch wirken und damit die Nützlinge in der Lebensgemeinschaft als vorbeugende Schädlingsbekämpfer schonen. Ferner sollen sie weniger giftig sein und eine möglichst kurze Wirkungsdauer haben. Ein Verzicht auf den Einsatz von Insektiziden ist trotz aller Einzelerfolge der biologischen Schädlingsbekämpfung gegenwärtig nicht möglich. Abgesehen von Ertragsverlusten in der Agrarwirtschaft der Welt, die durch Insektizide um gut die Hälfte gesenkt werden konnten, schützte ihr Einsatz beispielsweise in dem weiten Rahmen der Seuchenbekämpfung 1951 schätzungsweise 60 bis 100 Millionen Menschen vor der Malaria. So wie deren Krankheitserreger durch Insektizide vernichtet wurden, geschieht es auch durch ihren Einsatz bei anderen Krankheiten, die Menschen und Tiere gefährden. Bei «Wiesen und Felder» wird geschildert, wie die Insektizide bei sinnvollem Einsatz umweltfreundlicher wirken, vor allem bei wohlüberlegter Kombination mit biologischen und kulturtechnischen Maßnahmen.

Verabschieden wir uns mit diesen Gedanken von den fliegenden wilden Höckerschwänen am roten Abendhimmel (Bild), von dem See mit seinen Möwen und Tauchern, den Weihen, Rohrsängern, Fröschen, Libellen und den unzähligen Fischen. Als schwarzer Wald steht das Schilf vor der sinkenden Sonne. Ihm wie auch der übrigen reichen Pflanzenwelt verdankt die weitreichende Lebensgemeinschaft ihre Vielgestaltigkeit, ihre zahlreichen Verflechtungen untereinander, auch mit Tieren angrenzender Fluren, ob es nun die nach Wasserpflanzen tauchende Schermaus oder der den Fröschen nachstellende Iltis ist. Die Pflanzen bestimmen das Leben, auch für die Tiere, die unter den auf spiegelnder Fläche dahinschießenden Wasserläufern ihre Lebensstätte haben. So reichern ihre Zerfallstoffe den See mit Nährstoffen an und ernähren damit die unfaßbar große Welt der Kleinlebewesen, die wiederum ihrerseits bedeutungsvoll für den Aufbau vieler Nahrungsketten sind. Welche Spezialisierungen bildeten sich in der Seebiozönose in Jahrtausenden heraus! Muscheln und Schnecken, Wasserflöhe und Hüpferlinge, die mannigfaltige Welt der Insekten, von denen viele einen Teil ihrer Entwicklung im Wasser durchmachen, oder die unterschiedliche Anpassung der Vögel, von den Rohrsängern bis zu den Tauchern, und nicht zu vergessen die Flora, aus deren Reihen viele Pflanzen in und über dem Wasser leben.

Verklungen ist das Rauschen der kräftigen Schwanenschwingen. Die Sonne versinkt als glutroter Ball, und ihre letzten Strahlen ziehen ein goldenes Band über den See. Der Abend senkt sich über das Wasser, nach dem Kalender der letzte dieses Frühlings. Morgen ist Sommeranfang.

Von Wiesen und Feldern

Weiße Wolken treiben am blauen Sonnenhimmel, unter dem der Schwarze Milan mit weitklafternden Schwingen kreist, kurz rüttelt und im gleitenden Flug in der Ferne verschwindet. Traktoren ziehen gleichmäßig ihre Runden, bereiten das Saatbett für Kartoffeln vor. Auf dem Nachbarschlag hat das Getreide schon grüne Spitzen geschoben. Entfernt, vom Feldgehölz her, klingt in Abständen das «Kuckuck» des erst vor wenigen Tagen aus dem Süden zurückgekehrten Gauchs herüber. Aus gleicher Richtung schallt das «Keckeck» der Elster, wenn sie nicht gerade Erde oder Stengel zum Ausbessern des Reisignestes mit dem haubenförmigen Dach in den halbhohen Ahorn trägt oder mit schnellen, ungleichmäßigen Flügelschlägen unterwegs hinüber zum Wald ist. Vielstimmig klingt das Trillern der Feldlerchen über den Wiesen und Äckern in einer Welt, die der Mensch für seine Zwecke gestaltet hat.

Einst waren es nur kleine offene Flächen, die sich sehr bescheiden ausnahmen neben den weiten urwüchsigen Wäldern, wie sie heute nur noch annähernd in wenigen kleinen Schutzgebieten erhalten sind. Offene Landschaften bildeten damals in unseren Breiten allein die Moore und Sümpfe, die Ufer an Flüssen, Seen und Meeren, ihre geröll- und schlammbedeckten Überschwemmungszonen und die Matten oberhalb der Wälder in den Hochgebirgen. Hinzu kamen, manchmal nur vorübergehend, baumfreie Flächen, die durch Erdrutsche in Hanglagen, nach Windbrüchen und Bränden entstanden waren. Boden und Klima bestimmten also, ob eine Landschaft oder Teile von ihr offenblieben. Nicht zuletzt verhinderten wiederkehrende Naturereignisse, wie die alljährliche Schneeschmelze, das Aufkommen von Büschen und Bäumen. Gebiete, wo sich eine Grasdecke entwickelt hatte, erweiterte der Mensch zu Wiese und Weidefläche. In der Folgezeit begann er mit ihrer Kultivierung. Säge und Axt sorgten dafür, daß noch mehr Waldflächen verloren gingen.

Kaum anders verhält es sich mit der Gewinnung der Feldfluren. Der Mensch braucht diese Flächen als Nahrungsquelle, heute und vor allem in der Zukunft mehr denn je. Waren es um 7000 v. u. Z. etwa 10 Millionen, die Nahrung brauchten, so sind es heute über 3,5 Milliarden, und nach Trendberechnungen – einschließlich der Geburtenverminderung durch Kontrollmaßnahmen – werden es über 12 Milliarden im Jahre 2075 sein. Hunger und Krankheiten waren die Regelfaktoren der Weltbevölkerungsdichte, die sich bis zum 17. Jahrhundert nur unbedeutend vergrößerte. Die industrielle Revolution und die zunehmende kapitalistische Produktionsweise bewirkten in Europa und später in den USA auf allen Gebieten von Wissenschaft und Technik große Fortschritte. Pest, Cholera und die übrigen Seuchen wurden in den folgenden Jahrhunderten zusehends eingedämmt. Die zunehmenden Erkenntnisse und Verbesserungen auf dem Gebiet des Acker- und Pflanzenbaues, der Tierhaltung und Schädlingsbekämpfung und die Erschließung neuer Erwerbsquellen nahmen dem Hunger in den Industriestaaten seine traditionelle Wirkung, in die er sich in der Vergangenheit mit den nun gleichfalls zurückgehenden Volkskrankheiten geteilt hatte. Gesellschaftsabhängige, sozialökonomische Regulatoren nahmen nun diese Aufgaben wahr, zu der auch unter anderem die bewußte Geburtenkontrolle gehörte. In den Ländern mit sozialistischer Gesellschaftsordnung wurden sie ebenso wie die Befriedigung sozialer, geistiger und kultureller Be-

Das Wachstum der Weltbevölkerung von 1970 bis 2125 (mittlere Variante der UNO-Prognose).

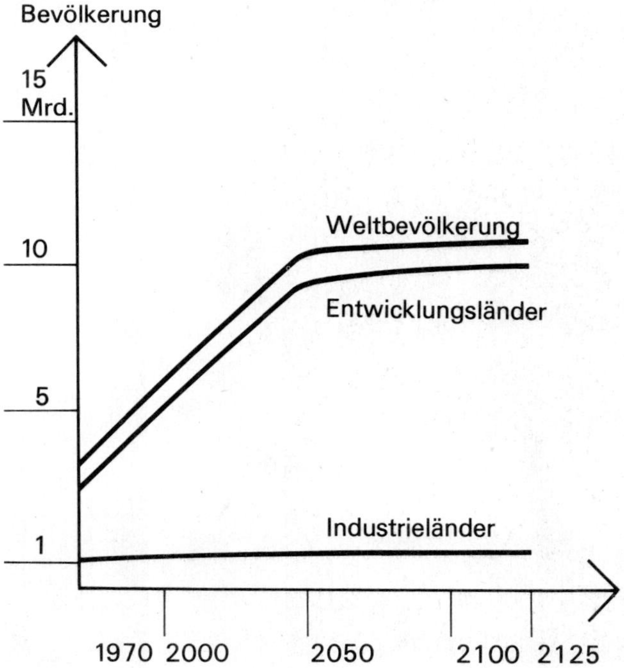

dürfnisse jedes einzelnen auf einem hohen Niveau zielgerichtet durchgeführt und nicht, wie im Kapitalismus, der Spontanität bzw. den Gesetzen des «freien Marktes» überlassen.

Die Bevölkerungsbewegung bei Ländern mit einem hohen Entwicklungsstand der Produktionskräfte und gehobenen Lebensstandard ist bei zielbewußter Geburtenkontrolle durch eine weitgehende Stabilisierung des Verhältnisses Zugänge zu Abgängen charakterisiert, wobei eine geringe Zuwachsrate diese Relationen nicht stört. Ganz anders stellt sich die Situation bei den Entwicklungsländern dar. In der kolonialen Vergangenheit, teils auch durch gegenwärtige kapitalistische Einflüsse, wurde in solchen Nationen zwar ein relativ guter Seuchenschutz aufgebaut und die Säuglings- und Kindersterblichkeit wesentlich herabgesetzt (die Zahl billiger Arbeitskräfte wuchs!), der Entwicklungsstand der Produktionskräfte und damit des Lebensstandards einschließlich des Bildungsniveaus aber niedrig gehalten. Damit fehlen die Voraussetzungen für eine freiwillige Geburtenkontrolle. Die sich daraus ergebenden von der vorhandenen Gesellschaftsordnung abhängigen Disproportionen zwischen Geburten- und Sterberate äußern sich in einem gewaltigen Bevölkerungszuwachs, wobei die eigentliche «Explosion» erst im nächsten Jahrhundert erfolgen wird. In hundert Jahren werden laut UNO-Prognose diese Länder annähernd 87 Prozent der Weltbevölkerung stellen, also über 10 Milliarden. Demnach wären gewaltige Störungen eines Regelkreislaufes zu erwarten, wie wir sie bei Tierpopulationen in verschiedensten Ökosystemen mehrfach erleben, es sei nur an die für den Wald bedeutsame Bestandsvermehrung des Rotwildes erinnert. W. Mohrig schreibt in diesem Zusammenhang: «Die Regelfaktoren wurden disproportioniert, das Ergebnis ist ein exponentielles Wachstum, so wie es auch tierische Populationen zeigen, wenn große Veränderungen in ausstrukturierten Ökosystemen vorgenommen werden. Da der Mensch bisher mit Erfolg die Grenzen der Umweltkapazität durch seine umweltgestaltende Kraft verschieben konnte, wird oft in Frage gestellt, ob es eine Grenze des Bevölkerungswachstums gibt. Zweifellos, denn es liegt weder Sinn noch Notwendigkeit in einer selbstgewählten Intensivhaltung. Man muß sich davon lösen, die Gleichgewichtsdichte der menschlichen Bevölkerung mit Stagnation zu identifizieren. Die Evolution von Ökosystemen gibt hierfür das naturgeschichtliche Beispiel. Die Besiedelung abiotischen Neulands verläuft in verschiedenen Stadien (Sukzessionen) von geringer Mannigfaltigkeit bis zu einem ausstrukturierten Endstadium als Folge irreversibler Prozesse.»

Besonders aber in den Entwicklungsländern blieb bedauerlicherweise der Hunger bestehen. 27000 Menschen auf der Welt sterben jeden Tag an seinen direkten oder indirekten Folgen. Die Hälfte der gesamten Menschheit ist unzureichend ernährt, die Fehlernährungen gar nicht eingeschlossen. So stellt sich die Situation jetzt dar, aber schon um die Jahrhundertwende wird sich die Weltbevölkerung gegenüber heute verdoppelt haben. Alle Menschen müssen dann satt werden. Bis dahin heißt es, die Produktion der Nahrungsmittel auf über das Dreifache zu steigern. Die Äcker und Wiesen neben den Meeren, den fließenden und stehenden Süßgewässern haben das Erforderliche zu erbringen. Dabei kommen den rund ein Zehntel des Festlandes der Erde bedeckenden Feldern, Plantagen und Gärten zusammen mit dem Wiesen- und Weideland, die nochmals etwa ein Sechstel des meerumspülten Landes ausmachen, die größte Bedeutung zu. Reserven der Anbauflächen bedeuten die waldbedeckten Landschaften, die etwa 20% der Erdoberfläche darstellen. Begünstigend kommt hinzu, daß sie vor allem in den Tropen und Subtropen liegen, also auf den Kontinenten, wo der gewaltige Bevölkerungszuwachs eintreten wird. Ausgedehnte Waldrodungen, beispielsweise auf den Inseln des Malaiischen Archipels, vergrößerten bereits die Anbaugebiete. Viele Tiere verloren damit ihren Lebensraum. Manche von ihnen wurden dadurch zu Seltenheiten und wenige sogar fast zum Aussterben verurteilt, wie der Affenadler auf den Philippinen, den im Red Data Book – herausgegeben von der Internationalen Union zur Erhaltung der Natur (IUCN) und dem Internationalen Rat für Vogelschutz (ICBP) – ein rosa Blatt als ausgesprochen gefährdete Art kennzeichnet. Es sind gewaltige Eingriffe in Lebensgemeinschaften, die zum jetzigen Zeitpunkt keineswegs vordergründig sind. Vordringlich ist in diesen Gebieten weniger die Vergrößerung der Feld- und Wiesenfläche auf Kosten des Waldes, sondern die optimale Nutzung der vorhandenen Anbaugebiete. Lenin schreibt treffend, daß die Intensivierung der Landwirtschaft «nicht durch quantitative Vergrößerung der Anbaufläche, sondern durch qualitative Verbesserung der Bodenbearbeitung mittels größerer Kapitalinvestitionen in der alten Bodenoberfläche» erfolgen soll. Intensivierung heißt also Steigerung der Bodenfruchtbarkeit. Sie wird erreicht durch Chemisierung, Mechanisierung, Melioration und Züchtung. Dies geschieht bisher, besonders in den Entwicklungsländern in noch ungenügender Weise; die historisch-gesellschaftlichen Ursachen haben wir eben erörtert. Der bessere Einsatz von Pflanzenzüchtungen, die neben der Ertragssteigerung bei gleichzeitiger Erhöhung der Ertragssicherheit und Verbesserung der Qualität auch eine Bebauung bisher ertragsniedriger oder sogar unbestellbarer Flächen ermöglichen, sind eine der Formen einer Intensivierung. Über 25 % mehr könnte dadurch von den Feldern geerntet werden. Die gezielte Verwendung von Mineraldünger auf allen Äckern und Wiesen der Welt würde eine noch bedeutend höhere Ertragssteigerung bringen, vor allem in den «Ländern der dritten Welt». Wie wenig insbesondere diese Möglichkeit ausgeschöpft wird, zeigt, daß nur ein Siebtel des tatsächlichen Bedarfes an Mineraldünger eingesetzt wird; Ausnahmen bilden Europa und Nordamerika, während einige Länder Asiens diese Möglichkeit fast überhaupt noch nicht nutzen oder noch nicht nutzen können. Häufig sind auch die einseitig bewirtschafteten Böden in den landwirtschaftlich unterentwikkelten Erdteilen erschöpft, in ihrer organischen und anorganischen Zusammensetzung gestört. Allein schon durch die Behebung der Mißverhältnisse innerhalb dieses biologischen Gleichgewichtes würden die Hektarerträge um ein Mehrfaches steigen. Die Art und Weise der Bodenbearbeitung birgt auch noch große Reserven. Zwei Drittel aller Felder der Welt werden mit manuellen Werkzeugen und einfachsten Pfluggeräten bearbeitet. Eine optimale Be- und Entwässerung sowie der Einsatz einer modernen Landtechnik würden weitere Mittel zur besseren Ernährung der Menschen freigeben. Manche brachliegenden Flächen könnten durch die Bearbeitung mit starken Maschinen erstmalig bewirtschaftungsfähig werden. Zugtiere wären dann weitgehend überflüssig, denn sie «blockieren» in vielen Ländern die futterspendenden Flächen für die Haltung von Milch- und Fleischlieferanten. Und wenn wir an die «heiligen Kühe» in Indien denken, sehen wir, wie nicht selten in solchen Ländern, wo der Hungertod der Menschen fast zum Alltag gehört, auch noch der Glaube als Hemmschuh beim Kampf um «mehr Brot für die Menschheit» wirkt. Ganz wesentlich ist es, die pflanzlichen Krankheiten, Schädlinge und die konkurrierenden Unkräuter weltweit, aber gezielt in ihren Wirkungsbereichen einzuschränken. Ein gutes Drittel der Welternte fällt allein durch sie der Vernichtung anheim. Noch mancherlei andere Möglichkeiten einer intensiveren Nutzung landwirtschaftlicher Flächen bestehen in Südamerika, Afrika, Australien, Indien, Pakistan und in einigen anderen Ländern. Die weltweite komplexe Anwendung all dieser wissenschaftlichen Erkenntnisse würde den Hunger in der Welt in Vergessenheit geraten lassen.

Ein Ausflug in die Statistik, notwendige Erhebungen und Vorausberechnungen, Analysierung der Gegebenheiten der Ernährungssituation der Weltbevölkerung und ihre Möglichkeiten der Verbesserung, die zeigen, in welcher Richtung die Probleme der Ernährung der Menschen jetzt und in der Zukunft liegen. Die Abhängigkeiten von den gesellschaftlichen Verhältnissen spielen dabei eine entscheidende Rolle. Gleichzeitig bedeutet das aber auch, daß die romantischen Bilder vom Pflügen mit Pferden, von den Getreidepuppen auf Feldern im «Handtuch»-Format der Vergangenheit angehören müssen. Noch einige Zahlen sollen verdeutlichen, warum es so und nicht anders mehr sein kann. Sie werden vielleicht manchen Naturfreund zu realistischem Denken bewegen, wenn er mit mißbilligendem Blick die großen Schläge betrachtet und darin die leuchtend roten Blüten der Mohnblumen und die blaublütigen Kornblumen zwischen den Getreidehalmen infolge der chemischen Unkrautbekämpfung vermißt, gleichfalls die Ketten Rebhühner auf den Äckern und Wiesen. Auch der bedauernswerte Verlust frisch gesetzter Rehkitze durch den Einsatz einer modernen Mähtechnik, der trotz aller Vorbeugungsmaßnahmen höher liegt als «in der guten alten Zeit», bildet nur eine der negativen Randerscheinungen, die alle in Kauf genommen werden müssen. 1950 versorgte in der DDR ein in der Agrarproduktion Beschäftigter 6 Bürger mit Agrarerzeugnissen, bis 1975 stieg die Zahl auf 32! Eine Intensivierung war also lebensnotwendig geworden. Welche Ertragssteigerungen bei bereits vorhandenen guten feldbaulichen Voraussetzungen noch möglich sind, beweist die Tatsache, daß in der DDR die Getreideerträge von 1950 bis 1974 von 19,7 dt/ha auf 39,7 dt/ha, also um das Doppelte, stiegen. Hinzu kommt noch, daß trotz dieser Ertragssteigerung den Menschen, die Jahr für Jahr diese Werte schaffen, Arbeit und Leben um ein vielfaches erleichtert wurden.

Der Mensch schuf durch seine Feldfluren, Wiesen und Weiden neue Lebensräume mit einem lebensgemeinschaftlichen Gefüge, das selbst bei standortbedingten speziellen Besonderheiten biotopeigene Gesetzmäßigkeiten entwickelte und viele Gemeinsamkeiten hat. Es entstanden Kulturbiozönosen, die, wie wir eingangs erfuhren, aus unterschiedlichen Ausgangsbiotopen hervorgingen. Die verschiedenen Bodentypen, die durch Fruchtfolge wechselnden Pflanzengesellschaften, die intensive Nutzung der Wiesen, Weiden und Felder unter dem Leitaspekt der Ertragssteigerung, standen der Herausbildung von einheitlichen Lebensbedingungen nicht im Wege. Von den Eingriffen des Menschen in Abhängigkeit von Boden, Klima und Konkurrenz der Arten untereinander bestimmt, bildeten sich unterschiedliche Pflanzengesellschaften auf den Wiesen und Weiden heraus. Weit reicht die Gräserpalette der Arten- und Mengenzusammensetzung, sehr unterschiedlich ist dadurch die Wüchsigkeit der Pflanzen und damit der Bedeckungsgrad der Flächen. Die nährstoffreichen, hochwertigen Knäuelgras- und Glatthaferwiesen auf den gleichmäßig feuchten Böden, die ärmlichen nassen Flächen mit den Igel- und Wiesenseggen, den Spitzblütigen Binsen und Wollgräsern und die Trocken- und Magerrasen, wo Aufrechte Trespe, Schafschwingel, Steifes Borstengras, Glanzlieschgras und Erdsegge wachsen, bilden Extreme. Vielerlei Übergänge sind auf den etwa 20% Wiesen- und Weidelandflächen der DDR zu finden und bestimmen, ob eine intensive oder extensive Nutzung möglich ist, wenn Be- oder Entwässerung und Düngung unter den örtlichen Gegebenheiten die bestmöglichen Bewirtschaftsbedingungen schaffen. Besonders auf den Trockenböden haben manche seltenen Kräuter ihre Heimat,

Blühende Sumpfwasserfeder im Tümpel.

und etliche dieser charakteristischen Flächen stehen deshalb unter Naturschutz. Das Wasser für die Gräser und Kräuter des Grünlandes nimmt in der Reihe der bedeutsamen Umweltfaktoren Bodentyp, Licht, Temperatur, mechanische, chemische und biotische Einflüsse, eine vorrangige Stellung ein. Es bestimmt wie kaum in einer anderen Pflanzengemeinschaft deren Struktur und Artenzusammensetzung, ihre Verbreitung in der Landschaft und ihren Ertrag.

Auch hier, neben dem großen Schlag, wo im Komplexeinsatz Traktoren mit ihren Geräten Runde um Runde drehen und die letzten Kartoffeln in das warme Saatbett legen, zieht sich weit ins wellige Land das saftige Grün der Wiesen, in denen einige Pflanzengesellschaften sofort die unterschiedliche Bodennässe verraten. Besonders in der kleinen Senke um den flachen Tümpel, wo sich in einigen Tagen die Blüten der Sumpfwasserfeder über dem Wasser im leuchtenden Weiß und Rosa entfalten werden, haben Rispen- und Behaarte Segge sowie die Gelbe Segge ihr Zuhause. Sumpfveilchen und Sumpfläusekraut fanden hier inmitten anderer Nässepflanzen die zum guten Wachstum notwendige Feuchtigkeit in dem sauerstoff- und nährstoffarmen Boden. Mit dem leichten Anstieg hoch zu den flachen Hängen, wo sich die nährstoffreichen Gräsergemeinschaften als weitflächige Wiesen erstrecken, nehmen die Sauergräser mehr und mehr ab, und Hoher Glatthafer, Wiesenrispengras, Rotschwingel, Gänseblümchen, hochstengeliger Wiesenkerbel und einzelne, nun schon knospentragende Wiesenglockenblumen künden vom trockeneren Boden. Das eingesenkte Wiesenstück wird immer so naß bleiben. Von der Größe her würde sich die Trockenlegung für die Landwirtschaft schon lohnen, aber eingehende Prüfungen, in deren Bewertung auch die Gräser- und Kräutergesellschaften der höherliegenden Wiesen hinsichtlich ihrer Wasserversorgung einbezogen wurden, rieten davon ab. Der Grundwasserstand der angrenzenden Flächen würde dann so gesenkt, daß das bisher sehr ertragreiche umgebende Grünland durch die nunmehr trockeneren Wiesen einen wesentlich geringeren wirtschaftlicheren Wert bekäme. Die höhere Ertragsfähigkeit der ehemals nassen Senke könnte diesen Verlust auch nicht annähernd ausgleichen.

Das Paar Uferschnepfen *(Limosa limosa)* wird also auch in Zukunft, wie jedes Jahr nach der Rückkehr aus dem Mittelmeergebiet, hier auf feuchtem Land eine unter Grasbüscheln gut verborgene Mulde dick mit trocknen Gräsern auspolstern können. Bereits gut drei Wochen sind ihre «Grütto»-, «Goritte»- und «Delödjo»-Rufe im wechselhaften Aprilwetter zu hören. Nicht selten fliegt einer der taubengroßen Vögel – in den ersten Tagen waren auch beide häufig unterwegs – über das benachbarte Grünland. In der Luft wirkt die Uferschnepfe mit dem breiten weißen Flügelband vor dem schwarzen Rand der Schwingen durch den vorgestreckten, kräftigen Hals und den weit nach hinten angelegten Beinen wesentlich größer, als wenn sie sich vorsichtig schreitend den vier glanzlosen olivbraunen, dunkel gefleckten Eiern nähert. Seit wenigen Tagen erst brütet sie. Täglich kam in der flachen Mulde ein Ei hinzu, und erst als das Gelege vollständig war, erhielt es von beiden Vögeln Brutwärme. Besonders in diesen Tagen brütet «er» häufiger als «sie». Vom Anbruch der Dunkelheit an bis zum nächsten Morgen wärmt immer nur das kräftiger gefärbte Männchen die Eier. Tagsüber stellt der nichtbrütende Partner auf den feuchten Wiesen den Heuschrecken, Käfern, Schnecken, Würmern und Larven sowie dem Froschlaich und den Libellen am Rande des Tümpels nach. Auch das eine und andere zarte Grün wird bei der Suche nicht verschmäht. Trotz eifrigem Ablesen von Kerfen und Stochern im weichen Boden behält die Uferschnepfe aufmerksam die Umgebung im Auge und warnt mit kiebitzähnlichem «Gie» und «Gwiäh» den brütenden Partner vor nahenden Gefahren. Steil aufgerichtet ist dann dessen schmaler Hals, und mehrmals am Tage muß er mit schiefgehaltenem Kopf Notiz von den beiden Nebelkrähen nehmen, die ihn mit langsamem Flügelschlag überfliegen. Nur dieses eine Paar lebt noch hier, hat sein Reisignest in einem entfernten Feldgehölz und streicht beutesuchend über die umliegenden Fluren. Vor Jahren waren es weit mehr, ja viel zu viel. Kaum einem der Bodenbrüter gelang es, seine Brut großzuziehen, gleich ob es die Uferschnepfen, Kiebitze, Rebhühner, Feldlerchen oder Braunkehlchen waren. Die Krähen nahmen Eier und Jungvögel. Nicht anders erging es den kleinen Gefiederten in den Hecken, in den Feldgehölzen und am Waldrand. In dieser Zeit nahm auch der Bestand der Hasen wenig zu. Die Kleinen konnten sich in den Furchen und unter Grasbüscheln noch so gut drücken, sie wurden doch entdeckt von diesen Krähen mit dem grauen Rücken und dem grauen Bauch, die hier östlich etwa entlang der Elbe und Moldau bis Oberitalien die einfarbig schwarzen Rabenkrähen vertreten.

Als Allesfresser verschonen die zahlreich umherstreifenden Nebelkrähen auch die frisch gesäten Getreidefelder nicht und tun sich an den Körnern gütlich. In solch großer Zahl schadet die Nebelkrähe selbst der Landwirtschaft mehr, als sie ihr durch Vertilgen von Mäusen, Larven und Insektenschädlingen nützt, zumal sie dann auch an Acker- und Wiesenpflanzen nicht unerheblichen Schaden anrichtet.

So gab es also durch ihre zahlreichen Artgenossen viele Störungen in der Lebensgemeinschaft dieser Kulturlandschaft, und erst der Abschuß führte nach Wochen zu einer für alle hier Lebenden zuträglichen Populationsstärke. Aber auch diese beiden übriggebliebenen Nebelkrähen werden von den Uferschnepfen keineswegs unterschätzt. Besondere Gefahr droht dem Gelege immer dann, wenn es wegen Störungen verlassen werden muß: In der Nähe vorbeigehende

Menschen, noch mehr aber streunende oder nicht an der Leine geführte Hunde schaffen Unruhe, zwingen zum Aufstehen. Bei längerem Fernbleiben entdecken dann die umherfliegenden Krähen die Eier, obgleich sie eine gute Tarnfarbe haben. Gelingt es ihnen durch die rechtzeitige Rückkehr der Uferschnepfen nicht, die Eier gleich aufzuhacken, so sicherlich an einem der nächsten Tage. Denn trotz einer auch ihnen eigenen Vorsicht sind die Nebelkrähen dreist und deshalb doch noch früher am Gelege als die Schnepfen.

Auf diese Weise verlor auch das eine der beiden Paare des Großen Brachvogels *(Numenius arquata)* auf den angrenzenden, weitflächigen Wiesen mit nährstoffreichen Süßgräsern seine olivgrünen, mit dunkelbraunen Flecken bedeckten Eier (Bild). Einige hundert Meter weiter, an einer für die gut krähengroßen Vögel mit dem leicht abwärts gebogenen Schnabel übersichtlichen Stelle, trugen sie nochmals wenige Halme in eine Erdmulde zusammen. Zu der Zeit, als der kühle Nieselregen tagelang nicht aufhören wollte und alles durchfeuchtete, so daß das Halsgefieder der Uferschnepfe durch ständig herablaufendes Regenwasser ein haarkleidähnliches Aussehen zeigte, hatte es das Weibchen mit der nochmaligen Eiablage nicht eilig. Die Abstände betrugen nun drei Tage, während sonst meistens alle 48 Stunden ein Ei gelegt wird. Auch dieses Nachgelege wurde 30 Tage lang wachsam bebrütet. Zwei Wochen gingen gegenüber dem anderen Paar, dessen Gelege die Krähen nicht fanden, verloren. Sie fallen aber bei der Aufzucht der Jungen nicht ins Gewicht. Denn genügend Larven, Spinnen, Würmer, Vollkerfen, Mollusken usw. halten die Grünflächen hier bereit. Vielerlei Samen sind in den locker aufgebauten Schichten der Frischwiesen, also zwischen den niedrigen Kräutern, den Untergräsern, halbhohen Krautpflanzen, den Obergräsern und hohen Kräutern zu finden, die zeitweise bei den Großen Brachvögeln fast die Hälfte der aufgenommenen Nahrung ausmachen. Quendelblättriger Ehrenpreis, Gänseblümchen und Fadenklee, Goldhafer, Knäuelgras, Margerite, Große Pimpinelle und die meistens alle anderen Pflanzen überragenden Bärenklau und Wiesenkerbel bilden hier neben anderen Gräsern und Kräutern eine vielgestaltige Pflanzengesellschaft. Keine einzige dieser Arten stimmt weder in den Ansprüchen an die Umwelt noch in den wechselhaften Beziehungen mit der Umgebung und untereinander völlig mit der Nachbarart überein. Die

Großer Brachvogel läßt sich auf dem Gelege nieder.

Brütender Kiebitz.

Gräser und Kräuter konkurrieren ständig um Standort, Licht, Wasser sowie Nährstoffe und stehen damit in einem sich laufend verschiebenden Gleichgewicht. Neugeschaffene Umweltbedingungen führen folglich je nach Begünstigung oder Benachteiligung der Pflanzen innerhalb einer Gesellschaft zu Verschiebungen des Mengen- und Artgefüges und zur Beeinflussung der Wuchsfreudigkeit. Dieses empfindliche Reagieren auf standörtliche Veränderungen räumt den Pflanzengesellschaften der Wiesen und Weiden in ihrem Nachweis über die örtlichen Umweltfaktoren einen hohen Rang ein, den eine einzelne Pflanze in keiner Weise zu erbringen vermag. Die praktische Bedeutung der Pflanzengesellschaften liegt in der Aussage über das standortbedingte Leistungspotential der Grünflächen. Durch ihre Zusammensetzung geben sie Aufschluß über örtliche Gegebenheiten, aber gleichzeitig auch Hinweise auf Fehler der Bewirtschaftung und Möglichkeiten zur Verbesserung der Bodennutzung. Über 1000 Pflanzenarten bilden auf unseren Wiesen und Weiden, an Wegrändern und auf Ruderalflächen charakteristische Gemeinschaften.

Die mehr oder weniger vollständigen Schichten der Kräuter und Gräser, zwischen denen Uferschnepfe, Großer Brachvogel und Kiebitze brüten, schaffen auch ein typisches Mikroklima (Bild). Es kommt nicht nur vielen hier ansässigen Pflanzen für ihr Wachstum entgegen, sondern ist, wie nicht anders zu erwarten, auch die Lebensstätte mannigfaltiger Kerfen. Zahlreich fließen sie in die unterschiedlichsten Nahrungsketten der Lurche und Vögel ein. Letztlich ernähren sich, wie in allen Ökosystemen, viele Arten der eigenen Tierklasse von den krabbelnden und schwirrenden Völkern zwischen den Halmen, Stengeln und Blättchen, Rispen, Trauben, Ähren und Blütenkörbchen.

Zu denen, die hier in großer Zahl leben, gehören auch die Feldheuschrecken (Acrididae), die sich in Mitteleuropa mit etwa 40 Arten verbreiteten. In den

Feldheuschrecken rufen bei Massenvermehrungen örtlich begrenzte Schäden in der Landwirtschaft hervor, die aber durch Bekämpfungsmaßnahmen unter Kontrolle gehalten werden können.

verschiedensten Pflanzengesellschaften finden sie Nahrung, Wohn- und Schutzraum. Bei manchen Arten ist die Anpassung an die Gemeinschaft der Gräser und Kräuter und an das durch ihre Schichtung entstandene Mikroklima bereits so spezialisiert, daß ihr Vorkommen zuverlässige Aussagen über den Biotop ermöglicht. Das Grün der Wiesenpflanzen wird von den Feldheuschrecken stark beachtet, denn die grün gefärbten Tiere suchen vorzugsweise diese grüne Umgebung auf und erhöhen durch die nun noch größere Tarnung wesentlich den Schutz gegenüber ihren Feinden. Alle aus der Familie der Heuschrecken sind Pflanzenfresser und haben in anderen Breiten durch zu starkes Auftreten schon manche Ernte auf einem Getreide- oder Reisfeld vernichtet und das Viehfutter auf der einen oder anderen Grünfläche empfindlich vermindert. Zum Glück rufen sie bei Massenvermehrungen nur örtlich begrenzte Schäden hervor, die der Mensch im Gegensatz zu den Feldzügen der verwandten Wanderheuschrecken durch seine Kontrolle in Grenzen zu halten vermag.

Gemeine Bläulinge bei der Paarung. Wiesen, Weiden und Felder sind der Lebensraum vieler Schmetterlinge.

Von Juni bis in den Oktober hinein verleihen die Feldheuschrecken den Wiesen und Feldern akustisches Leben (Bild). Vielstimmig erklingt ihr Zirpen, wird an heißen Sommertagen zum melodischen Konzert und weckt zusammen mit den gelben Getreidefeldern und dem Grün der blühenden Wiesen links und rechts der zerfahrenen und ausgetretenen Wege ein stimmungsvolles Bild – Sommer!

Mit einer gezähnten Leiste auf den inneren Hinterbeinen, die schnell hintereinander über entsprechende Längsadern der kräftigen Vorderflügel gerieben wird, werden Schwingungen erzeugt, die den arttypischen «Gesang» hervorbringen. Seinen Höhepunkt erreicht er Ende Juli: Es beginnen die Wochen der Paarung, in denen die Tiere fortgesetzt munter musizieren. Die Männchen tun sich dabei am meisten hervor. Alle sind sie aber nur Musikanten eines Sommers. Die letzten von ihnen sterben in spätherbstlicher Kühle. Die unter die Erdkrumen gelegten Eier sorgen für die Erhaltung der verschiedenen Arten grüner und brauner Hüpfer während der kalten Jahreszeit und überdauern in reichlicher Zahl den Winter. Im nächsten Jahr läßt dann die wärmende Frühlingssonne die Larven schlüpfen. Mindestens vier Entwicklungsstadien müssen sie nun durchlaufen, bevor die Aktiven zwischen den Gräsern wieder ihr sommerliches Gezirpe anstimmen können.

Wie die Heuschrecken das Ohr betören, so lenken die gaukelnden Schmetterlinge auf Wiesen, Feldern, an den Wegrändern, auf den Ödflächen, den Waldlichtungen und in der Heide die Aufmerksamkeit des Auges auf sich. Zu den häufigsten aus der zartflügeligen Welt der Gaukelnden und Flatternden der Tagfalterfamilie gehören neben den Kohlweißlingen die Gemeinen Bläulinge *(Polyommatus icarus)*. Sie zählen zu den Kleinen der Tagfalter (Bild). Der größte dieser weltweit verbreiteten Familie (Lycaenidae), eine tropische Art, erreicht gerade eine Flügelspannweite von 4 cm. Von den bei uns lebenden Arten erreicht keine diese Größe. Ab Mai fliegen die Bläulinge unermüdlich von Blüte zu Blüte und lassen ihre blauen, metallisch glänzenden Flügel im Sonnenlicht schimmern. In ihrer Zartheit wirken sie arg zerbrechlich. Dennoch sind ihre Flugleistungen erstaunlich. Sie überwanden Wasserflächen zwischen den Erdteilen und flogen in Gebirge bis 4000 m Höhe.

Bis in den September, in günstigen warmen Jahren sogar noch im Oktober, senken sie den sonst zusammengerollten Rüssel in die Blüten. In zwei, wenn ihnen das Klima hold ist, sogar in drei Generationen jährlich, kommen sie in unglaublicher Zahl auf den sonnigen Wiesen vor. Die gedrungenen Raupen des Gemeinen Bläulings holen sich ihre zum Leben notwendige Nahrung von den Schmetterlingsblütlern.

Überwintern bei den Bläulingen meist die Raupen, so sind es beim Kleinen Fuchs *(Aglais urticae)* die Falter, die im Frühjahr bis hinein in den Mai in den Fluren fliegen (Bild). Die Art gehört zu den wenigen, die in dieser Form die kalte Jahreszeit meistert, und von denen mancher farbschöne Edelfalter plötzlich mitten im Winter in einem warmen Zimmer flattert. Oft lockt schon die Märzsonne mit ihrer Wärme diesen Schmetterling aus seinem Schlupfwinkel. Wenn im Mai die Brennesseln im saftigen Grün stehen, paaren

Kleiner Fuchs.

sich die Falter, und die bald aus den Eiern schlüpfenden, gelbgrün gestreiften Raupen fressen gesellig an den frischen Brennesselpflanzen. Nach Wochen fertigt die Raupe an einem Stengel oder Blatt ein Gespinstpolster, an dem sie sich mit dem Hinterteil aufhängt. Als Puppe verbringt sie so ungefähr zwei Wochen, bevor der Falter schlüpft. Seine Generation wird das nächste Frühjahr nicht erleben, denn sie stirbt im Juli nach der Paarung und der Eiablage. Nur die Schmetterlinge der folgenden Generation, die im August aus den Raupen schlüpfen, werden uns mit ihrer Anwesenheit auf den herbstlichen Wiesen an den verklungenen Sommer erinnern. Sie suchen die schützenden Winkel bis zum kommenden Frühjahr auf.

Ihnen gleich tun es die prächtigen Tagpfauenaugen *(Inachis io)*, deren Raupen gleichfalls gesellig an Brennesseln fressen. Der Lebenszyklus dieses Edelfalters hängt weit mehr als der der vorigen Art vom Wetter ab, so daß in manchen Jahren nur eine Generation zur Entwicklung kommt. Erst die Sonne verleiht den Tagfaltern Lebenskraft, läßt sie gaukeln, manchmal auch temperamentvoll zu einem bunten Blütenkorb dahinschießen, um dort Nektar zu saugen oder mit weit geöffneten Flügeln die wärmenden Strahlen zu genießen. Häufig suchen sie deshalb auch die warme Erde oder einen Stein auf. Aber nicht lange, denn dann geht es wieder hin zu den Blumen auf Feldern und Fluren.

Die Raupen der prächtigen, tagaktiven Schmetterlinge leben von den grünenden Pflanzen, die Erwachsenen selbst von dem Nektar der Blüten. Beide brauchen also die Pflanzen zum Leben, die andererseits für ihr Fortbestehen auch die bunten Falter benötigen. Ohne die Bestäubung durch Schmetterlinge, Bienen, Hummeln und etliche andere, die Nektar suchen, wären sie bereits längst ausgestorben; alltägliche Abhängigkeiten, wie wir sie in den verschiedensten Lebensgemeinschaften antreffen. Es sind einfache oder durch Verflechtungen komplizierte, lebensbedeutende Beziehungen, aus denen sich eine Biozönose in ständiger Abhängigkeit von den Wechselbeziehungen der Pflanzen und Tiere und den standortbestimmenden Umweltfaktoren aufbaut.

Die Tagfalter genießen bei uns den Schutz des Gesetzes. Allein bei der Familie der Weißlinge (Pieridae) wird eine Ausnahme gemacht. Über alle Kontinente hat sie sich mit Tausenden von Arten verbreitet. Dort gehören ihre Schmetterlinge zu den alltäglichen Blütenbesuchern der offenen Landschaften, von denen selbst Wüsten nicht ausgenommen sind. Keineswegs tragen alle von ihnen eine weiße Farbe, wie nach dem Namen «Weißlinge» zu vermuten wäre. Noch mehr als bei den «Bläulingen» hat diese Familie andersfarbige Falter in ihren Reihen. In unserer Heimat werden die weißflügligen Arten ausdrücklich vom gesetzlichen Schutz ausgeschlossen und, wo es nötig ist, intensiv bekämpft. Nicht die nektarsuchenden, blütenbestäubenden Falter erregen unser Mißfallen, die ebenso wie die anderen geschützten tagaktiven Schmetterlinge die Sonne lieben und zu den blumenreichen Wiesen und Feldrainen gehören, sondern ihre Raupen. Bis zu 600 Eier legt ein Weibchen in Haufen an den Blattunterseiten von Kreuzblütengewächsen ab. Besonders befallen die meistens dicht über dem Boden fliegenden Schmetterlinge die Kohlarten, von denen sie keine auslassen. Zwar werden zahlreiche Raupen von einer Schlupfwespe *(Microgaster glomeralus)* parasitiert, deren Raupen die nach ein bis zwei Wochen geschlüpften Raupen des Großen Kohlweißlings *(Pieris brassicae)* von innen her auffressen und dann in gelben Kokons an den toten, ausgehöhlten Wirten hängen. Trotzdem bleiben genügend grüne, gelbgestreifte Schädlinge übrig, die örtlich die Ernte ganzer Kohlfelder vernichten können. Nur intensive Bekämpfungsmaßnahmen vermögen ein völliges Kahlfressen der Schläge zu verhindern. Zwei bis drei Generationen im Jahr, wobei sich jede Raupe bis zur Verpuppung mehrmals häutet, finden infolge der Bewirtschaftung der offenen Landschaft beste Vermehrungsbedingungen. Die Reinkulturen der Felder bieten Parallelen zu denen der Wälder, die ebenfalls durch diese Wirtschaftsform breite Angriffsflächen für Forstschädlinge bieten, aber wesentlich schwerer unter Kontrolle zu bringen sind.

Um einen geeigneten Platz für ihre Verpuppung zu finden, wandern die Raupen des Großen Kohlweißlings häufig weite Strecken und sind dann selbst an Zäunen und Häuserwänden zu finden. Als Puppe überdauert der landwirtschaftliche Schädling den Winter.

Die Erweiterung des Grünlandes aus den einst verstreuten, offenen Flächen kam nicht nur den Lebensbedingungen der Heuschrecken, Falter und einer Vielzahl anderer Kerfen und ihrer Verbreitung entgegen, sondern auch den Fröschen und Kröten, einigen Reptilien und Säugern sowie einer ganzen Zahl Vogelarten. Von letzteren seien nur Wiesenpieper, Feldschwirl, Braunkehlchen, ferner die leider in den letzten Jahrzehnten stark im Rückgang begriffenen und vom Aussterben bedrohten Großtrappen, Wiesen- und Kornweihen, der seltene Wachtelkönig, die Rebhühner, Wachteln und die bereits obengenannten Schnepfenvögel erwähnt. Was für ideale Lebensräume erhielten mit zunehmender Kultivierung der Flächen auch die häufig schädlichen Wühl-, Brand-, Scher- und Zwergmäuse, Hamster und Maulwurf sowie Mauswiesel, Hermelin und Fuchs als natürliche Feinde all dieser Nager.

Wie der Rehbock im frischen Gras der Wiese (Bild), so äsen viele andere Rehe, ebenso das Rot-, Dam- und Muffelwild, das durch Wiesen, Weiden und Felder seinen Nahrungsraum wesentlich vergrößern konnte. Sie sind nicht ursprüngliche Tiere dieses Biotops, sondern gehören nur zu seinen zeitweiligen Besuchern. Einschränkend muß allerdings gesagt werden, daß sich Rehe auf ausgedehnten Kulturflächen schon so heimisch fühlen, daß einige nicht mehr zurück in den Wald wechseln. Sie bleiben Tag und Nacht inmitten der Pflanzenwelt von Feld- und Wiesenfluren, haben also auch ihren Wohn- und Schutzraum hierhin verlegt. Als «Feldrehe» werden die einst im Wald Heimischen bezeichnet, denen auch die Wiesen- und Feldpflege, Mahd und Beweidung nichts ausmacht. Der schutzverleihenden Strauchschicht des Waldes bleiben sie auch in den unruhigen Zeiten fern, suchen nur manchmal die buschreichen Ränder der Feldgehölze auf. Die ursprünglich in diesem Biotop Lebenden sind schon längst an die ständigen Eingriffe des Menschen gewöhnt, die eine Bewirtschaftung mit sich bringt und diesen Lebensraum erhält. Trotz aller durch den Menschen herbeigeführten Eingriffe ist die Pflanzenwelt recht einheitlich. Selbst bei den Feldern und Äckern, wo die örtlich wechselnde Fruchtfolge, Pflege und Düngung weitflächige Böden gleichen Typs schufen, bestehen Lebensbedingungen für eine Biozönose, die aufeinander abgestimmt ist und ihre

Die landwirtschaftlichen Nutzflächen gehören zum Nahrungsraum des Wildes, wobei mancherorts Rehe auch ihren Wohn- und Schutzraum vom Wald auf die ausgedehnten Kulturflächen verlegt haben.

Frischling. Wildschweine sind zeitweilige Mitglieder der Lebensgemeinschaften von Feldern und Wiesen.

Eigenständigkeit hat. Auch die Tiergemeinschaften der Felder und Wiesen bestehen keineswegs nur aus zeitweiligen Überläufern angrenzender Biotope, obgleich es auch solche «Besucher», zum Beispiel das Wildschwein, gibt (Bild). Andererseits sind in das lebensgemeinschaftliche Gefüge auch Arten als Populationsregulatoren eingeschlossen, deren Aufenthaltsort im Walde liegt: z. B. Mäusebussard, Waldkauz, Fuchs und Iltis.

Selbst wenn die unruhigen Zeiten der Bestellung und Ernte auf den Feldern und Äckern vorüber sind, die Vegetation über Nacht grundlegend ihr Gesicht veränderte, selbst wenn Frost und Schnee die weiten Flächen bedecken, kehren die größeren Feld- und Wiesentiere diesem Lebensraum keineswegs den Rücken, suchen nicht etwa das schützende Waldesinnere auf. Während der pflegerischen Bearbeitung einzelner Kulturflächen weichen sie auf andere aus. Die kalte Jahreszeit überstehen sie oft in unterschiedlicher Weise. Viele haben für den Winter den Boden als Schutzort gewählt. Hier überdauern sie die kalte Zeit. Wühlmäuse und Hamster bleiben in dem ganzjährig bewohnten Bau (Bild). Der Hamster *(Cricetus cricetus)*, dieser bunte kampflustige Säuger der Feldfluren, trägt in eigens dafür angelegte Vorratskammern Getreidekörner für schlechte Zeiten ein und hält

Ein typischer Säuger der Feldfluren ist der Hamster.

Feldmäuse in ihrem Bau.

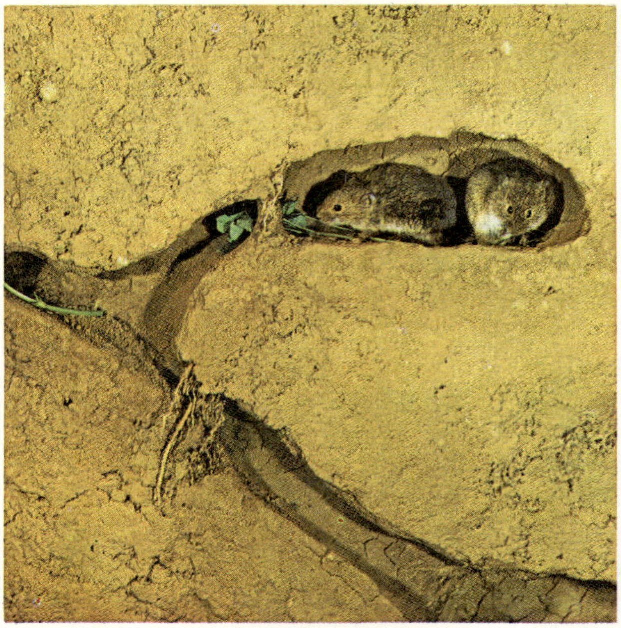

ansonsten einen tiefen Winterschlaf in dichtgepolsterter Nestkammer. Seine Körpertemperatur sinkt bis auf einige Grade über dem Gefrierpunkt ab, eine vorzügliche Sparmaßnahme des Stoffwechsels. Die Feldmäuse *(Microtus arvalis)* sind aber weiterhin in kalter Zeit aktiv, huschen auf ihren Wechseln von Loch zu Loch, selbst über frostharten oder nassen Schnee. Auch sie haben gegrabene Vorratskammern in den oft sehr verzweigten Bauen, von denen die alten Wohnungen mehrere Etagen haben (Bild). Die eingetragenen Gräser und Kulturpflanzen, Getreide, Luzerne, Rotkleestengel, saftige Rapsblätter bis zu Mohrrübenstückchen, haben kaum etwas mit der Vorratswirtschaft des Hamsters gemeinsam. Zu unterschiedlichen Jahreszeiten wird alles in die Baue getragen, eben dann, wenn ein großes Angebot vorliegt. Das in den Seitenröhren Angehäufte dient vorwiegend den Jungen, bevor sie selbständig werden, als Nahrung, und darin liegt wohl der eigentliche Zweck des Sammelns. Auch in kargen Zeiten, wenn sich der Winter mit Schnee, Frost und eisigem Wind von seiner strengsten Seite zeigt, sitzen sie an den freigewehten Stellen der Feldraine und fressen trockene Stengel und Halme, die nur einen dürftigen Nährwert besitzen. Sie vertragen viel an Entbehrungen. Letztlich besorgt aber nicht die Kälte den Tod zahlreicher Feldmäuse, sondern, zumal in den Jahren der Übervölkerung, das Versiegen der pflanzlichen Nahrungsquellen, die bei langanhaltendem Schnee und Frost den kleinen Nagern nur zu einem sehr begrenzten Teil zugänglich sind. Wie die Feldmäuse mit ihrer Populationsstärke auf die jährliche Zuwachsrate einiger ihrer Hauptfeinde, wie Mäusebussarde und Waldkäuze, Einfluß nehmen, ist im übertragenen Sinne die Pflanze der andere Partner in der Räuber-Beute-Beziehung. Noch wesentlich ungünstiger gestalten sich natürlich diese Wechselwirkungen bei einer erhöhten Siedlungsdichte der kleinen Nager. Die einst vertretene Ansicht, daß Infektionskrankheiten die Populationen besonders zu Zeiten der Massenvermehrung, wo reichlichere Kontaktmöglichkeiten bestehen, plötzlich zusammenbrechen lassen, hielt der wissenschaftlichen Prüfung nicht stand.

Andererseits werden in milden Wintern auf nahrungsreichen Kulturplätzen sogar Junge geboren. Allerdings wird nur auf «sekundären Siedlungsflächen», wie die Wissenschaft sagt, die übliche winterliche Vermehrungsruhe der Säuger unterbrochen, und davon macht die Feldmaus keine Ausnahme. In den ursprünglichen, den primären Biotopen, trifft die Vermehrungsruhe auch weiterhin zu. Brachen, Ödland, Heide, Trockenwiesen und Wegränder bildeten die Lebensstätten «alter Zeit», wo die Nahrungsverhältnisse keine massenhafte Vermehrung zuließ und die Bestandsdichte der Tiere nur unwesentlich schwankte. Erst die Monokulturen der Felderwirtschaft erlaubten Wurf auf Wurf. Genug Nahrung fanden nun die kleinen Säuger auf den Feldkulturen in weiter Runde, die ihre große Entfaltung dem kalten Klima des Pleistozän verdanken, wo anstelle der Wälder Tundren und Steppenlandschaften entstanden. Die neuen Nahrungsquellen ließen bei den Vorfahren der heutigen Mäusearten eine Fülle verschiedener Formen entstehen, von der eine die Feldmaus ist, der Schädling Nummer eins unter den Säugern der Feld- und Ackerfluren. Den größten Schaden erleiden dabei die Klee- und Getreideschläge. Obgleich statistische Angaben über Nutzen und Schaden eines Tieres vielerlei Unsicherheiten bergen, soll in diesem Zusammenhang doch ein Beispiel gebracht werden, um einen Größeneindruck zu vermitteln. G. Rörig und H. Knoche errechneten bereits 1916, daß 100 Feldmäuse 50 kg der Ernte in Scheunen und Mieten fressen. Weit größer aber wird der Schaden noch durch Annagen, Zerbeißen, Urin- und Kotverschmutzungen sein.

Hält die Feldmaus ständige Wechsel ein, so ist die geschickte, anmutige Zwergmaus *(Micromys minutus)*, der kleinste unserer einheimischen Nager, durch seine kletternde Lebensweise im Stengel- und Halmengewirr der Wiesen, Teichverlandungszonen und Getreidefelder keineswegs so wegegebunden (Bild). Wenn die Tage und Nächte kühler werden, ist es für die Zwergmäuse an der Zeit, das kunstvolle Sommernest zwischen den Halmen der hohen Wiesengräser, den Riedbeständen und in den Büschen an den

Geschickt klettert die Zwergmaus zwischen den Halmen umher. Sie findet in den Monokulturen der Getreidefelder ihren Lebensansprüchen entgegenkommende Bedingungen.

Vorwiegend in der Dämmerung ist die Blindschleiche auf Nahrungssuche. Dabei tastet die breite Zunge den Boden ab.

Feldgehölzen und der angrenzenden Waldkante zu verlassen. Die faustgroßen kugligen Wochenstuben und die Schlafnester zwischen den wogenden Halmen des Getreides gingen bereits vor Monaten bei den Erntearbeiten verloren. Zu wenig wärmen jetzt die verbliebenen Nester aus den aufgeschlissenen Blättern in «luftiger Höhe». Selbst im Sommer verschloß jedes Weibchen beim Verlassen des Nestes die Einschlupföffnung, wohl nicht nur als eine Schutzmaßnahme vor Feinden, sondern um für die unselbständigen Jungen die Nestwärme zu erhalten. Andererseits sind die Nestjungen gegenüber Temperaturstürzen, selbst wenn sie mehrere Tage anhalten, recht unempfindlich. Im späten Herbst werden geschützte Plätze, vorwiegend in Strohdiemen und Scheunen, aufgesucht. Denn die Zwergmäuse können sich keine Erdlöcher graben, den kleinen Tieren fehlt dazu einfach die nötige Kraft. Gleich den Feldmäusen gehören auch sie nicht zu den Winterschläfern. Überhaupt sind sie für die kalte Jahreszeit nicht gut gerüstet. Viele der behenden Halmkletterer mit dem Greifschwanz, der für sie in der Stengel- und Halmwildnis einen fünften Fuß bedeutet, erfrieren bei strengem Frost. Und doch vermehren sie sich zeitweilig in großem Maße. Nur dann werden sie eine ernste Erntegefahr auf den Getreide- und Saatrübenfeldern. Ansonsten bleibt der «laufende» wirtschaftliche Schaden weit unter dem der im Sommer unter ihnen wohnenden Wühlmäuse zurück.

Frösche, Kröten, Ringelnattern, sie alle kriechen im Herbst in schützende Schlupfwinkel, von denen viele im Erdreich liegen. Hier leben sie im stoffwechselsparenden Starrezustand, oft mehrere zusammen, bis die warmen Strahlen der Frühlingssonne die Tiere wieder «wecken». Die Körpertemperatur steigt dann an, gibt dem Organismus seine volle Funktionsfähigkeit zurück. Zu diesem Kreis gehört auch eine beinlose Eidechse, die Blindschleiche (*Anguis fragilis*). Sie wird oft infolge Verwechslung mit der Kreuzotter von Menschen erschlagen, obwohl beide Kriechtiere unter Naturschutz stehen. Was ist sie für ein harmloses Geschöpf, das mit seiner Nahrungsauswahl dem Menschen sehr nützt, denn viele der von ihr vertilgten Nacktschnecken, Insektenlarven und Würmer sind Schädlinge der Kulturpflanzen. Einige der Blindschleichen dienen dem Landwirt auf den Wiesen in dieser Weise bis 10 Jahre. Höchstens 45 cm lang werden diese Tiere, die vorwiegend in der Dämmerung langsam schlängelnd in feuchten Revieren auf Nahrungssuche gehen und dabei mit der breiten Zunge den Boden abtasten (Bild). Sie müssen dazu das Maul gering öffnen, denn es ist nicht ausgekerbt wie bei den Schlangen, die mit geschlossenen Kiefern züngeln können.

Jetzt im April, wenn die Schnepfenvögel brüten, der Wiesenpieper, unweit eines Nachgeleges des Brachvogelpaares, sein gut verstecktes Nest aus trockenen Gräsern mit fünf braungefleckten Eiern hat, kriechen an einem herrlichen Sonnentag mehrere Blindschleichen aus einem Gang unter dem alten Rotschwingelbüschel heraus. Gemeinsam hatte hier ein gutes Dutzend im Oktober letzten Jahres das Winterquartier im Erdreich geschaffen, das zur Außenwelt von innen her noch verstopft wurde. Nun aber ist die Zeit der Körperstarre vorüber, das pulsierende Leben des Frühlings läßt sie alle wieder zum Vorschein kommen. Im warmen Mai paaren sich dann die Tiere, aber erst im August, manchmal noch im September, werden die Jungen geboren. Ein Weibchen bringt mindestens fünf, selten fünfzehn zur Welt. Gleich nach der Geburt durchbrechen die Kleinen die

Schleiereule mit geschlagener Feldmaus, die anschließend kopfwärts verschlungen wird.

Eihülle, einige gar schon beim Passieren der Geburtswege. Sie erleben nicht mehr viel in diesem Jahr, denn schon bald ist es so weit, vor den unwirtlichen Monaten das geschützte Erdreich aufzusuchen. Die aktive Zeit der Blindschleichen neigt sich dem Ende zu.

Ein anderer Nahrungsspezialist unserer Kulturflächen ist die Schleiereule *(Tyto alba guttata)*, ein Nachtvogel, der sich weitgehend von Feld- und Spitzmäusen ernährt. Von Scheunen, auch vom Kirchturm des Ortes, fliegt sie am Abend hinaus in die Feldfluren, oft auch nur in die dorfnahe Obstplantage, wo ihr jetzt vor dem Winter das Rascheln des Laubes die huschenden Nager leicht verrät. Wenn sie lautlos über ihnen niedergeht, kann sich nur noch selten einer mit kühnem Satz retten. Die getötete Maus wird mit dem Schnabel gepackt, meistens zur Ansitzwarte getragen und hier kopfwärts verschlungen (Bild). Nach drei bis vier solcher Mahlzeiten würgt die Eule Haare und Knochen als schwarze, walzenförmige Gewölle heraus. Ihr Leben bedeutet Mäuse, und diese bestimmen mit ihrer Populationsstärke, ob Schleiereulen brüten und wenn, ob ein- oder zweimal. In mäusereichen Jahren kann man noch im November flugunfähige Junge auf Scheunenböden und in Kirchtürmen finden. Sie überstehen dann aber selten den Winter, durch den in harten Jahren ohnehin viele dieser Stand- und Strichvögel umkommen. Die für den Menschen so überaus nützlichen Vögel greifen bei großem Nahrungsmangel sogar manchen schlafenden Sperling. Winterzeit bedeutet für die Schleiereulen immer Notzeit.

Ein Blick sei noch zu den Schädlingen der Landwirtschaft aus der Welt der Insekten erlaubt. So verbringen die Getreidespitzwanzen *(Aelia acuminata)* unter trockener Bodenspreu den Winter und saugen in den Frühjahrsmonaten an Schafschwingel und anderen Gräsern der Wiesen und Feldraine. Wenn die Getreideähren milchige Körner haben, siedeln sie auf diese wesentlich ergiebigeren Nahrungsquellen über, die überhaupt vielen Kerfenarten beste Lebensbedingungen bieten. Nicht anders ist es mit den Äckern. Rübenschläge leiden unter den gefürchteten Rübenblattwanzen *(Piesma quadratum)*, die an sonnigen Plätzen unter altem Kraut überwintern, um im April hervorzukommen und sich dann von der Melde und anderen Gänsefußgewächsen, die ihnen einst vor der Kultivierung der offenen Flächen alleinige Nahrung bedeuteten, zu ernähren. Das änderte sich grundlegend mit den Rüben-, Spinat- und Mangoldfeldern, die ihren Lebensansprüchen vorzüglich entgegenkommen. Nicht anders verhält es sich mit vielen Arten der Blattläuse (Aphidina), die ohne Anwendung von Kontaktgiften die Ernteerträge spürbar schmälern würden.

Eine zunehmende Resistenz der Schadkerfen gegenüber Insektiziden macht sich bei vielen land- und forstwirtschaftlichen Schädlingen bemerkbar. 1946 waren es nur 10 resistente Arten, während sich 1969 ihre Zahl bereits auf 330 belief, wovon 228 zu den Schädlingen in der Landwirtschaft und im veterinärmedizinischen Bereich gehören. An der Entwicklung neuer wirksamer Verfahren der Schädlingsbekämpfung, die gleichzeitig die übrigen lebensgemeinschaftlichen Mitglieder unbeeinflußt lassen, also umweltschonend wirken sollen, wird gearbeitet. Einer der neuen Wege ist die genetische Kontrolle des Schadinsektes, beispielsweise bei Blattläusen. Aus der Reihe der Verfahren bezeichnet die Wissenschaft eines als steril-male-Methode, bei der eine Vielzahl durch chemische Substanzen, Röntgen- oder radioaktive Strahlung sterilisierter Männchen ausgesetzt wird, um die Fortpflanzungsquote der weiblichen Tiere zu vermindern. In Konkurrenz mit den unbehandelten Männchen in der freien Wildbahn müssen sie in solcher Zahl freigelassen werden, daß möglichst viele Weibchen von ihnen befruchtet werden. Die genetische Erbmasse beider Tiere zeigt dann solche Unverträglichkeiten, daß nur lebensschwache, mindestens aber vermehrungsunfähige Nachkommen entstehen. Durch die artspezifische Wirkung ist diese Methode der Schädlingsbekämpfung ausgesprochen umweltfreundlich, nur bringt sie auch viele Schwierigkeiten mit sich. Neben der genauen Kenntnis der Verhaltensweisen, der Physiologie und der ökologischen Zusammenhänge der zu bekämpfenden Schädlingsgruppe, oft sogar nur einer Art, müssen auch Verfahren entwickelt werden, die eine Großproduktion erlauben. Erst dann ist ein Einsatz wirtschaftlich bedeutend.

Ein ganz anderer, gleichermaßen biozönoseschonender Forschungszweig der selektiven Schädlingsbekämpfung befaßt sich mit der Anwendung von Lockstoffen. Auch hier ist die Kenntnis von Sinnes-

Erstmalig besiedelte 1850 der Kartoffelkäfer die Felder im Staate Colorado (USA). Von hier eroberte er die Felder Nordamerikas und kam mit Schiffsladungen nach Europa. Die Kartoffeläcker boten ihm vorzügliche Lebens- und Vermehrungsbedingungen, wie er sie im ursprünglichen Biotop nicht annähernd hat.

physiologie, Verhaltensweise und Ökologie des Schadinsekts Voraussetzung für den Erfolg. Die vorzüglichen Leistungen des Geruchssinnes, mit denen die Kerfen beispielsweise Nahrung, Partner und Eiablageort finden, spielen dabei eine wesentliche Rolle, besonders die Wechselbeziehungen zwischen pflanzenfressendem Insekt und den bevorzugten wie auch gemiedenen Gräsern, Kräutern und Halmen. Chemische Stoffe nehmen überwiegend Einfluß auf die geruchsabhängigen Verhaltensweisen und auch auf die Leistungen des Geschmacksinnes. Sehen und Hören kommt in diesem Zusammenhang keine solche Bedeutung zu. Auch die Zeiten des Pflanzenbefalls durch das Schadinsekt spielen eine Rolle und werden allgemein durch Licht, Wärme, Feuchtigkeit, Farben, Erdmagnetismus und einige andere Umweltfaktoren bestimmt.

Der Forschung gelang es, für etliche Schadinsekten nicht nur Stoffe zu finden, die die bekämpfende Kerfenart anlocken, sondern auch solche, die sie zum Verweilen auf den ausgelegten Präparaten veranlassen, sowie einige, die gefressen werden, und selbst gegenteilig wirkende, von denen sich der Schädling zielgerichtet fortbewegte. Säfte, verschiedene Breie und Extrakte von Pflanzen und artspezifische Sexuallockstoffe sind nur einige der praktischen Möglichkeiten des Anlockens zu den auf kleinem Raum ausgelegten Giften. Der vielen Insektiziden anhaftende Mangel der Schädigung anderer Mitglieder einer Lebensgemeinschaft, wobei oft auch für den Menschen ausgesprochen nützliche Kerfen in Mitleidenschaft gezogen werden, Fragen der Toxizität und der Rückstände von Giften, letztlich auch die Gefährdung der menschlichen Gesundheit werden durch diese Methoden weitgehend berücksichtigt.

Zum jetzigen Zeitpunkt können diese Verfahren die herkömmliche Bekämpfung mit Insektiziden noch nicht ersetzen. Sie sind interessante Zweige der Forschung, von denen in Zukunft sicherlich mancherlei Erfolge für die Land- und Forstwirtschaft zu erwarten sind.

Auch der große Kartoffelschlag, für den die Traktoren im Frühjahr das Saatbett vorbereiteten, wird von typischen Schädlingen heimgesucht. Als ein im Staate Colorado in den USA unauffällig an wildwachsenden Nachtschattenpflanzen lebender Käfer mit 10 schwarzen Streifen auf dem Rücken die um 1850 erstmals angelegten Kartoffelfelder besiedelte, trat er, später als Kartoffelkäfer *(Leptinotarsa decemlineata)* bezeichnet, einen unglaublichen Siegeszug an (Bild). Auf seinem Weg von den Rocky Mountains eroberte er die Kartoffelfelder Nordamerikas und kam mit Schiffsladungen nach Europa, wo ihn eine intensive Abwehrschlacht erwartete, die auch zunächst seine Ausbreitung bis zum ersten Weltkrieg wesentlich bremste. Erst die Jahre ungenügender Bekämpfung infolge der Kriegswirren gaben dem robusten Käfer die Felder Europas frei. Heute reicht die östliche Grenze seiner Verbreitung bis in die Ukraine und die Belorussische SSR. Bevor die Kartoffel als Kulturpflanze in großem Umfange angebaut wurde, war der Käfer nur ein unbeachtetes Mitglied einer Lebensgemeinschaft, in der die natürlichen Feinde aus den Reihen der Insekten und Vögel für ausgeglichene Verhältnisse sorgten. Durch die Kartoffelfelder wurde das Gefüge dieser Biozönose mit ihren ausgeglichenen Kräfteverhältnissen verschoben und räumte dem Käfer phantastisch gute Lebensbedingungen ein, die er selbstverständlich voll nutzte.

Jedes Weibchen legt bis zu 40 Eier an die Unterseite eines Blattes und nach 5 bis 12 Tagen schlüpfen daraus die roten Larven, die in den nächsten 15 bis 20 Tagen drei Häutungen durchmachen. Die letzte vollzieht sich im Boden, und hier verwandelt sich die ausgewachsene Larve in die Puppe, aus der dann der Käfer schlüpft. Beide, Larve und Käfer, bedrohen durch ihre übermäßige Gefräßigkeit den Kartoffelbau. Die einfachste Methode der Bekämpfung, das Absammeln der Käfer, Larven und Eier, läßt sich heute aus arbeitsorganisatorischen Gründen nicht mehr praktizieren, obwohl sie ausgesprochen umweltschonend ist. Wirkungsvoll kann zur Zeit gegen diesen Schädling nur mit Insektiziden vorgegangen werden. Zu dieser Form der Schädlingsbekämpfung folgendes: Die chemische Industrie hat eine Reihe Insektenbekämpfungsmittel entwickelt, die als Kontakt-, Fraß- und Atemgifte wirken. Die Giftigkeit dieser synthetischen Erzeugnisse gegenüber Menschen, Haustieren und vielen Mitgliedern einer Lebensgemeinschaft hat zu umfangreichen wissenschaftlichen Untersuchungen und klärenden Diskussionen geführt. Daraufhin wurde beispielsweise das DDT (Dichlor-diphenyl-trichlormethylmethan) wegen seiner Ablagerungen in den Organen verschiedenster Lebewesen und der damit verbundenen toxischen Schädigungen im Pflanzenschutzmittelverzeichnis vieler Länder gestrichen.

Allgemein geschieht die Schädigung der Pflanzen auf den Kulturflächen direkt durch Fraß, Saugen usw., zum anderen aber auch durch die Übertragung von Krankheitserregern. Beispielsweise überträgt unter anderem die grüne Pfirsichblattlaus verschiedene Arten von Kartoffelviren, die ihrerseits an den Pflanzen krankhafte Veränderungen und damit Ertragsminderungen hervorrufen. Gegen sie alle werden Insektizide eingesetzt, wobei es unbedingt notwendig ist, die Anwendung auf das Erforderliche zu beschränken und die geprüften und anerkannten Insektizide entsprechend den Gebrauchsanweisungen zu verwenden. Zukünftig gilt es chemische Insektenbekämpfungsmittel zu entwickeln, die ähnlich wie die Herbizide nur das für den Menschen unerwünschte Insekt und dessen Entwicklungsstadien ohne Nebenwirkungen für andere Lebewesen bekämpft beziehungsweise beseitigt.

Ebenfalls zu den großen Schädlingen der Landwirtschaft gehören die Pilzkrankheiten, die jährlich die Ernte der Welt um etwa 20 Milliarden Dollar schmälern, das sind ungefähr 8% der Gesamternte. Die Pilzschädlinge sind auch heute noch schwierig zu bekämpfen, da ihr gehäuftes Auftreten an ganz spezifische Umweltfaktoren gebunden ist. So führen plötzlich entstehende vorzügliche Lebensbedingungen innerhalb von Stunden zum totalen Befall der Nutzpflanzen. Hier kommen deutlich die engen Wechselbeziehungen zwischen den Mitgliedern einer Lebensgemeinschaft und den Einflüssen des Biotops auf sie zum Tragen.

Bleiben wir bei den Kartoffelschlägen, wo die Kraut- und Knollenfäule (Erreger: *Phytophthora infestans*) als typisches Beispiel für diese Schädlingsgruppe genannt werden muß. Sie vernichtete beispielsweise im ersten Weltkrieg in weiten Gebieten Deutschlands die Spätkartoffelernte und war eine Ursache für das «Kohlrübenjahr 1917». Zuerst zerstören die Pilze das Kraut und infizieren dann die Knollen. Schon durch leichte mechanische Beschädigungen beim Ernten und Einkellern werden die Schädlinge von Kartoffel zu Kartoffel übertragen. Die Knollen sind damit ihrer vollen Vernichtung unaufhaltsam ausgesetzt. Um so dringlicher macht sich eine Bekämpfung auf den Kartoffelfeldern erforderlich, die ganz entscheidend von dem termingerechten Einsatz der Fungizide abhängt. Die agrotechnisch günstigen Zeitpunkte der Bekämpfung der Kraut- und Knollenfäule liegen mitunter im Stundenbereich und werden an die Landwirtschaft vom Pflanzenschutzwarndienst bekanntgegeben. Bisher konnte das recht junge Forschungsgebiet der Pilzbekämpfung Systemfungizide entwickeln, die mit dem Nährstofftransport der Pflanze zu den Schädlingen gebracht werden. Unabhängig davon versucht der Pflanzenzüchter phytophthoraresistente Kartoffelsorten zu schaffen.

Nach diesen Betrachtungen über die landwirtschaftlichen Schädlinge zurück zu den Vögeln der Wiesen- und Feldbiozönose. Gefiederte, die selbst bei Schnee und Eis auf den Feldfluren bleiben, sind die Rebhühner *(Perdix perdix)*. Ohne jegliche Deckung

Rebhahn. Charakteristische Tiere der Feld- und Wiesenlebensgemeinschaft sind die Rebhühner.

liegen sie tagsüber auf den verschneiten Wintersaaten. Deutlich läßt sich jetzt die sonst vortrefflich tarnende Gefiederfarbe erkennen. Als Volk leben sie bis zum Frühjahr zusammen, meistens ein halbes Dutzend Tiere, selten sind es mehr. Einem übriggebliebenen Familienverband gehört die Mehrzahl der Gruppenmitglieder an. Sie bilden in größeren Völkern gesonderte Ketten, die getrennt lagern. Sich begegnende Hähne kämpfen energisch miteinander, um eine Vereinigung ihrer Völker zu verhindern. Wenn in früheren Jahrzehnten über Völker von hundert, auch zweihundert Vögeln – besonders in den osteuropäischen Ländern – berichtet wurde, so entstanden die vielköpfigen Gruppen nach Angaben der Experten durch eine starke Bejagung. Sonst, in ungestörten Zeiten, bestimmt der führende Hahn mit kämpferischem Temperament, ob sich Artgenossen seinem Volk anschließen dürfen, wobei es scheint, daß einzelne Hennen bereitwilliger aufgenommen werden. Manchmal wird eine Gruppe allerdings auch von einer erfahrenen Henne geführt.

Erstaunlich wenig Junge erleben den Herbst, wenn den Kern eines Volkes, das insgesamt nur aus fünf bis sechs Tieren besteht, ein Paar mit seinen Jungen darstellt, man andererseits aber weiß, daß eine Henne etwa 15 Eier in die gescharrte Erdmulde vorzugsweise unter deckungsbietenden, temperaturausgleichenden Sträuchern der Feldkante oder in alte Gras- und Unkrautbestände der Weg- und Grabenraine legt. An der Befruchtung und einer zu geringen Schlupfquote liegt es nicht. Sie beträgt bei Erstgelegen immer 90%, manchmal sogar 100%, und selbst bei Nachgelegen schlüpfen aus fünf Eiern noch vier Junge. Die anschließenden drei Wochen sind die verlustreichsten. Die Zahl der Küken schmilzt an regenreichen kühlen Tagen, besonders in einem Biotop mit schwerem Boden, in den das Wasser nur langsam einsickert, erheblich zusammen. Ein solches Wetter bedeutet einen wesentlich tieferen Eingriff in die Überlebensrate der Kleinen, als ihn Greif- und Rabenvögel, Fuchs, Hermelin, Wanderratten und andere Feinde sowie die Pflegemaßnahmen auf den Kulturflächen einschließlich dem Einsatz der Pestiziden verursachen. Das alles vermindert den Bestand bis zum Winter so stark, daß schließlich zwei, kaum einmal drei Junge von einer Familie übrigbleiben.

Viele der Alt- und Jungtiere überstehen außerdem den Winter nicht, und wenn hoher Schnee und grimmiger Frost die Äsungsflächen unzugänglich machen, sterben etliche aus ihren Reihen den Hungertod. Jeder dritte Vogel, in manchen Jahren jeder zweite, wird bei Beginn der Balz Ende März nicht mehr dabeisein. Treten außerdem Unwetter auf, so liegen die Verluste noch wesentlich höher, und manche Bestände kommen dann sogar an den Rand des Erliegens, wie 1940 in Ungarn. Darüber berichten A. und M. Szerderjei und L. Studinka. Schneeverwehungen ließen in den Nächten des 13. und 20. Februar 95% aller Rebhühner des Landes sterben. Für die Niederlande gibt D. van Troostwijk eine mittlere Jahresmortalität der Rebhühner von 80% an. Ungefähr 30% entfallen dabei auf den jagdlichen Abschuß.

Von der Natur wird also die Zahl der zur Fortpflanzung kommenden Rebhühner bescheiden bemessen und, wie wir hörten, lassen Wetterkatastrophen ab und an Populationen empfindlich zusammenschmelzen, so daß die Bejagung des im Wildbret unbedeutenden Vogels ganz eingestellt werden sollte, wie es einige Länder bereits getan haben. Dem Feldhuhn kommt in der Kulturbiozönose eine weit höhere ökologische Bedeutung zu. Jedes Rebhuhn vertilgt auf den Feldern und Wiesen jährlich etwa 5 kg Schadinsekten, von Blattläusen, Kohlweißlingraupen, auch Kartoffelkäfern bis zu den Heuschrecken. Ein vorzüglicher Helfer der Landwirtschaft! Bei dieser Betrachtung müssen auch die Ursachen des Rückgangs der letzten Jahre im gesamten Areal einbezogen werden. Den Rebhühnern, einst nur Steppenvögel, aber auch auf Heide- und Ödland, dort wo ihnen das offene Land den Blick in die Weite gewährt, kam die Kultivierung der Landwirtschaft gleich vielen anderen Tieren sehr entgegen. Eine gewaltige Ausbreitung und erhöhte Siedlungsdichte waren die Folge. Die Vögel wurden zum Kulturfolger. Mit dem Wandel der Bewirtschaftung der Felder und Wiesen durch die ständig zunehmende Intensivierung verschlechterten sich ihre Lebensmöglichkeiten erheblich, örtlich verloren sie sogar den Lebensraum. Im Zuge der großflächigen Bewirtschaftung verschwanden häufig Hecken und Feldgehölze, buschbestandene Wege- und Grabenränder. Dabei wurden die Lebensbedürfnisse dieses Vogels wie des übrigen Niederwildes selten berücksichtigt, obgleich, wie wir noch hören werden, sich dies auch bei der volkswirtschaftlich notwendigen Bewirtschaftungsform ermöglichen läßt. Durch die Anwendung von Insektiziden und Herbiziden blieben ihm oft nur ungenügende Nahrungsverhältnisse. Es fehlen mancherlei Insekten. Weit bedeutungsvoller für den Vogel ist aber, daß er nicht mehr die Samen und Blättchen der vielen als Unkräuter bezeichneten Pflanzen findet, die den Hauptanteil seiner Nahrung ausmachen. Die zunehmende Technisierung der Agrarwirtschaft läßt brütenden Rebhühnern kaum die Chance, bei Pflege- oder Erntearbeiten rechtzeitig das Gelege zu verlassen. Beides, Henne und Eier sind dann verloren; während sonst der Vogel mit einem Nachgelege den Verlust der Eier hätte ausgleichen können. Wenn man bedenkt, daß nach wissenschaftlicher Untersuchung die Gelegeverluste bei der individuellen Bewirtschaftung durch Mähmaschinen und Pflegemaßnahmen ein gutes Viertel bis ein Drittel betrugen, so liegen diese Zahlen beim Einsatz der heutigen Landtechnik wesentlich höher. Damals kamen von hundert Gelegen höchstens vierzig, manchmal auch nur zehn zum Ausschlüpfen. Unter der notwendigen Modernisierung und fortschreitenden Entwicklung in der Agrarwirtschaft wird auch der Zuwachs bei Rehen, Hasen und Fasanen in Mitleidenschaft gezogen.

Entsprechende Vorrichtungen an den Ernte- und Pflegemaschinen würden manches Tier unserer Wiesen- und Feldfluren am Leben erhalten können. Schon eine Querstange vorn am Traktor, an der leichte Ketten in 20 cm Abständen hängen und die zu be-

Einst brachte die Kultivierung der Landwirtschaft der Großtrappe als Steppenvogel eine wesentliche Biotoperweiterung. Trotzdem führte die Kleinfelderbewirtschaftung und später die zunehmende Mechanisierung auf den weitflächigen Wiesen und Feldern und die damit verbundene Beunruhigung ihres Lebensraumes zum Bestandsrückgang der Vögel.

arbeitende Fläche abstreifen, lassen die brütenden Hennen aufstehen und geben den Neststandort preis. Das Gelege könnte erhalten werden, wenn es mit Gras abgedeckt wird und damit Schutz vor Krähen, Elstern und sengender Sonne erhält. Auf diese Weise würden viele Rebhühner weiterhin ihre Aufgaben in der Biozönose wahrnehmen und als biologische Schädlingsbekämpfer dem Menschen nützen. In der heutigen umweltfreundlichen Betrachtungsweise sollte der Einsatz von Insektiziden nur die letzte Möglichkeit der Schädlingsbekämpfung sein und nicht die in einem lebensgemeinschaftlichen Gefüge enthaltenen biologischen Bekämpfungsmöglichkeiten ersetzen, sondern diese fördern. Auch eine industriemäßige Pflanzenproduktion hat noch Raum und Möglichkeiten, das Rebhuhn als Mitglied unter eben diesen genannten Aspekten einer gesunden Lebensgemeinschaft zu erhalten. Denn es gibt auch bei der neuen Geländegestaltung noch Weg- und Grabenränder, Wasserlöcher inmitten der Schläge, Böschungen, Dämme, alte Sandgruben und Ödlandstellen, die sich vorzüglich für eine Biotopgestaltung eignen. Eine Bepflanzung beispielsweise mit Heckenrosen, Brombeeren, Schlehen, Schneebeeren und Weißdornarten würde vieles für das Feldhuhn und andere Mitglieder der Lebensgemeinschaft umweltfreundlicher gestalten, die Nebenwirkungen der notwendigen Großflächen mildern. Je nach den Bodenverhältnissen kommen dafür Weiden oder Sanddorn und andere Nässe oder Trockenheit liebende Pflanzen hinzu. Sie alle würden die nötige Deckung für das Feldhuhn schaffen, gleichermaßen Feinde und Witterungsunbilden abhalten bzw. mindern. Die sich zwischen dem Gesträuch ansiedelnden Gräser und Kräuter wären eine weitere Bereicherung. Ihre Samen und grünen Spitzen und die in ihren Schichten lebenden Insekten bedeuten zusätzliche, abwechslungsreiche Nahrungsquellen.

In den schnee- und frostreichen Notzeiten des Winters brauchen die Feldhühner regelmäßig beschickte Futterstellen, die Schutz vor gefiederten

Der Lebensraum einer Kulturbiozönose, die aus unterschiedlichen Ausgangsbiotopen hervorging.

Feinden und ungünstigem Wetter bieten, was heute für jeden gewissenhaften Jäger selbstverständlich ist.

Kleine Maßnahmen mit großer Wirkung, die bei laufender Anwendung dazu beitragen würden, daß das Rebhuhn nicht eines Tages unter den vom Aussterben bedrohten Tieren genannt werden muß und nicht auch den Weg des attraktivsten und größten Vogels unserer Wiesen- und Feldfluren geht, der herrlichen Großtrappe *(Otis tarda)*. Einst brachte die Kultivierung der Landschaft ihr als Steppenvogel eine beträchtliche Biotoperweiterung. Aber die Kleinfelderbewirtschaftung, später die zunehmende Mechanisierung auf den Äckern und Wiesen mit der von Jahr zu Jahr stärker werdenden Beunruhigung ihres Lebensraumes, gestreuter Dünger und Pestizide ließen ihr Vorkommen zusammenschmelzen. Das prächtige Balzspiel der Hähne, diese großen «erblühten Blumen», mit dem sie als weitreichendes optisches Signal auf den ebenen Flächen werben (Bild), kann heute in der Schweiz, in Frankreich, England und Schweden bereits nicht mehr beobachtet werden. In unserer Heimat lebten vor dem letzten Weltkrieg mehrere tausend, heute gibt es östlich der Elbe nur noch wenige der hochgefährdeten Tiere. Auch auf den weit ins Land reichenden Wiesen und Feldern, wo die Großen Brachvögel und die Uferschnepfen brüten und die Kartoffelschläge liegen, gehört die Großtrappe seit Jahrzehnten nicht mehr zu den Mitgliedern der hier bestehenden Lebensgemeinschaft. Einige Feldgehölze und heckenbestandene Wege, eine eingesenkte nasse Wiese mit einem Tümpel und einem Streifen steinigen Ödlands ließen trotzdem eine vielgestaltige, recht gesunde Wiesen- und Feldlebensgemeinschaft entstehen, wie sie heute auf den Agrarflächen bei weitem nicht mehr überall zu finden ist.

Der etwa sperlingsgroße Steinschmätzer *(Oenanthe oenanthe)* fand auf dem dürftigen Ödlandboden zwischen einigen Steinen einen gut verborgenen Nistplatz für seine hellblauen, wenig rostrot gepunkteten Eier. Die umliegenden Äcker und Wiesen bieten ihm als Insektenspezialisten die notwendige Nahrung. In niedrigem Flug streicht er hinaus in die Fluren, sucht hastig nach Kerfen, verweilt nur kurz auf einem großen Erdbrocken oder Stein, um sich gleich wieder auf etwas Krabbelndes zwischen den Furchen oder Gräsern zu stürzen und dann emsig laufend weiterzusuchen. Sein futtertragender Schnabel berichtet von Jungen, die auf Kerfen warten (Bild).

Mehrmals am Tage suchen die Neuntöter *(Lanius collurio)*, mancherorts unter dem Namen Dorndreher bekannt, die vereinzelt stehenden Heckenrosenbüsche in der Nähe des Steinschmätzernestes auf und fliegen auch über den Haufen vom Feld gelesener Steine, unter denen der Steinmarder haust (Bild). Fast immer geht es im Sturzflug von den gleichen Zweigspitzen zu den entdeckten Insekten in der Pflanzenwelt des Ödlandes. Mit sicherem Schnabelgriff werden dahingaukelnde oder vor den Blüten tanzende Falter erbeutet. Das Nest der Vögel steht als fester Stengel- und Halmnapf wie alle Jahre in den fast undurchdringlichen Weißdornbüschen am Rande des Feldgehölzes, das auch die Elstern als Niststätte wählten. Hier haben sie manchen Käfer und Falter, selbst eine kleine Feldmaus, auf die Dornen gespießt, um sie bei Bedarf zu verspeisen. Sie töten aber keineswegs, wie der Name fälschlich vermuten läßt, erst neun Tiere, um eines zu fressen. Gern sitzen sie auch auf Tele-

Unter den abgelesenen Steinen der Felder hat am Wegrand der Steinmarder seinen Schlafplatz.

Zwischen Steinen des Ödlandes hat der Steinschmätzer sein verborgenes Nest. Die umliegenden Äcker und Wiesen bieten ihm als Insektenfresser die Nahrung.

Die unkrautreichen, buschbestandenen Wegränder bieten mit ihren Brennesselsäumen auch der Dorngrasmücke Brutmöglichkeiten.

Schlupf im Sumpfrohrsängernest, inmitten der geknickten Brennnesselstengel.

Ein Sturm hat das Nest der Gartengrasmücke in den Brennesseln umgeworfen. Die Jungen kletterten auf die Nestseite und wurden von den Alten gefüttert.

fondrähten an der Feldkante und fallen eigentlich erst durch den Beuteflug auf. Sie gehören zu denen, die in kalter Jahreszeit in den Süden ziehen, wie die vielen aus den Lebensgemeinschaften der Wälder, Seen, Moore und all den anderen Biotopen, in denen sich eine Biozönose herausbildete. Sie brauchten also bei ihrer Evolution keine Anpassung an eine Überwinterung in der offenen Landschaft zu entwickeln, wie viele der Tierwelt, die auch in dieser harten Zeit in der Heimat bleiben. Bei seiner Ankunft im Frühjahr benötigt der Neuntöter ebenso wie mancher andere Rückkehrer jene Büsche und Waldstreifen zwischen den Feldern und Wiesen, die sich bereits im Winter für die Rebhühner lebenserhaltend bewährten. Einige werden auch durch die Büsche und Bäume zum ständigen Bleiben in dieser Lebensgemeinschaft veranlaßt, denen sonst Felder und Wiesen mit ihrem biotopeigenen Charakter keine ausreichenden Lebensbedingungen bieten würden.

Ein nicht ganz typischer Vogel dieser Biozönose ist die Dorngrasmücke *(Sylvia communis)*, die eben durch die Hecken und Buschgruppen und die verunkrauteten Wegeränder hier ansässig wurde. Sie fand einen ihr zusagenden, bodennahen, versteckten Platz zum Nisten und die ihr Nahrung bedeutenden Kerfen, die sie nun fleißig schlüpfend zwischen dem Brombeergestrüpp sowie den Weißdorn- und Schlehensträuchern sucht, wobei sie die weichhäutigen Larven und Insekten bei weitem bevorzugt. Währenddessen haben die in wenigen Tagen flüggen Jungen mit den vielen noch geschlossenen Kielen die Köpfe halbschräg nach oben gerichtet. Sie paßten sich mit dieser Stellung dem «stacheligen» Äußeren ihrer Umgebung, der Wildnis der alten und frischen Gräser, gut an. Laufend kommen die Altvögel mit Futter, überwiegend mit Raupen. Sie nehmen sich noch nicht einmal die Zeit, auf dem Nestrand zu fußen, sondern halten sich an nestnahen Stengeln fest und beugen sich nach vorn über die geöffneten, hungrigen Schnäbel (Bild), die bereits bei geringster Erschütterung weit aufgerissen werden.

In der Brennesselwildnis am buschfreien Ende des Gehölzes ist das Gartengrasmückenpaar *(Sylvia borin)* zu Hause, das hier ein arges Mißgeschick traf, als ein kräftiger Wind in den Büschen alles durcheinander zauste. Doch das Feldgehölz wurde seiner Aufgabe, für die im Windschatten liegenden Feldfluren Schutz zu bieten, voll gerecht. Zeitweise zog der Sturm orkanartig über das Land. Die Brennesseln konnten der wieder und wieder anbrausenden Wucht nicht stand-

Goldammer-Weibchen sitzt mit Futter auf den verklammten Jungen.

Sehr zahlreich sind die Insektenarten auf unseren Weiden. Zu ihnen gehört im Juli auch das hübsche Steinbrech-Widderchen.

halten. Große Lücken wurden in ihre hin- und herwogenden Reihen gerissen. So sehr sie sich auch bogen, sie wurden abgeknickt und blieben liegen. Nicht anders erging es auch den kräftigen Stengeln, auf deren Festigkeit die Gartengrasmücken beim Nestbau vertrauten. Alles ging vorher gut: die ersten Tage der Eiablage, wo der Kuckuck, der schon bei vielen Gartengrasmücken schmarotzerte, das Nest nicht entdeckte, die 13tägige Brutzeit, die erste Woche der Jungenaufzucht, bis dann das Unwetter kam. Auf der einen Seite hielten die Brennesseln nicht mehr stand, wurden umgerissen, und das Nest kippte nach unten. Die Nestmulde mit den fünf Jungen hatte sich um 90° in Richtung Boden bewegt, zum Glück nicht allzu schnell. Am nächsten Morgen, als die Sonne alles wieder freundlich beleuchtete, saßen vier Junge bereits oben auf der ehemaligen Nestseite und das fünfte von ihnen, das kleinste, hockte noch ein Stockwerk tiefer auf der Innenfläche des Napfes. Plötzlich machte es sich auch auf und erklomm flügelschlagend unter großen Anstrengungen den Sitzplatz der übrigen Geschwister. Sie wurden laufend von den Alten gefüttert und saßen beieinander, als müßte es immer so sein (Bild). Den nächsten und übernächsten Tag verbrachten sie in gleicher Weise. Zusehends wurde ihr Federkleid vollständiger. Am nachfolgenden Morgen verließen sie den Ort des Schreckens, der nicht zu einer Tragödie wurde, wie sie oft in der Natur vorkommt und nur von uns nicht bemerkt wird. Selten nimmt alles so ein glückliches Ende wie bei den Gartengrasmücken, deren Junge hier und dort in der Wildnis der Brennesseln und Brombeeren sitzen und noch einige Tage gefüttert werden müssen.

An der anderen Seite des Gehölzes, wo einige Büsche die Brennesselbestände noch mehr vor dem Sturm schützten, erwischte es das Nest des Sumpfrohrsängers *(Acrocephalus palustris)*, das sich mit dem tief in den Napf gedrückten, brütenden Vogel und den knickenden Stengeln umlegte, ohne daß die Eier herausfielen, aus denen am nächsten Tag die Jungen schlüpften (siehe Bild). Sie wurden aber alle vom Igel geholt, denn zu bodennah und ungeschützt wie auf einem Tablett lag nun das Nest da. Zu einem Nachgelege ist es wohl nicht gekommen, denn in den folgenden Wochen war öfter einer der Vögel beim Aufwärtsrutschen an den Getreidehalmen zu beobachten, und häufig trug er seinen wirbelnden, spottenden Gesang fernab der Schilfsäume von See und Teichen vor. Selbst in den lauen Nächten war sein Lied nicht selten zu hören.

Unbeschadet überstand die Goldammer *(Emberiza citrinella)* mit ihren nackten Jungen die rauhen Stunden. Aber sie hatte ihr Nest auch ein Stockwerk höher in den Zweigen der Büsche gebaut, die eher den Naturgewalten standhielten als die Brennesseln. Als der Wind aufkam, auch als er stärker wurde, suchten die beiden Altvögel unbeirrt weiter Nahrung für die Jungen. Der wenig später durchs Gebüsch fegende Sturm kühlte die dicht beieinander hockenden Nestlinge binnen kurzem so stark aus, daß sie bei Rückkehr des Weibchens nicht wie sonst sperrten. Hudernd setzte sie sich mit der mitgebrachten Raupe im Schnabel auf die verklammten Kleinen (Bild). Erst eine gute Viertelstunde später fütterte sie die sich unter ihr wieder regenden. Die nächsten Stunden, und natürlich wie immer die Nacht, blieb sie wärmend und schützend über den Jungen.

Mit dem Windschutz für die hier Lebenden ist die Bedeutung der niedrigen, halbhohen und hohen Vegetationsstreifen zwischen den landwirtschaftlichen Flächen keineswegs erschöpft. Die große landwirtschaftliche und landeskulturelle Bedeutung der Waldschutzstreifen und Heckenpflanzungen sind noch ganz anderer Art. Durch sie kann der Wind weit weniger die feuchten, bodennahen Luftschichten auf den Fluren fortreißen. Vor allem auf den vegetationslosen Ackerflächen gelingt es den durch Waldstreifen gebremsten Stürmen nicht so leicht, die fruchtbare Erdkrume zu verblasen.

Zum anderen haben sich unter den Bedingungen der industriemäßigen Pflanzenproduktion Schlaggrößen von etwa 100 Hektar als optimale Bewirtschaftungsfläche erwiesen, so daß zwischengelagerte Baum- und Heckenstreifen die modernen Produktionsmethoden nicht nachteilig beeinflussen.

Die notwendige neue Form der Agrarwirtschaft gestaltete zwar manches für einige Mitglieder der Lebensgemeinschaft auf Wiesen und Feldern extremer, sie hat aber auch noch vielerlei ungenutzte Möglichkeiten, den Lebensnotwendigkeiten der Tiere entgegenzukommen, was es im Sinne der Landeskultur zu nutzen gilt.

In den Stockwerken des Mischwaldes

Wald, welch wundervolles inhaltsreiches, aber auch geheimnisvolles Wort. Immergrüner tropischer Regenwald an Amazonas oder Kongo oder auf den Inseln des malaiischen Archipels, wo die Sonne niemals durch das undurchdringliche Blätterdach über den Urwaldboden leckt, weitgehend unberührte Natur, von den Entdeckern oft «grüne Hölle» genannt, tropische Trockenwälder in Afrika und Nadelwälder in der endlosen Taiga Sibiriens und in der Weite Kanadas, sie alle schließt der Begriff Wald ein. Allein die Lage auf den geographischen Breitengraden lassen die Unterschiedlichkeiten der klimatisch so abhängigen Waldformen erkennen. Der in der Ebene Mitteleuropas vorherrschende Wald wird in Atlanten und Lexika bei durchschnittlicher, großräumiger Darstellung als sommergrüner Laubwald angegeben, zerfällt aber bei genauerer Betrachtung in die mannigfaltigsten Waldformationen, wie sie Geländegestaltung, Bodenbeschaffenheit, klimatische Verhältnisse und die ordnende Hand des Menschen bewirken. So ist es nicht verwunderlich, daß neben den Eichen-, Buchen- und Nadelwäldern gemischte, vielgestaltige Waldgesellschaften existieren, die alle von der Ursprünglichkeit des vor 15 000 Jahren entstandenen und nachfolgend mehrmals nacheiszeitlich gewandelten mitteleuropäischen Waldes mehr oder weniger weit entfernt sind. In diesem bunten Gefüge hat der Mischwald überwiegend durch Braunerden und ihre Übergänge zu den Podsolen, durch Bodenfeuchtigkeit und Großklimalage die standortmäßigen Voraussetzungen gefunden, um vorwiegend Buchen, aber auch Eichen und andere Laubbäume, vereinzelte Kiefern und wenige Fichten als Bestandselemente aufzunehmen. Neben den Bäumen gehören zu den biotopbildenden Elementen des Mischwaldes die vorwiegend am Waldrand vorkommenden Sträucher wie Gemeiner Wacholder, Haselnuß und Weißdorn, wie Kräuter und Moose. In ihrer Gesamtheit bietet diese Waldform im Vergleich zu den forstlichen Reinkulturen durch die unterschiedliche Höhe der lichtkonkurrierenden Vegetationselemente nicht nur eine stufenförmige horizontale Struktur, sondern dadurch bedingt auch eine für die Ökosysteme wesentlich bedeutungsvollere vertikale Schichtung. Abgesehen davon, daß bei ökologischer Betrachtung der Wald von allen Lebensräumen die vielschichtigste Gliederung aufweist, nimmt der Mischwald zusätzlich eine Vorrangstellung ein und wird nur noch vom tropischen Regenwald übertroffen, der mit seinem Humus innerhalb der Baumschicht, der Bodenflora und den übrigen schichtgestaltenden Lebensgemeinschaften eine breitere Existenzbasis bietet. Damit gliedert sich der Mischwald in Unter- und Oberboden, in die sichtbaren Schichten der Moose, Sträucher und Baumstämme, in das Kronendach und in die dazwischen und darüber liegende Luftschicht. Bei unterschiedlichem Alter des Baumbestandes, der durch natürliche Samenvermehrung und vegetativen Wurzelaustrieb oder durch die mittelwüchsigen Feldahorne entsteht, kann sich stellenweise ein zweites, tieferliegendes Blätterdach entwickeln, ein zusätzlicher Lebensraum.

Das augenfällige Bild der Schichtung im Mischwald wird durch die Welt der Pflanzen hervorgerufen und kommt in dieser Klarheit in keinem anderen Biotop zum Ausdruck. Die Flora stellt aber nur eine Komponente der Schicht dar, die – neben den biotopgestaltenden Gegebenheiten – durch Mikroorganismen und Waldtiere ihre Vollständigkeit erhält und uns beim Betreten durch das Konzert der Vogelstimmen, das Summen der Insekten und das Schrecken des Rehbocks die wohltuende, erholungsspendende Vielfältigkeit empfinden läßt.

Das der bunten Lebensgemeinschaft so entgegenkommende und für ihre Entstehung mit entscheidende, ausgeglichene Ökoklima des Mischwaldes mit wärmeren Nächten und kühleren Tagen hat ursächliche Zusammenhänge in der Schichtung, der Stratozönose, und setzt sich wiederum aus unterschiedlichen Kleinklimalagen der einzelnen «Stockwerke» zusammen. Der säuselnde oder pfeifende Wind kühlt die lichtreichen Baumkronen und nimmt viel Luftfeuchte mit. Etliche Bäume haben ihre Vermehrung diesen mikroklimatischen Verhältnissen angepaßt, sie überlassen sie dem Wind und vertrauen ihm die Verbreitung mancherlei Samen und Früchte an. Ausgeglicheneres Klima herrscht bereits zwischen den Baumstämmen, das sich in der Strauchschicht noch angenehmer gibt. Der blasende, oft rauhe Wind kann nur wenig in die Strauchregion eindringen. Wärme und hohe Feuchtigkeit bleiben damit zwischen den Blättern erhalten und bieten vielförmige Lebens-

Schichtung des Mischwaldes.

Brutnischen einiger Vögel in den Stockwerken des Mischwaldes.

räume für die Tierwelt. Zahlreiche Insektenpopulationen entwickelten sich, wie sie vergleichsweise im Nadelwald nicht angetroffen werden. Meisen, Grasmücken, Laubsänger, Heckenbraunellen, Spötter und ein Zwerg unter den Vögeln, der Zaunkönig, siedelten sich an den reichen Nahrungsquellen in großer Zahl an, während die Vegetationsfülle ihnen gleichzeitig eine Vielzahl Nistmöglichkeiten bot. Die Sträucher dienen in ihrer Üppigkeit aber auch Rot-, Reh- und Schwarzwild als Aufenthalts-, Schutz- und Nahrungsraum.

Kräuter und Moose haben ein ähnliches Kleinklima. Das Licht nimmt ab, Baumkronen, Stämme und Sträucher lassen nur noch wenig übrig für tiefer Wachsendes. Lichtgenügsame Kräuter und Blütenpflanzen besetzen diese Schattennischen und legen die Zeit der Vermehrung in das Frühjahr; der laublose Wald gewährt ihnen dann noch reichlich Helligkeit. So blühen und fruchten frühzeitig Buschwindröschen, Leberblümchen, Waldschlüsselblume, Sauerklee, Scharbockskraut, Bärenlauch und wie sie alle heißen, die aus dem bunten von Sträuchern zerrissenen Teppich des Frühlingsflors sprießen (Bild). Sie entwickeln notwendigerweise ausdauernde, nährstoffreiche Wurzelstöcke, -knollen und Zwiebeln. Die Blüten verschwinden mit dem Frühling, aber die Pflanzen assimilieren noch bis weit in den Sommer hinein. Wenn Bäume und Sträucher ihr grünes Kleid angelegt haben, treten an ihre Stelle andere Kräuter und Gräser.

Die wasserhaltenden Moose, auch die Bärlappe, kleine Kräuter und Pilze sind schichtgestaltende Formen der ersten oberirdischen Waldetage, die Leben und Vermehrung voll dem Halbdunkel anpassen. So verändert sich das Bild der Schichten fließend im Wandel eines Jahres, wobei jede einzelne ihren Produktionshöhepunkt zu einer anderen Zeit hat. Das Maximum des Wachstums, der Vermehrung, beginnt im Winter mit der Moosschicht, wird im Frühjahr von der Schicht der Kräuter abgelöst und erreicht im Frühsommer die Sträucher und die Baumschicht. Schichten sind aber keineswegs isolierte Lebensräume von Tier- und Pflanzengemeinschaften. Bäume bilden beziehungsweise durchsetzen mehrere Etagen des Waldes und stellen ein bodenständiges Bindeglied zwischen der vertikalen Gliederung dar, nicht nur im äußeren Erscheinungsbild, sondern auch im biochemischen Geschehen. Durch ihre Wurzeln stehen sie mit den unterirdischen Schichten in engen Stoffwechselbeziehungen, entnehmen Mineralien und Wasser, transportieren beides durch die Baumstammschicht bis in die Blätter der Kronen. Über die hier stattfindende Photosynthese werden dem Boden wieder organische Stoffe zugeführt; ein weitgehend unsichtbarer, für die Biozönose lebenserhaltender Kreislauf durch alle Etagen des Waldes. Die eigentliche Bindung haben die Schichten aber untereinander durch die im Ökosystem lebende Tierwelt. Abgesehen von einigen Lebewesen, wie beispielsweise den nur eine Schicht bewohnenden Einzellern, suchen in unseren Breiten fast alle Tiere im Kampf ums Dasein mehrere Schichten auf. Und weil sie zusätzlich manchmal noch täglich andere Habitate durchwandern müssen, bewirken sie gleichzeitig ständige Veränderungen der Biomasse. Zum anderen trägt der unterschiedliche Nahrungserwerb der Arten durch die Nutzung offener oder von der Konkurrenz besetzter ökologischer Nischen ebenfalls zur Schichtbildung und damit zur vielgestaltigen Verflechtung, zur Einheit des Ökosystems bei. Auch der Mischwald

Waldsauerklee gehört zu den Pflanzen und Kräutern, die im Frühjahr blühen. Der laublose Wald gewährt ihm dann noch reichlich Helligkeit.

macht dabei keine Ausnahme, sondern ist durch den Reichtum an Pflanzen und Tieren ein gliederreicher Komplex von Lebensgemeinschaften mit vielseitigen Verflechtungen. Diese Formhülle des Pflanzen- und Tierreiches führt durch gegenseitige Beeinflussungen, Abhängigkeiten und Wechselwirkungen zur Bildung einer pulsierenden gewaltigen Biozönose großer Mannigfaltigkeit, die sich bei ungestörter Entwicklung selbst erhalten und regulieren kann, gleich einem Kreislaufgeschehen. Das einzelne Individuum, selbst die Art, spielt in diesem großen Konzert der Natur nur eine untergeordnete Rolle.

Werden die Stockwerke des Waldes dennoch schematisch genannt, so nur deshalb, um den Faden der lebensgemeinschaftlichen Zusammenhänge an einer Stelle aufzugreifen und ihre Verflechtungen, Gegensätzlichkeiten sowie Gemeinsamkeiten besser verfolgen zu können.

Der Unterboden besteht aus Mineralien und wenig Organischem, hingegen bietet der Oberboden vielen, wie Viren, Bakterien, Pilzen, tierischen Ein- und

Eine Fuchsfähe leckt ihr Junges. Anschließend gingen beide in entgegengesetzter Richtung auseinander.

Vielzellern, die alleinige Heimstatt, beherbergt aber auch Lebewesen, die zeitweise die angrenzende Moosschicht aufsuchen, sie nach einer Entwicklungsphase ihres Lebens jedoch für immer verlassen, wie manche Insekten im Larvenstadium. Neben solchen Bewohnern sind hier verschiedene Wurzeln zu finden, die mit Mikroflora und Pilzen des umgebenden Erdreiches eine funktionelle Einheit mit wechselseitigen chemischen Beeinflussungen bilden. Mäuse, Fuchs, Dachs und andere Säuger legen ihre Wohnstätten ebenfalls in dieser Schicht an. Der Dachs *(Meles meles)* dringt beim Graben seiner Röhren für den oft umfangreichen Etagenbau mit mehreren Kesseln, verbindenden Fallröhren und etlichen Einfahrten auch in die Unterschicht ein, während der Fuchs *(Vulpes vulpes)* nur ungern selbst gräbt. Er richtet sich lieber einen verlassenen Bau her, zieht gegebenenfalls auch in einen Abschnitt eines bewohnten großen Dachsbaues, ohne mit Grimbart selber in Berührung zu geraten. In dem dann in der Unterschicht gelegenen Kessel bringt die Füchsin nach 51 bis 54 Tagen Tragzeit die vier bis sieben blinden, behaarten Jungen zur Welt. In der ersten Zeit werden sie säugend von der Fähe ernährt und später mit Mäusen, Käfern, Vögeln, Junghasen, Kaninchen, Fasanen, praktisch allem Lebenden von Käfer- bis Kitzgröße. Reineke hat weit gespannte Biotopgrenzen, wechselt vom Mischwald über Lichtungen in reine Laub- oder Kiefernbestände, in die Wiesen und Feldfluren, durchschwimmt Gräben, sucht Schilfzonen auf, und Spezialisten dringen in Hühnerställe. Er ist ein Allesfresser, der zur Zeit der Beeren- und Obstreife auch diese Früchte nicht verschmäht. In mäusereichen Jahren bilden die kleinen, huschenden Nager aber 90% der Nahrung, und als Vertilger von Aas und krankem Wild spielt er eine wichtige regulierende und hygienische Rolle im biologischen Gleichgewicht der Lebensgemeinschaft seines Reviers. Trotz aller Vorzüge muß er als Überträger des Tollwuterregers kurz gehalten werden. Die oft beschriebenen und versinnbildlichten Sinnesleistungen sichern ihm aber wohl doch den Fortbestand, so daß man in abgelegenen Winkeln des Waldes an sonnigen Maitagen plötzlich Jungfüchse vor einem Bau spielen sehen kann, vielleicht um die von Fähe oder Rüden herbeigetragene frische Beute raufend oder an älteren Knochen eifrig zerrend. Etwa

$3^1/_2$ Monate nach ihrer Geburt finden die vorher mit der Fähe durchgeführten gemeinsamen Jagdstreifzüge für die Jungfüchse ihr Ende. Sie werden nun in die Selbständigkeit entlassen.

Sommermorgen. Fähe und Jungfuchs sonnen sich auf einem freien Wiesenfleck am Waldrand. Eine Ricke äugt argwöhnisch hinüber. Langsam steht die Alte auf, leckt minutenlang den fast erwachsenen Nachwuchs, anschließend gehen beide in fast entgegengesetzter Richtung auseinander. Der in den nächsten Tagen mehrfach gesichtete Jungfuchs war stets allein. Ein sentimental anmutendes Erlebnis mit diesem Gipfeltier vieler Nahrungsketten, aber eine Handlung der Selbst- und Arterhaltung. Das alte Revier ernährt auf die Dauer nur Fähe und Rüden, besonders da die Menge der Beutetiere zum Herbst hin ständig abnimmt und im Winter immer spärlicher wird. Selbst im kommenden Frühjahr, wenn überall hohe Zeit der Vermehrung ist und somit ein reichliches Beuteangebot vorliegt, darf das Jagdrevier der Füchse keinen größeren Artbestand aufweisen, denn der Nahrungsbedarf für das neue Geheck und die Alten muß gesichert bleiben. Wegen der intensiven Verfolgung durch den Menschen ein illusionäres Bild, das aber im Artverhalten fest verwurzelt ist und instinktmäßig trotz heutiger «Dünnbesiedlung» wie eh und je alljährlich geübt wird.

Nicht nur Algen, Moose, Pilze, kleine Kräuter, Käfer, Tausendfüßler und Schnecken sind die bedeutsamen Elemente der Moosschicht, dem Verbindungsglied zwischen dem Erdreich und der oberirdischen Welt des Lebens, sondern eine Vielzahl von Mikroorganismen bilden hier die Hauptakteure der großen Lebensgemeinschaft Mischwald. Denn sie sind dafür verantwortlich, daß der herbstliche, weder in Tonnen einzuordnende und noch weniger räumlich faßbare «Laubregen» über die Jahreszeiten hinweg in seine anorganischen Bestandteile zurückgeführt wird, um kommendem pflanzlichem Leben wiederum als Nährstoffe zur Verfügung zu stehen. Die Pflanzen sind vielerorts häufig das erste Glied von Nahrungsketten, die über Beutetiere auch die Lebensgrundlage der Fleischfresser schaffen. Bis dahin ist es ein weiter Weg. Würmer, Käfer, Ameisen und auch Mäuse, die

Eichenstock im Abbaustadium I (nach Brauns).

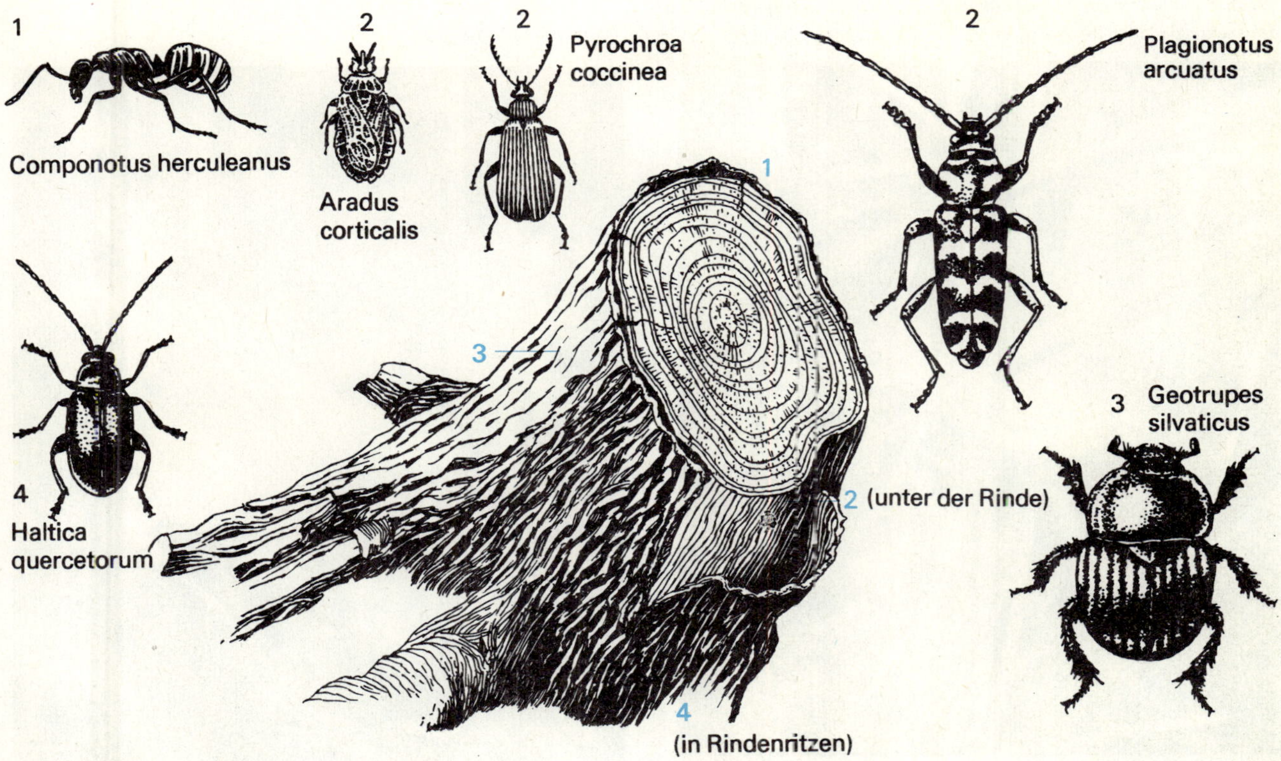

Brütender Waldlaubsänger.

zuvor durch die Lockerung des Bodens ihr Scherflein zur Humusbildung beitrugen, müssen als Beutetiere ihr Leben lassen; selbst ihre Kadaver bieten noch zahlreichen anderen Gliedern der großen Lebensgemeinschaft Nahrung und Entwicklung, bevor auch sie vergehen. Ein ewiger Kreislauf!

Genauso wie die Laubbeseitigung, allerdings über einen längeren Zeitraum, geschieht der biologische Abbau von Fallholz und Baumstubben. Neben den bakteriellen Zersetzungen tragen Pilze, Insekten, Würmer, Vögel und Kleinsäuger zum unaufhaltsamen Verfall bei, an dessen Ende neben Kohlendioxid und Wasser die lebensaufbauenden Mineralien stehen.

Nur selten aber läuft der Laubabbau ungestört ab. Zwischenzeitliche Verwendungen im Haushalt der Natur gibt es gar viele. So schiebt die Dächsin in trockenen Nächten des Herbstes größere Mengen zusammengekratztes Laub, zwischen Vorder- und Hinterpfoten haltend, in den Bau, um im Kessel für den Winter eine warme, ruhige Lagerstatt herzurichten. Im Frühjahr baut der Waldlaubsänger *(Phylloscopus sibilatrix)* sein kugeliges Nest mit dem seitlichen Einschlupf auf dem laubbedeckten Boden, so daß es

Oft mit weitausgreifenden Schritten sucht die Nachtigall in der Brennesselwildnis nach Futter.

Fütternde Nachtigall.

zwischen den unregelmäßigen Konturen seiner Umgebung nur schwer auszumachen ist. Während es ihm als Tarnung des Neststandortes nur indirekt dient, wird das vorjährige Laub, vorzugsweise von Eichen, von dem Nachtigallweibchen *(Luscinia megarhynchos)* beim Bau des tiefnapfigen Nestes im laubbedeckten Milieu der halbdunklen Buschregion oder in brennnesseldurchwucherten Gebüschrändern zweckmäßig verwendet. So sind Nest und Vogel hervorragend der Umgebung angeglichen und für das menschliche Auge fast unauffindbar, nicht aber für die unmittelbaren Feinde, die durch den bodennahen Neststandort zahlreich sind. Zu Iltis und Wiesel, der Schar der allerorten nestplündernden Krähen, Eichelhähern, Elstern und Eichhörnchen kommen noch Ratten, Mäuse und, allerdings seltener, auch Schlangen (Bilder). Trotz aller Heimlichkeit der Altvögel treten beklagenswerte Verluste auf. Der unserer Zivilisation zu verdankende Feind Hauskatze verursacht beim Streunen zusätzlich große Verluste unter den Bodenbrütern, wie überhaupt unter allen Kleinvögeln. Ein gefährlicher Eindringling in eine mehr oder weniger durch Zivilisationseinflüsse belastete Lebensgemeinschaft, für dessen Erscheinen der Mensch eine große Verantwortung trägt. Jeder Katzenhalter hat die gesetzliche Pflicht, vom 15. 3. bis 31. 7. jeden Jahres die Singvögel vor seinem Haustier zu schützen. Auch der einzelne kann hier mit wenig Mühe helfen!

Die eben genannten Insektenvertilger, Waldlaubsänger und Nachtigall, mit ihren Nistplätzen auf der Moos-, auch in der Krautschicht des Waldes nutzen für ihre Nahrungssuche verschiedene Räume. So sucht die «Sangeskönigin» Kerbtiere, Raupen, Puppen, Fliegen, Spinnen, kleine Schmetterlinge in den «Etagen» der Kräuter und Unterkräuter, der Schicht ihres Nistplatzes.

Der Waldlaubsänger dagegen hat seine Nahrungsjagd auf fliegende Insekten in die höher gelegenen Strauch- und unteren Baumetagen verlegt. Der den Kerfen in ihrer vielgestaltigen Entfaltung so entgegenkommende Mischwald bietet in diesen beiden Regionen eine Fülle fliegender Kost und im Blattwerk eine Vielzahl von Larven in verschiedenen Stadien. Das schwirrende und surrende Getier bildet eine so breite Nahrungsbasis, daß zu den hier brütenden und jagenden Fliegenschnäppern und Gartenrotschwän-

Ein Eichelhäher versucht das Nachtigallnest zu plündern.

Raupe der Pfeileule.

zen – im Tertiär, wahrscheinlich zwischen Pliozän und Pleistozän, also vor 10 bis 1 Million Jahren – die Laubsänger als zusätzliche Nutzer der Nahrungsquellen stoßen konnten, ohne den von erstgenannten Arten besetzten Brutraum durch die eigenen Nistplätze einzuengen. Der fleißig, fast den ganzen Tag von einem unteren Zweig stakatoförmig vorgetragene Gesang des Männchens bildet durch sein «Sipp sipp sipp sirrr» einen nicht zu überhörenden Akzent im stimmlichen Gefüge des Mischwaldes, empfiehlt Artgenossen das Fernbleiben und meldet dem brütenden Weibchen Gefahrlosigkeit im sangesmarkierten Revier. Nur kurze Zeit während des Beutefangs wird das eintönige, damit um so eindringlichere Lied unterbrochen, ausgenommen Störungen in Nestnähe. Sind diese aber vorüber, dann ist er hitzig besorgt, das aufgeflogene Weibchen auf die weißen mit rot- bis dunkelbraunen Punkten besetzten Eier zurückzubringen. Trotz der guten Tarnfarbe des Geleges und der Abschirmung durch das Dach des «Backöfchens» gegenüber den hauptsächlichsten, überwiegend zu den Krähen und ihrer näheren Verwandtschaft gehörenden Feinden aus den höheren Etagen des Waldes, bildet der brütende, grüngelbe Vogel den besten Schutz für die ungeschlüpfte Nachkommenschaft.

Auf Beute lauernde Kreuzspinne. Verfängt sich im Radnetz ein Insekt, so wird es nach dem tödlichen giftigen Biß anschließend in Windeseile eingesponnen.

Der Hahn zeigt durch aufgeregtes Umflattern und Jagen des Weibchens, manchmal sogar durch Zerren am Gefieder, ein bei Vögeln allgemein unübliches Verhalten, das aber den Erfolg durch die baldige Rückkehr der Brütenden in das Nest zeitigt. Das Männchen bietet in seiner Erregung das Bild eines wilden Kobolds. Nach dem Wiedereinschlüpfen des Weibchens fliegt er nochmal an die Nestöffnung, verweilt hier kurz und kehrt erst dann auf die höher gelegenen Sangeswarten zurück. Der unbeirrte Vortrag seines Liedes erinnert dann nicht mehr an die vorangegangene Störung, die sich oftmals am Tage durch die verschiedensten Glieder der großen Lebensgemeinschaft zufällig oder bei der Nahrungssuche – auch beim Erscheinen eines Menschen – wiederholt.

Abgesehen von den überdurchschnittlich großen Kerbtierpopulationen des Mischwaldes, bilden die Insekten im Tierreich des mitteleuropäischen Raumes drei Viertel des Artbestandes, der sich auf insgesamt 40000 Spezies beläuft. Demzufolge entwickelten sich alsbald auf ihre Erbeutung ausgehende Nahrungsspezialisten. Unter diesen auf verschiedenste Art dem Nahrungserwerb nachgehenden Tieren nimmt die in der Kraut- bis Baumstammschicht ihr artspezifisches Radnetz spannende Gemeine Kreuzspinne *(Araneus diadematus)* einen vielverbreiteten Platz ein (Bild). Auf Beute lauernd, wird der Fang mit einem durch Biß übertragenen Gift gelähmt und in Windeseile eingesponnen. Mit einem eingepumpten Verdauungssaft saugt sie anschließend die Nahrung auf. Das Leben der unermüdlichen Fängerin findet im September, nach der Eiablage in etlichen Kokons, ein Ende. Die geschlüpften Jungspinnen schweben an langen weißen Fäden in neue Lebensräume, die Zeit des Altweibersommers hat begonnen! Die vorzügliche, erfolgsichere Form der an Ausbreitungsvarianten so vielgestaltigen Natur zeigt hier, wie ein von der Fortbewegung her nur gering ausgestattetes Tier mit Hilfe des gesponnenen Fadens und bei leichtem Winde Chancen für seine bessere Verbreitung und sein Fortkommen gewinnt.

An den Hörnern des alten Muffelwidders *(Ovis ammon musimon)*, den Schnecken, bleibt manchesmal ein wehender, weißer Faden hängen. Viele Kreuzspinnen gibt es dieses Jahr an der Ecke des Wildackers, wo das Rudel öfter einwechselt. Vor einigen Jahr-

Muffelwidder.

Familienverband des Rotwildes, also das Rottier, vorjähriges und diesjähriges Kalb.

zehnten lebte das Muffelwild hier noch nicht. Die ersten kamen um 1900 aus Korsika in unsere Laub- und Mischwälder. Das ausgesetzte Muffelwild fügt sich als attraktive Wildbereicherung in die Lebensgemeinschaft des mitteleuropäischen Waldes gut ein; es verursacht kaum Schäden in den Feldfluren, da es die Waldgrenzen selten überschreitet (Bild). Ihre genügsamen Nahrungsansprüche werden aus der biozönotischen Schicht der Kräuter in lichten Laubholzbeständen befriedigt, so daß Schälschäden an jungen Bäumen ebenfalls eine Ausnahme bilden, ein Vorzug, den der Forstmann zu schätzen weiß. Er ist mitverantwortlich für den Zuwachs und die Erhaltung dieses neuen Gliedes in einer alteingesessenen Lebensgemeinschaft. Ohne feste Wechsel einzuhalten, vagabundieren die im Rudel lebenden Tiere weiträumig umher; nur alte Widder führen bis zur Brunftzeit ein heimliches Einzelgängerdasein. Ein erfahrenes Wildschaf wacht als Leittier über die Sicherheit der mitziehenden Artgenossen, die durch das Fehlen von Bär, Luchs und Wolf in unseren Wäldern keine natürlichen Feinde haben.

Im Gegensatz zu den forst- und landwirtschaftlich angenehmen Wildschafen haftet den edelsten Jagdtieren der europäischen Wälder, dem Rotwild *(Cervus elaphus)*, der Makel an, durch streifenförmiges Schälen der jungen Laub- und Nadelbäume und das Abreißen frischer Triebe im Vegetationsbereich der forstlichen Nutzung Schäden anzurichten. Eine jagdliche Bestandsregulierung, die auch wegen der Äsungsschäden auf den landwirtschaftlichen Produktionsflächen nötig ist, erfolgt deshalb jährlich durch Abschuß. Es ist ein Protobeispiel für notwendiges selektives Eingreifen, wenn der Mensch, um die gesamte Lebensgemeinschaft Wald – abgesehen von aller ökonomischer Betrachtung – nicht zerstören zu lassen, durch Zufütterung in kalter Jahreszeit bei Fehlen von bestandsreduzierenden Raubsäugern einem Glied einer Biozönose optimale Vermehrungsbedingungen schafft. Andererseits entstehen durch den ungern gesehenen Verbiß an Sträuchern und kleinen Bäumen und nachfolgenden unregelmäßigen Ausschlag quirlgestaltete Nistgelegenheiten für Brüter mit napfförmigen Nestern. Daneben werden vom Rotwild auch Gräser und Kräuter, Pilze sowie Eicheln und andere Früchte des Waldes aufgenommen. Die Vorliebe für Gras veranlaßt das zu Rudeln vereinte Wild spätabendlich, wenn lange schon fehlendes Fotolicht und schwindendes Büchsenlicht die Nacht ankündigen, die schützende Schicht der Sträucher und Bäume zu verlassen, wobei der Familienverband – Alttiere, dies- und vorjähriges Kalb – die kleinste Einheit bildet (Bild). In den frühen Morgenstunden wechseln sie in die Einstände zurück, so daß die großen, so überaus gehör- und geruchsempfindlichen Waldbewohner tagsüber kaum zu sehen sind. Nur in ausgesprochen ruhigen Revieren kann man ihnen ab und an zufällig in den Mittagsstunden begegnen, wenn sie auf ihren Wechseln äsend umherziehen.

Das Haarkleid des Rotwildes ist ein nicht wenig besuchter Ort blutsaugender Kerfen und Ektoparasiten, die hier ihre Nahrungsgrundlage finden. In schlammigen Tümpeln suhlend, setzen sich Hirsch und Rottiere dagegen zur Wehr. Auch Kohlmeisen wurden schon auf dem Rücken beobachtet, wie sie die lästigen Plagegeister ablesen. Jedes Fleckchen eines

Biotops einschließlich der darin Lebenden wird von Nahrungssuchenden genutzt.

Das weniger verbreitete Damwild *(Dama dama)* lebt ebenfalls in Rudeln, ist aber nicht so tagesscheu und hält selten feste Wechsel ein. Sein Umherziehen im Walde beunruhigt das Rotwild manchmal so, daß es in andere Reviere auswechselt (Bild). Die Schälspuren des Damwildes verraten seine Anwesenheit. Sie werden aber besser von der Vegetation verkraftet als beim Rotwild, da die bastführenden Rinden nicht so gravierende Schädigungen erfahren. Die Vorliebe des Damwildes gilt allerdings den Kräutern. Überhaupt hängt ursächlich die mehrartige Wildzusammensetzung im Mischwald mit der großen Zahl von Pflanzenarten in den Kraut- und Strauchschichten zusammen, die auch vielen anderen pflanzenfressenden Tierarten das Dasein ermöglichen. Die üppige Pflanzenwelt verdankt ihr Wachstum den eingangs genannten bodenständigen und klimatischen Gegebenheiten. Der Bogen läßt sich bei Betrachten des ökologischen Gefüges noch weiter spannen. Viele Pflanzenfresser ermöglichen einer größeren Zahl fleischfressender Arten eine Existenz. Der Reigen schließt sich, denn durch deren Vertilgung wird der Bestand der pflanzenfressenden Tierarten in Grenzen gehalten und kann sich nicht uferlos vermehren. Das Gesagte trifft allerdings nur zu für Nahrungsketten mit einem Gipfelraubtier. In unserer Region muß der Mensch dessen Stelle einnehmen und regulierend eingreifen.

Als bevorzugter Lebensraum der höhlenbrütenden, Strauch- und Baumstammschicht bewohnenden Kohlmeisen *(Parus major)* kann nach wissenschaftlichen Untersuchungen in verschiedenen Waldformationen der Mischwald angegeben werden. Hier liegt eine maximale Besiedlung bis an die Grenzen des Fassungsvermögens vor, die durch die revierhaltenden Paare gegeben wird. Die einzelnen Reviergrößen sind verschieden, teilweise überschneiden sie sich auch, wie es das individuelle Verhalten der einzelnen Tiere nun

Damspießer.

Schwankungen einer Kohlmeisen-Population über 10 Jahre im Mischwald, die weniger durch Räuber und Witterungseinflüsse bestimmt werden, sondern durch die Anzahl der vorhandenen Nistmöglichkeiten. Die Zahl der Meisen schwankt deshalb jährlich nur wenig (nach Schwerdtfeger).

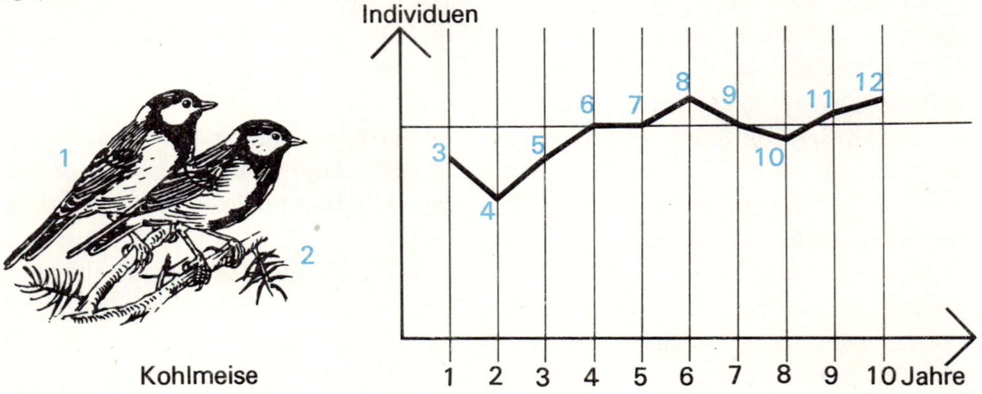

einmal mit sich bringt. Sofern alle Reviere besetzt sind, müssen die übriggebliebenen Kohlmeisen in weniger bevorzugte Lebensbereiche ausweichen, erreichen aber dort bei weitem nicht die Vermehrungsquoten wie im Mischwald. Sie füllen allerdings von hier aus die durch Umweltunbilden und natürliche Feinde bedingten Abgänge des Mischwaldes auf. Auch die Kiefernwälder gehören zu dem Reservoir an Populationsgliedern dieser Vogelart. Eine solche Form des Revierverhaltens, wie sie für den Fuchs beschrieben wurde und hier bei den Kohlmeisen ebenfalls vorliegt, kann bei allen reviermarkierenden Tieren beobachtet werden und verhindert eine Überbesiedlung. Damit bleiben optimale Lebensbedingungen und der Artvermehrung entsprechende Lebensräume erhalten und stellen ein natürliches Dichteregulativ einer Population dar.

In gleichen Schichten wie die Kohlmeise baut die Singdrossel *(Turdus philomelos)* ein mit Erde, Lehm und Speichel ausgekleidetes, freistehendes, napfförmiges, kunstvolles Nest und ernährt die hungrige, schnellwachsende Brut mit Kerbtieren, Würmern, Schnecken und Larven (Bild). Sie sucht zum Nahrungserwerb vorwiegend den Boden auf und trägt das Gefundene, das ihr oft links und rechts vom Schnabel herunterhängt, aus der ersten oberirdischen Schicht der Laub-Nadel-Bestände durch die Kraut-, gegebenenfalls Strauchschicht bis in die Baumstammetage und verlagert so die organische Masse, die Biomasse wie die Wissenschaft zu sagen pflegt, gleich vielen anderen Arten von einer Schicht in die andere. Solche Verschiebungen vollziehen sich in einer Lebensgemeinschaft ständig in kaum abzuschätzender Weise und Größe. Sie offenbaren die vielseitigen Beziehungen zwischen den unteren und oberen Stockwerken des Biotops; sie sind ein Beispiel für das umfangreiche, wechselseitig abhängige Ineinandergreifen in einem biozönotischen Komplex.

Trommelförmiges Hämmern und ein hartes, kurzes, lautschallendes «Kick kick» paßt so gar nicht in das liebliche, vielstimmige Konzert des Waldfrühlings, und trotzdem klingt es uns angenehm, vertraut in den Ohren. Der Buntspecht (*Dendrocopus major*, Bild) meißelt hier ein rundes Loch, wo er im nächsten Jahr oder in späterer Zeit den Vortrieb bis zur Nisthöhle fortsetzt, oder er richtet eine alte Höhle her und stellt zwischendurch den Kerfen auf und unter der Baumrinde oder im Holz sterbender Bäume nach. Mit der endgültigen Wahl der Bruthöhle für die vier bis sechs Jungen läßt er sich Zeit, manchmal so lange, bis sich bereits Meisen, Kleiber, Fliegenschnäpper oder Stare häuslich eingerichtet haben, die er dann aber kurzerhand hinauswirft. Seine übrigen Höhlen nutzen die Genannten, bei denen die höhlenbrütende Fortpflanzung ein Besetzen ungenutzter Nistgelegenheiten bedeutet, um die Baumstammschicht mitbewohnen zu können. Sie versuchen auf jede Art und Weise Mitinteressenten von der auserkorenen Höhle fernzuhalten.

Eine besondere Form des Schutzes entwickelt der Kleiber *(Sitta europaea)* gegenüber seinem Hauptkonkurrenten, dem körperlich weitüberlegenen, dreisten

In der Strauch- und Baumstammschicht baut die Singdrossel ihr freistehendes Nest.

Seine Höhlen meißelt der Buntspecht in die Baumstämme und nutzt dieses Stockwerk des Waldes als Nistplatz.

Kleiber-Männchen füttert das Weibchen. Durch die fast flüggen Jungen haben beide Altvögel beim Füttern nicht mehr gleichzeitig Platz in der Bruthöhle.

Star. Gleichzeitig mit dem Eintragen kleiner Holzstückchen zum notwendigen Verkleinern auf Bruthöhlengröße klebt das Weibchen mit Lehm, feuchter Erde, in trockenen Jahren vereinzelt auch mit Wildlosung, vom inneren oberen Rand die Baumhöhle bis auf den knapp gehaltenen Einschlupf zu. Der «pfiffige Baumeister» dichtet aber auch alle Ritzen im Inneren ab, rundet Ecken und schafft so einen zug- und regensicheren Raum für das Nest, das am liebsten aus dünner kieferner Spiegelrinde gebaut wird. Dabei benutzt er als Klebstoff nicht etwa Speichel, sondern erreicht die Festigkeit durch emsiges Festklopfen des herbeigetragenen feuchten Materials mit dem Schnabel. Er gestaltet das Schlupfloch so eng, daß er sich manchmal direkt hinein- und hinauszwängen muß, und zum Ende der Fütterungszeit zeigt das abgenutzte Gefieder, wie ein kleiner Singvogel seinen Brutplatz zu schützen versucht (Bild).

Wenn die fertige Mauer nur einen Tag Zeit zum Trocknen hat, ist er fortan vor dem Star sicher, dessen Einbruchversuche dann zwecklos sind. Gegen die Rückkehr des Buntspechtes kann er allerdings kein Bollwerk errichten; dessen kräftiges keilförmiges, zum Meißeln so hervorragend entwickeltes Schnabelwerkzeug bricht die Mauer mühelos auf, und der Weg zum Ausräumen der Höhle ist frei. Wenn in manchen Jahren der Brotkorb für die Buntspechte höher hängt, spezialisieren sich einige auf den Raub von kleinen, in Höhlen sitzenden Jungvögeln, worunter dann nicht nur die Kleiber zu leiden haben, sondern auch die behenden Meisen und die anmutigen Fliegenschnäpper.

Trockene Bäume im Wald sind deshalb nicht nur als stehende Vegetationsleichen zu betrachten; sie bieten der Lebensgemeinschaft noch manches, auch den Höhlenbrütern, die u. a. durch ihre Form des Nahrungserwerbs die sprießenden Buchen, Eichen, Birken und Nadelbäume von Schadinsekten befreien helfen und so ihr Wachstum entscheidend fördern. Vereinzelt sollten trockene Bäume deshalb im grünen Bild des Waldes stehenbleiben.

Der Tag neigt sich. Nun werden die Haselmäuse *(Muscardinus avellanarius)* in ihrem kunstvollen, kugeligen Nest munter und klettern bald behend im dichten Brombeergestrüpp umher. Die Singdrosseln tragen aus den Wipfeln ihre abendkündenden, melodischen Lieder vor. Wenn Amseln und andere Kleinvögel noch ein großes schimpfendes Spektakulum aus gebührender Entfernung vor dem an einem Baumstamm sitzenden und sich rekelnden Waldkauz *(Strix aluco)* loslassen, verschwindet er bald beutesuchend zwischen den Bäumen. Das zweite Leben beginnt im Wald. Nachtfalter und Fledermaus, Marder und Iltis, Reh- und Schwarzwild, sie alle tun es dem Waldkauz gleich und gehen auf Nahrungssuche.

Schon in den ersten Apriltagen schlüpfen in der Baumhöhle des Kauzes die weißbedunten, blinden Jungen, von denen es manchmal sogar fünf sein können (Bild). So gegen die 7. Stunde des Abends beginnt seine Jagd auf Mäuse im Wald, noch mehr aber an der Wald-Feld-Grenze. Er nimmt selten andere Kleinsäuger, auch selten kleinere Vögel und Lurche, häufiger schon größere Insekten; aber sein Sinnen und Trachten steht nach Mäusen, nach denen er von einem niedrigen Ast Ausschau hält. Eine verharrende Maus interessiert ihn nicht. Erst wenn sie sich bewegt, wird sie wahrgenommen. Die leisen, so typischen Geräusche entgehen dem geübten Ohr nicht. Er rückt sich zurecht, fixiert sie mit starrem, vorgestrecktem Kopf, hebt die Flügel und gleitet über sie hinweg. Der Platz, auf dem der kleine Erdbewohner saß, ist leer. Die kräftigen Fänge haben zielsicher zugefaßt. Lautlos verschwindet der Kauz in Richtung Bruthöhle. Obgleich die Naturunbilden in einer Nacht des letzten Frühjahrs die schützende Höhle in der alten Linde mit Getöse aufrissen und er und seine Jungen den Himmel über sich sahen mit allem, was er in 30 Tagen während der Aufzucht zu bieten hatte, wählte er zu Winterausgang getreulich die gleiche, in früheren Jahren so bewährte Brutstätte, ließ sich während des Brütens beschneien und saß im Regen wärmespendend über den Kleinen. Eine erstaunliche Nistplatztreue, wo doch nach menschlicher Einschätzung in nächster Umgebung geeignete andere Höhlen auf ihn warteten.

Nicht zu allen Nachtzeiten füttert er, wie ich bei

Haselmaus.

Das Waldkauz-Männchen bringt dem hudernden Weibchen Beute.

Die Zwergfledermaus ist die kleinste heimische Fledermaus.

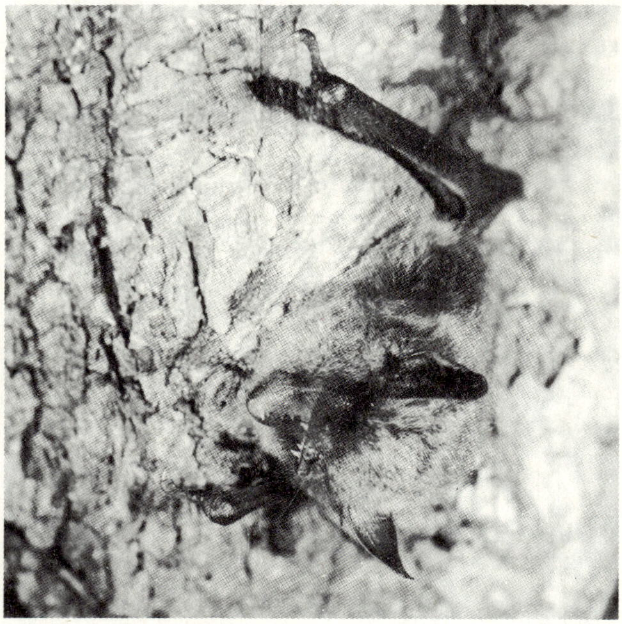

dem vierwöchigen Leben mit den Käuzen beobachten konnte. In der Abenddämmerung waren es meistens zwei Anflüge mit je einer Maus, und selten konnten sie bis gegen 22 Uhr eine dritte herbeitragen. Zwischen 1 und 3 Uhr fanden meistens nochmal drei bis vier Besuche statt. Da waren die Jungen aber schon gut drei Wochen alt. Zeitweise ertönte in der stillen Nacht das schauerliche «Huuu hu huuuh» aus den Nachbarbäumen des Nistplatzes. Die Vögel überzeugten sich, ob alles in Ordnung war und flogen beruhigt in das weite Revier. Erst mit dem erwachenden Tag, wenn die Rotkehlchen mit ihren zarten schnickernden Strophen als erste den Morgen begrüßen, so ab halb 4 Uhr, fütterten sie durchschnittlich viermal die unterschiedlich großen Jungen, denen die Schlupfreihenfolge noch beim Ausfliegen anzusehen war. Schlecht war es um die Käuze bei Regen bestellt, wo sie unverdrossen trotzdem auf ihren Warten saßen, obwohl ihnen das Beuteerlebnis versagt blieb. Die nagenden Bewohner der Erde blieben lieber in ihren trockenen, warmen Gängen. Auch nach einer solchen Nacht kehrte morgens, spätestens halb 6 Uhr, das braune Weibchen in einen 25 m entfernten, noch laublosen Ahorn zurück und rückte mit Blickrichtung auf die Jungen dicht an den Stamm, mit diesem optisch verschmelzend. Das Männchen, zufällig ein graues, hatte seinen Einstand 200 m weiter und konnte die die Jungen beherbergende Linde nicht sehen. So anscheinend gleichgültig sie ein kurzes Aufsuchen des Nistplatzes am Tage hinnehmen, so wehrhaft benehmen sie sich nachts. Bei Erklettern eines 15 m vom Brutplatz entfernten Baumes griff einmal ein Kauz lautlos mit den Fängen nach dem nackten Hals des Besteigers und riß blutige Striemen. Die warnenden Rufe aus den umliegenden Bäumen verrieten die lautlose Rückkehr vom Jagdausflug.

Waldkäuze sind weitverbreitet, und wo der Uhu nicht vorkommt, sind sie die größten Vögel der Nacht. Sie erschlossen sich diesen Lebensraum für eine Zeit, da Mäusebussarde und Turmfalken nicht als Konkurrenten auftreten und sie die tag- und nachtaktiven Mäusepopulationen nur mit ihresgleichen, anderen Eulen und einigen Raubsäugern zu teilen brauchen. Sie sicherten damit ihre Existenz, besonders da die lebensräumlichen Ansprüche sehr variabel sind, wie ihr Vorkommen in Parks und Friedhöfen der Städte zeigt.

Neben diesen gefiederten Bewohnern der Baumstammetage gesellen sich nachts noch fliegende Säuger hinzu, die bei Einbruch der Dunkelheit ebenfalls Spalten und Höhlen verlassen. Es sind die urtümlich anmutenden Fledermäuse, zu denen auch die häufige Zwergfledermaus *(Pipistrellus pipistrellus)* gehört, die kleinste der einheimischen Fledermäuse. Durch Ultraschallortung bei der Jagd nach Insekten finden sie zielsicher die Beute, und selbst im dichtesten Geäst bleiben ihre zarten Flughäute unbeschädigt. Wenn die letzten Strahlen der untergehenden Sonne auf den Baumwipfeln liegen, kriechen aus den Höhlen und Spalten der Stämme, aber auch unter abgelöster Rinde, die Zwergfledermäuse hervor. Hier eine und dort eine und aus größeren Höhlen auch mehrere. Kurz verharren sie, stoßen manchmal ein scharfes Zirpen aus. Dann blitzt das Weiß der Zähne im geöffneten Mäulchen. Wenig später lassen sie sich fallen und breiten die Flughäute aus. Die wendige, schnelle Jagd zwischen Baumkronen und über Sträuchern nach Mücken und anderen kleinen Insekten beginnt. Unterbrochen von vielen kürzeren, aber auch längeren Pausen, ist dann am Morgen das Jagdrevier gründlich abgeflogen. Wenn das Dunkel der Nacht dem heller und heller werdenden Grau des Morgens weicht, werden die Zickzack-Flüge der Fledermäuse zwischen den Stämmen immer seltener. Sie suchen ihre Schlafplätze auf, und nur selten verläßt einer der «Zwerge» tagsüber den schützenden Ort.

Es konnte nicht ausbleiben, daß bei der Entwicklung der Kerbtiere auch nicht wenige die Chance wahrnahmen, den tagsüber bevölkerten, nachts «leeren» Lebensraum für ihre Lebenserhaltung zu nutzen. Viele wählten den Weg in die Dunkelheit und wurden Aktive der Nacht. Ihre Anpassung ging soweit, daß heute der Wald mit allem, was er zu bieten hat, für «seine» in ihm lebenden Kerbtiervölkerschaften eine optimale Lebensstätte bedeutet. Die Natur fragt nicht nach nützlich und schädlich, wie es in der Vergangenheit das menschliche Denken so oft und gar nicht selten falsch getan hat. Nahrungsketten, Fundamente einer Biozönose, sorgen für geordnete Verhältnisse, um die Lebensgemeinschaft in ihrer Gesamtheit vor Schaden zu bewahren. So verwundert es nicht, daß in dem vielgliedrigen, aufeinander abgestimmten Gefüge der Natur auch die nachts aktiven Insektenheere Feinde lockten, die bald regulierend in die Vermehrung eingriffen und so das biologische Gleichgewicht wahrten. Daß vorwiegend Kleinsäuger diese Aufgabe mit großer Gefräßigkeit übernahmen, war nur durch deren erhebliche Umgestaltungen bzw. Zusatzleistungen des Körperbaues und der Sinnesorgane möglich. Die zum Ruderflug entwickelten Häute zwischen den verlängerten Handknochen, Armen, Beinen und Schwanz, das Ausstoßen von Ultraschall und das Auffangen seiner Reflexionen mit den Ohren sind der lebende Beweis der gelungenen Anpassung und zeigen, welche außergewöhnlichen Formen sich in der Natur herausbildeten. Damit steht dem Menschen bei der Bekämpfung forstlicher Schadeninsekten ein fleißiger Handlanger kostenlos zur Seite, dem er schon allein aus diesen Gründen noch mehr als bisher ein ungestörtes Leben in hohlen Bäumen, Gewölben und überall dort, wo er ihm begegnet, gewähren sollte. Vor allem hat sein Augenmerk dem Offenhalten der lebenswichtigen Ein- und Ausflugswege ihrer sommer- und winterlichen Ruhestätten zu gelten, besonders dort, wo solche im Bereich seiner Wohn- oder Arbeitsstätte liegen.

Ein farbiger Mosaikstein der Insektenwelt ist einer

Brauner Bär.

unserer schönsten Falter, der nach der bärenfellähnlichen Behaarung der Raupe benannte Braune Bär *(Arctia caja)* (Bild). Er entgeht der menschlichen Aufmerksamkeit durch seine nächtliche Lebensweise und die schutzverleihenden, rindenfarbenen Vorderflügel, so daß dem Wanderer weit häufiger die schwärzlichbraune Raupe am Wegesrand auffällt, die in ihrer schlichten Erscheinung keineswegs den Eindruck der Entwicklungsstufe eines prächtigen Schmetterlings vermittelt. Sie schlüpfte wie viele andere im vorjährigen September, von denen jede, dem Nahrungstrieb gehorchend, ihren eigenen Weg ging und sich an dem erstbesten Löwenzahn, an Lindenblättern oder anderem gütlich tat. Die wenigen, den Vogelschnäbeln und sonstigen natürlichen Feinden entgangenen Raupen überdauern im wärmenden Kleid die winterliche Kälte. Bis zum Einspinnen im Juli werden sie von den gleichen Feinden nochmals gezehntet. Damit sorgt die Natur für die in der Lebensgemeinschaft richtige Populationsstärke, die jedoch leider wieder durch menschliche Eingriffe so gestört wird, daß der Braune Bär zur Zeit nur noch durch gesetzlichen Schutz erhalten werden kann. In einem stillen Eckchen der Vegetation spinnt sich die allen Gefahren entgangene Raupe ein. Im August regt es sich in dem Gespinst, der entwickelte Schmetterling drängt zum Licht und verläßt, gleich Generationen vor ihm, den Kokon. Die Paarungen mit nachfolgender Eiablage schließen den Werdegang einer Generation innerhalb eines Jahres ab.

Zu dem Kreis der Raupen- und Schmetterlingsvertilger gehört auch der in den Baumkronen meist nur durch die rätschenden «Chräch-chräch»-Rufe, noch mehr aber durch die vollen «Düdüdlioh»-Flötentöne seine Anwesenheit verratende Pirol *(Oriolus oriolus)*. Mitte Mai ist sein Gesang im Revier zu hören. Im Volksmund heißt er «Vogel Bülow». Mit bogenförmigem spechtartigem Flug entzieht er sich meist dem suchenden Auge und ist im Blätterdach trotz des tropisch anmutenden gelbschwarzen Kleides des Männchens nur schwer auszumachen. So ganz anders die fast drosselgroße «Goldamsel» in der Lebensgemeinschaft des Waldes unserer Breiten wirkt, so fremd, aber gleichzeitig beeindruckend ist das kunstvolle, muldenförmige Nest in der waagerechten Astgabel eines mittelhohen Laubbaumes. Sturm und Regen, das Gewicht des brütenden Weibchens nebst seinen drei bis vier heranwachsenden Jungen erfordern bei dieser Aufhängung hohe Ansprüche an Baumaterial und Konstruktion. Fasern, Bast und Halme bekommen durch kunstvolle Verflechtungen die erforderliche Festigkeit und Moos und Federn bewahren das Innere vor Kälte. Der schwankende Niststandort in den äußeren Zweigen der Blätterkrone schützt dennoch nicht vor Feinden. Eichelhäher, Baummarder und vor allem Eichhörnchen bedeuten ernste Gefahren für Gelege und Nestjunge. Die heftigen Attacken der Altvögel auf den nesträubernden Feind haben nur selten Erfolg und sind eine der vielen Formen der Auseinandersetzungen in der Lebensgemeinschaft Wald. Der scheele Blick der Ornithologen auf das Eichhörnchen *(Sciurus vulgaris)*, den fuchsroten oder schwärzlichen, baumbewohnenden Räuber ist berechtigt, wenn sein Bestand nicht durch Habicht, Baummarder oder den Menschen in einem für die Pflanzen- und Tiergemeinschaft erträglichen Rahmen gehalten wird, was leider oft in Parks und größeren Friedhöfen nicht der Fall ist (Bild). Nur vereinzelte Singvogelbruten kommen dann zum Ausschlüpfen, weniger Schadinsekten werden vertilgt, die wiederum durch ihre Übervermehrung die Vegetation belasten,

Mancher Haselnußbusch und die eine oder andere Eiche wuchsen aus dem vergessenen Wintervorrat eines Eichhörnchens und zeigen wie vielseitig die Verknüpfungen in einer Lebensgemeinschaft sind.

und über die Nahrungsketten setzen sich diese Störungen des biologischen Gleichgewichtes im Haushalt der Natur tiefgreifend fort. Trotz allem hat dieser flinke Kletterer und geschickte Springer in einer harmonisch abgestimmten Lebensgemeinschaft seinen festen Platz, ebenso wie die Singvögel und die übrigen Glieder einer Biozönose. So verdanken manche Haselnußbüsche und die ein oder andere wuchtige Eiche ihren Standort, oft überhaupt ihr Dasein einem Eichhörnchen, das vergaß, wo es für seinen Wintervorrat Nüsse und Eicheln verscharrt hatte. Gleichfalls an dieser Form der Verbreitung der Eichen beteiligt sich der durch die Nestplünderung arg berüchtigte Eichelhäher *(Garrulus glandarius)*, dessen Vorfahren aus der indomalaiischen Region die Eichel wohl noch nicht als Nahrung kannten. So trägt auch er zur Erhaltung des Waldes bei. Einer der vielen lebensgemeinschaftlichen Wege zur Schaffung von Lebensraum.

Neben Eicheln, Hasel- und Walnüssen bilden die Samen der Fichten, Kiefern und Buchen die Hauptnahrung des Eichhörnchens, so daß der forstliche Schaden bei ausgeglichener Bestandsstärke unbedeutend ist. Andererseits hilft es auch den Bäumen des Waldes, wiederum besonders den Eichen, denn es verzehrt viele der forstschädlichen Raupen des Eichenwicklers *(Tortrix viridana)*. Auch der Eichelhäher hat seinen Anteil an der Verhütung von Massenvermehrungen mancher schädlicher Waldkerfen. Glücklicherweise hat sich bei uns das reine Nützlichkeits- und Schädlichkeitsdenken in den letzten Jahrzehnten dahingehend gewandelt, daß Tiere notwendige Glieder eines biologischen Gleichgewichtes sind und bleiben müssen, selbst wenn sie der Mensch im ökonomischen Denken nicht beziehungsweise nur bedingt einzugliedern vermag oder wenn sie ihn gar stören. Oft haben sie sich in ihrer biologischen Rolle im Reich der Natur doch als nützlich erwiesen, die einen mehr, die anderen weniger. Es sei nur an unsere Greifvögel erinnert.

Schließlich gehört es auch zu den ethischen Pflichten eines Kulturvolkes, Tierarten, die den wirtschaftlichen Interessen des Menschen entgegenstehen, nicht gänzlich auszurotten. Das Eichhörnchen gehört zum Bild unseres Waldes und erfreut uns durch seine vielgestaltigen Äußerungen der Geschicklich- und Possierlichkeit stets aufs neue. Es ist einer der wenigen Säuger, der dem Naturliebhaber viel von seinem Verhalten zeigt und dadurch weitbekannt und vielgeliebt ist. Seine Jungen zieht es jedoch fernab der menschlichen Neugier in den aus Reisern gebauten Kobeln oder in Baumhöhlen, am liebsten in mittelhohen Bäumen auf. Selbst der Fachwelt waren fast bis Mitte dieses Jahrhunderts wesentliche Einzelheiten der Fortpflanzung unbekannt. Zweimal im Jahr wirft die Eichkatze drei bis fünf, selten sieben Junge, eine ansehnliche Vermehrungsrate, die in früherer Zeit zur Arterhaltung notwendig war, denn neben den schon genannten natürlichen Feinden steht es auch auf dem Speisezettel anderer Greifvögel, außerdem bei Marder und Fuchs, und als unsere Wälder noch die Heimat von Wildkatze und Luchs waren, verschwanden sie auch regelmäßig in deren Mägen. Etwas besonderes entwickelten die Kobolde der Baumstämme und des Blätterdaches in der Zeit, als sie sich dem Leben in den Bäumen anpaßten. Sie verfügen über Haare, die in hochempfindlichen Sinnesorganen enden und durch ihren Sitz an Bauch, Ellbogen und zwischen den Ohren beim Klettern und Springen genauestens vermitteln, wie die Unterlage beschaffen ist und wo im Laubwerk Platz zum Durchschlüpfen besteht, ohne daß der Körper eine Berührung erfährt. Zusätzliche bedeutungsvolle «Augen» für ein Baumtier.

Anfang April können wir eines Tages über den Koppeln am Waldrand die herrlichen Flugspiele zweier bussardgroßer Vögel beobachten. In wechselnder Folge reihen sich Abstürze, Wiederaufsteilen und Überschläge aneinander und ziehen den Beobachtenden in ihren Bann. Die Schreiadler *(Aquila pomarina)* sind aus Südafrika in ihr Brutrevier zurückgekehrt, in die ausgedehnten Laub- und Mischwälder, wo feuchte Wiesen mit Mooren, Brüche mit Teichen wechseln, wo Frösche und andere Lurche, Eidechsen und Schlangen, Mäuse, einzelne Jungvögel, größere Insekten und Aas ein reiches Nahrungsangebot bereitstellen. Das seltene Vorkommen dieses kleinsten einheimischen Adlers ließ ihn zum schutzbedürftigen Naturdenkmal werden, und sein Name auf der Liste der vom Aussterben bedrohten Vögel belegt den Ernst und die Sorge um seine Erhaltung. Dort, wo nur selten ein Mensch hinkommt, allenfalls Jäger oder Förster, baut oder übernimmt er einen alten Horst in 10 bis 15 m Höhe und legt ihn mit grünen Zweigen aus.

Wie die Schreiadler-Kenner V. Wendland und B.-U. Meyburg angeben, verübelt der harmlose Adler selten Landschaftsveränderungen, wie sie nun einmal die heutige Zeit durch Entwässerungen und Kultivierungen mit sich bringt. Sein Verschwinden aus noch unveränderten Biotopen Mitteleuropas hat wohl andere Ursachen. Ein Verwechseln mit Habicht und Bussard beim Abschuß und dem Aushorsten von Jungvögeln, besonders in früherer Zeit, mögen für den Rückgang bestimmend gewesen sein, während heutzutage neben den Störungen in Horstnähe wahrscheinlich die chemischen Pflanzen- und Insektenvertilgungsmittel auf den Bestand einzuwirken scheinen. Groß ist die Zahl der Mahnenden und Einsichtsvollen. Wissenschaftliche Arbeitskreise beschäftigen sich in ehrenamtlicher Kleinarbeit mit der Erforschung der biologischen und ökologischen Zusammenhänge, um den Rückgang aufzuhalten und den Bestand des Schreiadlers zu erhöhen. Ein aufwendiges, viel Enthusiasmus erforderndes Unterfangen, das aus Erkenntnissen der Brutbiologie erste erfolgversprechende Ansätze für die Praxis zu zeitigen scheint.

In Mitteleuropa ist der Schreiadler vom Aussterben bedroht. Seinen Horst hat er 10–15 m hoch in der Etage der Baumkronen.

Bussardgelege. Auf dem Horst liegt eine Igelhaut. Überreste von dem zugetragenen Futter für das Weibchen.

Meist schlüpfen aus den beiden Eiern auch zwei Junge, aber das kleinere wird bis auf wenige Ausnahmen nach vier bis fünf Tagen von dem älteren abgedrängt und erdrückt. Als das biologische Gleichgewicht der Lebensgemeinschaft Wald vor Jahrtausenden noch ungestört bestand, war es für die Art anscheinend lebensnotwendig, eine solche Geburteneinschränkung zu entwickeln, um den Nahrungstisch nicht für die bereits vorhandenen Artgenossen zu schmälern und damit ihre Existenz in Frage zu stellen – ein notwendiger Weg der Arterhaltung. Aber auch ein Weg, der durch diese Form der Bestandsregulierung bei populationsdezimierenden Umwelteinflüssen wenig Plastizität und damit arterhaltende Reserven enthält, so daß schnell gravierende Folgen auftreten können, wie es das zunehmende Verschwinden des Schreiadlers bei uns in der Vergangenheit belegte. Gesetzlicher Schutz läßt gegenwärtig in der DDR den Bestand gering größer werden. Nach H. Schiemenz lebten 1975 in den nördlichen Bezirken 80 bis 85 Brutpaare. Eine erfreuliche Tendenz, die als Erfolg intensiver naturschützerischer Maßnahmen zu werten ist.

Gleichfalls in Höhe der Baumkronen steht ein alter Horst in einer mächtigen Tanne. Er wird links und rechts von zwei starken Ästen gehalten, die fast senkrecht nach oben streben. Vor Jahren wollten sie die abgebrochene Spitze ersetzen und schufen dadurch ungewollt diese hervorragende Horstunterlage in großer Höhe. Nur gut 50 m von der Feldkante entfernt steht diese alte Weißtanne, eine Seltenheit im Mischwald, und hat damit gerade die richtige Entfernung für einen Greifvogel, der viel auf die Feldflur hinausstreicht. Im vorigen Jahr war der Horst von einem Habichtpaar besetzt, dessen Weibchen zwei Sporttaubenzüchter vom nahen Ort durch ein gutgetarntes Tellereisen in der Horstmulde in schändlicher Weise umbrachten. Als sich das zurückkehrende Weibchen auf den drei grünlichweißen Eiern niederließ, schlugen die stählernen Bügel zu, Muskeln wie Knochen zerschmetterten. Was für ein Frevel!

Jetzt hat ein Bussardpärchen *(Buteo buteo)* die Stätte des alten grauen Habichtweibchens bezogen. In den ersten Tagen des April liegt dann ein Ei im Horst, weiß und schokoladenbraun gefleckt. Im Abstand von zweieinhalb Tagen folgen die nächsten. Vier sind es in diesem Jahr. Auch in dem jahrelang besetzten Horst in mittlerer Höhe der 70jährigen Fichte, etwa ein

Wechselseitige Abhängigkeiten von Tierarten zwischen denen Beute-Räuber-Beziehungen bestehen. Die zeitlichen Verschiebungen der Populationsgipfel zwischen beiden wird durch die Beutetiere bestimmt. Erst wenn diese im reichlichen Maße vorhanden sind, ist die Lebensgrundlage für eine größere Zahl ihrer Feinde gegeben (nach Schwerdtfeger).

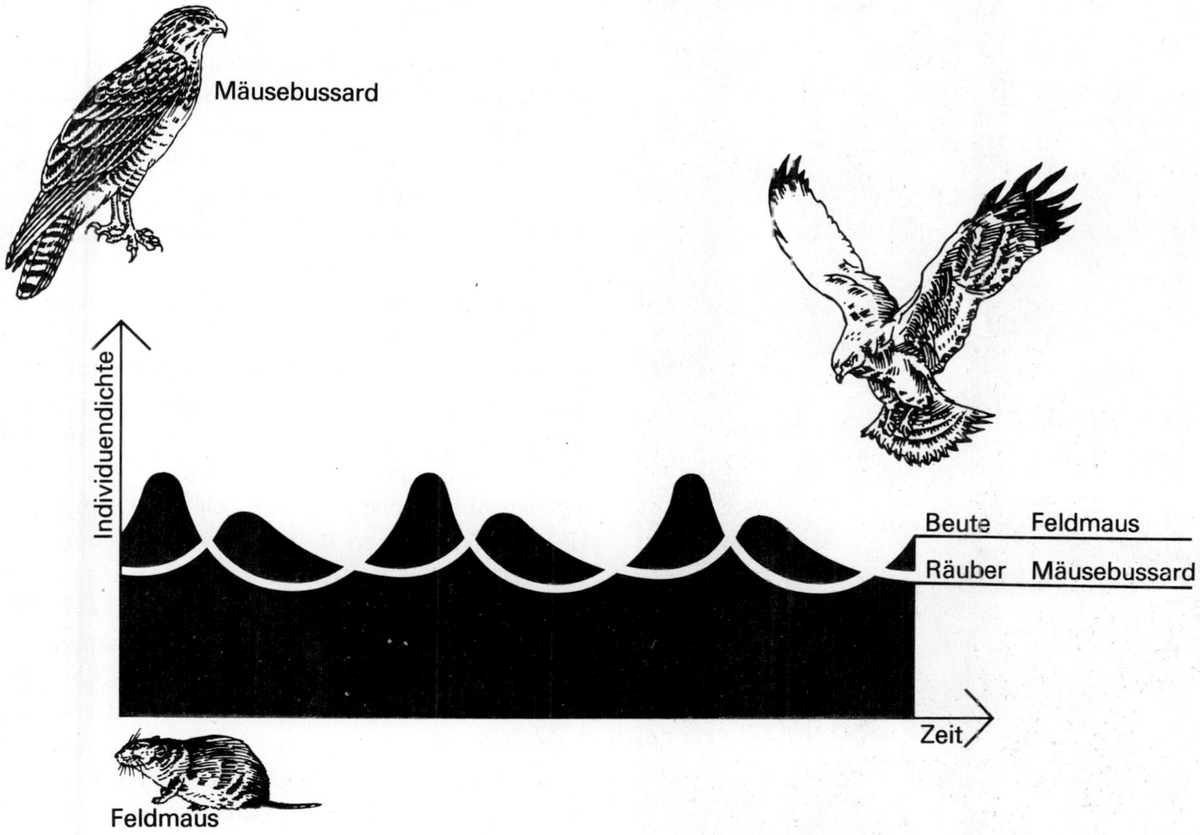

Kilometer entfernt, liegen drei Eier auf grünen Fichtenästchen und auf dem Horstrand eine frische Igelhaut, als Überrest von dem, was das Männchen dem brütenden Weibchen zutrug (Bild). Beide Paare hatten im Jahr zuvor, als die Feldmäuse in spärlicher Zahl auf den Äckern lebten, nur jeweils zwei Eier. Dieses Jahr deutet vieles auf eine starke Feldmausvermehrung hin, und alle Mäusebussarde werden nun stärkere Gelege haben. Der Tisch in Feld und Flur wird reichlich mit braunen Nagern gedeckt sein, von dem sich auch Eulen, Turmfalken und die kleinen Raubsäuger mit größerem Nachwuchs ihren Teil holen werden. Allein schon fünf Junge sind es beim Waldkauzpaar in der abgebrochenen Linde.

Die Abhängigkeit der Gelegestärken vom Nahrungsangebot bei mäusejagenden Greifvögeln und Eulen ist schon einige Zeit bekannt, und es verwundert nicht, wenn nach Gewölleuntersuchungen O. Uttendörfers dieser landwirtschaftliche Schädling 60,6% der Beute ausmacht. Selbst wenn in Jahren geringen Vorkommens an Feldmäusen Gelege des Mäusebussards drei bis vier Eier aufweisen, ist die Quote der unbefruchteten weit größer als in Zeiten einer Mäusemassenvermehrung. Eine hervorragende Regulation, eine glänzende Anpassung innerhalb des komplizierten, vielfach miteinander verzahnten «Räderwerkes» einer Lebensgemeinschaft. Allein schon diese Vermehrungsabhängigkeit des Mäusebussards von der Populationsstärke der Feldmaus beweist klar, wer «sein» Beutetier ist und sollte den Hühner- und Taubenhaltern zu denken geben, die ihm den einen oder anderen Übergriff nachrechnen. Hofgeflügel (in schneereichen Wintern), Rebhuhn, Fasanenküken oder Junghasen in seinen Fängen sind keine Gegen-

Einen ehemaligen Habichthorst in einer hohen Tanne nutzt der Mäusebussard als Nistplatz.

beweise. Sie gehören zu denen, die die Lebensgemeinschaft praktisch schon ausgeschlossen hat, weil sie von Geburt oder Krankheit an mit zu wenig Lebenskraft ausgestattet waren, die für ein Leben im harten Alltag nicht ausreicht. Nur solche Tiere kann er schlagen. Sie müssen ohnehin ausgemerzt, von der Vermehrung ausgeschlossen werden, denn sie bedeuten möglicherweise als Träger und Verbreiter krankhafter Keime eine Gefahr für andere. Der Mäusebussard gehört mit zu denen, die diese Aufgabe im Haushalt der Natur wahrnehmen und so das biologische Gleichgewicht halten. Daß seine Hauptbeute einem der großen Schädlinge des Menschen gilt, sollte ihn um so wertvoller machen und ihn schützen, wie es das Gesetz vorschreibt. Wer einen Mäusebussard tötet, fügt der Volkswirtschaft Schaden zu! Ein Luderplatz unweit des Geflügelauslaufs mit verschiedenen Fleischabfällen lenkt ihn in langanhaltenden Frost- und Schneewintern, wie z. B. 1962/63, mit Sicherheit vom Federvieh ab.

Trotz der vielen Mäuse schlüpfen nur zwei junge Mäusebussarde im Horst auf der alten Tanne. Neben der großen Zahl Mäuse werden Frösche, Eidechsen, Ringelnattern, selbst Kreuzottern, krankes Niederwild, ja sogar Raupen des Frostspanners und mancherlei mehr, was den Altvögeln vor die Fänge kam, als abwechslungsreiche Nahrung den Jungen zugetragen (Bild). In den ersten Wochen, wo sie noch gehudert werden, atzt sie die Alte mit zerrissenen Stückchen verschiedenster Beutetiere. Nach dieser Zeit bleibt das Weibchen immer seltener bei den Heranwachsenden, und zwei bis drei Wochen später legt sie, wie das Männchen, nur noch die Beute im Horst ab. Unterschiedlich häufig kommen die beiden, manchmal treffen sie sogar beutetragend kurz hintereinander bei den Jungen ein, verweilen dann nur kurze Zeit und schwingen sich wieder hinaus in die Flur. Wenige Minuten, aber auch drei bis vier Stunden kann es bis zur Rückkehr dauern, je nachdem, wie ihnen das Jagdglück hold ist. Auch ich konnte, wie M. Melde, beobachten, daß eine herangetragene Blindschleiche sich beim Ablegen vor den fast erwachsenen Jungen noch bewegte, hingegen Eidechsen stets tot im Schnabel der Altvögel hingen, ebenso wie die zahlreichen am Horst abgelegten Mäuse. Die extremitätenlose Beute wird demnach (wie auch Melde schildert) lebend gebracht.

Etwa ab dem 30. Lebenstag beginnen die Jungen ihre Schwingen zu gebrauchen, von Tag zu Tag mehr, intensiver, getrieben von dem Bestreben, immer höher zu springen. Nun sind sie ausgesprochen beutegierig, und selbst den vorüberziehenden Roten Milan lahnen sie als vermeintlichen Futterbringer an. Dabei wird er, dessen Horst knapp 200 m von dem der Bussarde entfernt steht, häufig von ihnen in der Luft hart

In dem obersten Stockwerk des Mischwaldes hat der Wespenbussard seinen Horst. Er gehört zu den Nahrungsspezialisten innerhalb der Lebensgemeinschaft.

attackiert. Er zieht dabei trotz seiner Größe stets den kürzeren. Oft kann er sich nur durch Abkanten retten und nach unten fallenlassen. Allgemein nach 46 Tagen verlassen die Nesthocker für immer den schützenden Horst, haben aber bereits einige Tage vorher mehrere Flugversuche in die Nachbarbäume unternommen. Für einen Jungvogel endete dieser Ausflug ins Leben auf dem laub- und.nadelbedeckten Boden, und erst im Laufe des Tages gelang es ihm nach mehreren Versuchen, die weit feindsichereren Äste zu erreichen. Bettelnd folgen sie nun im Fluge den Alten in den nächsten sieben bis neun Wochen. Spätestens Ende August haben sie die volle Sicherheit und ihre Selbständigkeit erreicht. Dann ist auch die Einhaltung der Reviergrenzen längst erloschen. Schnell vergeht die Zeit bis zum Oktober, wo die ersten Bussarde als Durchzügler hier eintreffen. Sie haben einen entscheidenden Anteil beim Dezimieren unter den massenhaft auftretenden Mäusen, weil sie durch ihre große Zahl während des tage- und wochenlangen Aufenthalts weit mehr als die ansässigen nebst ihren Jungen vertilgen können. Immer mehr durchziehende, sogar überwinternde Greife folgen und finden am mit Mäusen gedeckten Tisch alles zum Leben Notwendige.

Bald aber bringt der klirrende Frost Futtermangel und damit den unerbittlichen Tod unter den Mäusescharen. Ihre Gänge werden mehr und mehr zur frostig-kalten Grabkammer, und unaufhörlich vermindert der eisigkalte Wind, zusammen mit Eis und Schnee, die Feldmausgradation, läßt sie zusammenbrechen. Der Verlust des bis dahin überreichen Nahrungsangebots wird nunmehr auch einige der Greifvögel zum Hungertode verurteilen. Auch von den Mäusebussarden verendet der eine oder andere, der den vielen Mäusen im Frühjahr sein Leben verdankt, da seine Mutter durch das reichlich aufgenommene Mäusefleisch so stimuliert wurde, daß sie das eine für ihn entscheidende Ei mehr legte. So bedingt schließlich die Populationsstärke des einen diejenige des anderen, eine Form – diesmal im umgekehrten Verlauf – der unsichtbaren Gesetzmäßigkeiten einer funktionierenden Lebensgemeinschaft in der Natur.

Wenn bereits die Jungen der übrigen Greifvögel ausgeflogen sind, der Hochsommer der Natur den Stempel aufgedrückt hat, erst dann findet der Wespenbussard *(Pernis apivorus)* die besten Nahrungsvoraussetzungen. Jetzt gibt es Wespen in reicher Zahl und volle Waben, die er besonders in der ersten Zeit der Fütterung benötigt. Geschickt stöbert er die Bruten auf und scharrt sie aus. Ein abweichendes Bild von dem üblichen Verhalten eines Greifvogels. Ein Nahrungsspezialist, der nur selten Hummelbruten, Frösche, Reptilien, Heuschrecken, Käfer, Raupen oder Obst greift und stets die Beute im Schnabel zum kleinen Horst trägt. Er wurde vom Männchen und Weibchen gebaut, und manchmal belegen ihn Krähen als Nachnutzer. Ständig ist er mit grünen Laubzweigen ausgelegt; er steht in den Wipfeln hoher Bäume – also auch in der höchsten Schicht des Waldes – und beherbergt meistens zwei Junge (Bild).

Im September, spätestens in den ersten Tagen des Oktobers, sind die «schlankeren», dem Mäusebussard ähnlichen Flugbilder am Himmel zu sehen. Ein Blick durch das Glas zeigt die schwarze Endbinde des Schwanzes und schwanzwurzelnah nur zwei weitere Binden – es ist der Wespenbussard. Die Vögel sind unterwegs in das tropische und südliche Afrika.

Drei Greifvogelarten, drei Bewohner eines Stockwerkes des Waldes, drei Eroberer des Luftraumes, der verbindenden Schicht zwischen den Etagen des Waldes und den verschiedenen Biotopen. Die mannigfaltigsten Formen des Nahrungserwerbs bildeten sich heraus, kaum einander ähnelnd, geschweige konkurrierend und damit wiederum unterschiedlichste Aufgaben in der großen Lebensgemeinschaft wahrnehmend. Diese wiederum sind abhängig und beeinflußt von den verschiedensten Biotopen, deren Grenzen weder die Greife noch Fuchs und Wild tolerieren. Sie alle sind lebendige Bindeglieder zwischen den Schichten des Waldes und den benachbarten Landschaften. Verbindungen, die trotz ihrer Vielfalt dennoch ein Ganzes bilden, ein fortgesetzt in Bewegung befindliches, aber harmonisches Geschehen mit Gesetzmäßigkeiten, die der Erhaltung und dem Fortbestand allen Lebens gelten.

Das Moor der Unken und Kraniche

Ein Monat der Kälte – der Februar. Aber seine letzten Tage tragen doch schon den Hauch des Märzes. Der grimmige Frost verliert zusehends an Kraft. Das Eis auf dem See hält nur noch den Schilfgürtel gefangen. Auf dem offenen Wasser kündet das Treiben der Enten, Schwäne, Taucher und Bleßhühner vom Vorfrühling. Das schnarrende «Räb-räb» der Stockerpel klingt bereits feuriger, und das öfter zu hörende pfeifende «Fihb» verrät ihren Paarungsdrang. Melodisch, vermischt mit dem seltenen Bellen der Zwergschwäne, klingen die Stimmen der Singschwäne, die nun bald alle nordwärts zurück zu ihren Brutplätzen ziehen werden. Ein Keil schreiender Gänse am frostigen blauen Sonnenhimmel ist unterwegs zum nahen schneefreien Acker. Hell ist das «Ljo ljock» der ruffreudigen Bleßgänse *(Anser albifrons)* zu hören, es klingt ganz anders als das schallende «Kajack» der Saatgänse *(Anser fabalis)* (Bild). Es sind Wintergäste oder schon Durchzügler. Brutvögel des Nordens, die gleichfalls die längste Zeit hier waren. Die stillen Inseln der Flüsse und die wassernahen Sümpfe der baumlosen Tundra der arktischen Sowjetunion locken die kleineren Bleßgänse, während die alten Brutplätze in den Sümpfen und Mooren Skandinaviens und im Norden Sibiriens auf die Saatgänse stärker und stärker werdende Anziehungskraft ausüben.

An der Feldkante brütet der kleine Gelbspötter im wilden Fliederbusch.

Zeitig scheint dieses Jahr der Frühling zu kommen. Im Bogen fallen die Gänse ein. Wenig später fliegen sie wieder auf, steil hoch; bald haben sie sich zum Keil formiert und streben mit schnellen kurzen Flügelschlägen über den Wald dahin. Kein Blick gilt dem kleinen Moor zwischen den Stämmen, das etwa hektargroß im Altholzbestand eingebettet liegt. Ihm fehlen die offenen Wasserflächen und die weiträumige schilfige Uferzone, die Gänse nun einmal lieben, auch wenn sie nur Fremdlinge auf Zeit sind. Ringsum recken gut hundertjährige, glattrindige Buchen ihre blattlosen Äste hoch, ebenso die Eichen und einige Schwarzerlen. Nur die Kiefern tragen ihr dunkel erscheinendes Nadelgrün. Kahl wirkt alles, das belebende frische Grün fehlt. Besonders dem Moor haftet in seiner Öde das Vergangene, das Tote des letzten Jahres an. Hier scheint die Verwesung zu Hause zu sein. Aber gerade sie ist im Hochmoor durch den Mangel an Mineralstoffen, das hochsaure Milieu und den verminderten Sauerstoffgehalt verzögert. Nicht in üblicher Weise wird das einst Lebende in seine elementaren Bausteine zersetzt. Viele Humusstoffe entstehen und färben das Wasser bräunlich, in dem die bei der Zersetzung anfallende Kohlensäure überreichlich enthalten ist. Vor allem fehlen aber die, die sonst hier für Leben sorgen. Neben dem Blühenden, dem Wollgras, Sumpfporst, Heidekraut, Moos- und Krähenbeere, Sonnentau, und dem Grün noch saftführender kleiner Birken vermißt man die Tiere mit ihren Stimmen, die Frösche, Unken, Kraniche, Bekassinen und Knäkenten. Auch Reineke schnürt nur selten auf trittsicheren Pfaden hindurch. Die einen überwintern noch in Erdlöchern auf dem Lande, die anderen befinden sich im warmen Afrika, verspüren schon den Drang des Heimwärtsziehens, und der Rotrock findet, da sie alle noch fehlen, nichts Freßbares. Ein Abstecher lohnt sich also für ihn nicht. Auch das «Glückglückglück» des Grünspechts und sein Trommeln an einer schrägliegenden dürren, vom Wind gebrochenen Kiefer, täuscht nicht darüber hinweg, daß sich hier der Frühling noch nicht ankündigte.

Vier-, fünfmal erklingt das klopfende Stakkato des Spechtschnabels, dann streicht der Grüne ab und überläßt das Moor wieder der ihm eigenen Stille.

Wochen gingen ins Land, nicht mehr lange, dann ist Pfingsten. Die Roßkastanien steckten bereits vor Tagen ihre schmucken weißen Kerzen auf. Voll blühen die Apfelbäume im Rosaweiß, während das Braun in den Kirschbäumen nur noch schwach an die bereits vergangene weiße, üppige Blütenpracht erinnert. Die jungen Waldkäuze haben schon einiges Selbstgejagte gekröpft, während die nesthockenden bedunten Waldohreulen noch vom Altvogel gefüttert werden. Die Ricken setzen ihre Kitze, und die Fuchsfähe fährt abends schon mit den Jungen aus dem Bau. Im wilden Fliederbusch an der Feldkante beginnen die Gelbspötter *(Hypolais icterica)* zu brüten (Bild), und die geschlüpften Bluthänflinge *(Carduelis cannabina)* im gut gepolsterten Nest in der niedrigen Fichte am Waldrand sperren hungrig die Schnäbel. Weithin schallen die abwechslungsreichen Strophen des Spöttermännchens. Hastig schmettert er sie mit weit offenem Schnabel in den Tag, hat dabei die Kopfplatte gesträubt und schüttelt zwischendurch sein Gefieder. Bald jagt er wieder einem Insekt hinterher, holt flatternd hier unter Birkenblättern eine versteckte Raupe hervor und liest dort eine laufende Spinne am Zweig ab. Und immer wieder singt er feurig sein Lied. Das Brummen der Hummeln, das Summen der Mücken, die weißen in der Luft flatternden Schmetterlinge, all das deutet auf des Frühlings hohe Zeit hin. Vorbei ist die anfängliche Zaghaftigkeit, das behutsame Vortasten in den letzten Tagen des Februar, vergessen das Balzen der Stock- und Schellerpel, verklungen das melodische Rufen der nach Skandinavien und in den Norden der Sowjetunion heimwärts gezogenen Schwäne und Gänse. Jetzt klingen die vollen Akkorde, von allen Seiten tönend, in vielfältiger Form, wie sie nur die Natur hervorzubringen vermag.

So wie dieser Tag begann, nimmt noch manch einer seinen Anfang in dem Wonnemonat. Vom zeitigen Morgen bis zum späten Abend, auch in der mondhellen Nacht erwacht neues Leben, in hundertfachen Formen und Farben die Tier- und Pflanzenwelt. Erst später folgen die klaren, sonnigen, auch regnerischen Morgen des ausklingenden Frühjahrs und beginnenden Sommers. Die Morgendämmerung bricht an, läßt die Nacht vergessen. Nebelverhangen ist alles umher. Nur die allernächsten Bäume zeichnen sich schemenhaft im milchigen Grau ab, das infolge seiner Feuchtigkeit gar so unfreundlich wirkt. Die graue Wand läßt uns die Kronen der mächtigen Buchen nicht erkennen, verbirgt alles dem Blick in weiter Runde. Trotzdem verrät manches ans Ohr dringende Geräusch Leben. Lautes Plätschern und Poltern ganz in der Nähe, plötzliche Ruhe und ungestümes Krachen und Brechen, das sich schnell in der Ferne verliert, kündet von vorbeiwechselnden Sauen. Das tiefe «Klong-klong» und wenig später nochmals, entfernter nun, verrät die einst den Germanen heiligen Wotansvögel, die fliegenden Kolkraben. Unweit ist wiederholt das kläglich klingende Miauen eines Mäusebussards zu hören. Leise, anheimelnd flötet eine Amsel aus halber Höhe.

Die zunehmende Helle des Tages und ein leiser Wind, der den Nebel zu sacht wehenden Schwaden werden läßt, nimmt den gespenstischen Eindruck hinweg, läßt die Wirklichkeit mehr und mehr her-

Das Waldmoor.

vortreten, gewährt dem Auge den vollen Anblick der Umgebung. Buchen, Eichen, auch einige schlanke Stämme der Kiefern werden nun deutlich sichtbar, ihre Konturen schärfer. Einige schmale, dunkle Wasserlachen beginnen sich abzuzeichnen, nur durch wenige Seggen vom rotbraunen laubbedeckten Ufer getrennt. Mehr und mehr wird von den nebligen Schleiern freigegeben, auch kurz das eine und andere nochmals verhüllt. Plötzlich, fast schneidend, schmettert es «Grrick-grrick-grrick», begleitet von einem tieferen »Grruhk grruhk« aus dem aufgelockerten Milchgrau. Die wenigen Stimmen umher verstummen, nur leises Blätterrauschen ist zu hören. Nochmal und nochmal trompetet es auf- und abschwellend. Verharrende Stille beherrscht die Szene. Bald aber, zunächst zaghaft, ertönen von da und dort die unterschiedlichsten Stimmen, um schließlich immer mehr und stärker in ein jubelndes Konzert einzufließen.

Die Sonne steigt langsam über den Weidekoppeln hoch. Schnell wird nun alles hell und klar, zeigt sich der Maimorgen in frischen Farben. Das Moor liegt jetzt in voller Schönheit da, anfangs bläulichhell schimmernd, dann in kräftigen Farben leuchtend (Bild). Zart wiegen sich die duftigen Wollgräser im Winde, die von weitem wie Watteflöckchen aussehen (Bild). Abgestorbene, halbhohe Birken unterbrechen gruppenweise, auch einzeln, die weiße Pracht. Eine gewaltige dürre Eiche ragt wie ein Monument über den flechtentragenden, trockenen Bulten und wassergefüllten pflanzenreichen Schlenken. An feuchten Stellen wachsen üppige Torfmoose, zusammen mit mancherlei anderem moorigem Grün und gleichen für das Auge die geringen Größenunterschiede zwischen Bulten und flachen Schlenken aus. Ein schwarzes Wasserloch unterbricht die einförmige Oberfläche kaum. Es als Blänke, also Hochmoorteich, zu bezeichnen, wäre weit übertrieben. Zu klein ist dieses Moor hier am Rande des Waldes, das seine Entstehung dem sauren Boden und nährsalzarmen Grundwasser verdankt. Dürftig ist seine Pflanzenwelt, ähnlich den weitflächigen Hochmooren, die übrigens keineswegs nur in höheren gebirgigen Lagen zu finden sind. Hier unter den Spezialisten dieses armseligen Lebensraumes wachsen hauptsächlich die Torfmoose, neben den dominierenden einzelligen grünen Zieralgen, den alkalimeidenden Wurzelfüßern und Rädertierchen sowie den mineralscheuen Kleinkrebsen. Durch die Besonderheiten des moorigen Bodens werden andere Pflanzen ferngehalten und den hier wachsenden geht es nicht wie beispielsweise der Kiefer, die bestens auf tiefem, etwas säuerlich lehmigem, mit Sand vermischtem Boden gedeiht. Sie, die das Licht zum Leben braucht, unterliegt aber an solchen frohwüchsigen Standorten immer den Bäumen des Schattens. Fichten und Buchen nehmen ihr das Licht, drängen sie heraus auf Böden, wo sie durch ihre Anspruchslosigkeit den von guten Böden abhängigen überlegen ist. Kalkhaltige Steinfluren, sandige Dünen und auch die Hochmoore wehren die Anspruchsvollen ab, wo die Kiefer zwar nicht so gut fortkommt, aber noch genügend zum Leben findet. Licht und Luftbewegung. Temperaturen und Feuchtigkeit als klimatische Faktoren und der Boden in seiner vielfältigen Zusammensetzung zeigen mannigfaltige Wechselbeziehungen zu allen Lebewesen, die aber wiederum in vielerlei Abhängigkeiten zueinander stehen. Vor solchen Leben oder Untergang

Blühendes Wollgras.

bedeutenden «Rangeleien» auf altangestammten Böden, sind die hier Grünenden gefeit. Nicht umsonst haben sie sich hochgradig spezialisieren müssen, um in den Mooren für immer Fuß fassen zu können. Sie alle haben sich in ihrer Entwicklung diesem Biotop so angepaßt, daß sie vorzüglich Wasser zu speichern vermögen. «Wasserpflanzen der Luft» werden sie von den Experten zu Recht bezeichnet. Diese Wasserspeicherung mag mancherorts zur weiteren Versumpfung beigetragen haben, bei unserem Moor aber nur wenig. Es besteht schon seit Jahrhunderten in fast unveränderter Größe. Die begrenzenden Buchen, Eichen und Kiefern haben aus ihrer Mitte nur vereinzelt den einen oder anderen Baum dem moorigen Lebensraum überlassen müssen, wie die abgestorbene alte Eiche, der Jahr für Jahr der Sturm nun einige Äste raubt. Die übrigen Bäume in der Runde stehen alle auf einem wachstumfördernden Boden, der nichts mit diesem moorigen Relikt der letzten Eiszeit zu tun hat und nicht in diesen Biotop einbezogen wurde, den die letzten Gletscher vor 20000 Jahren in Mitteleuropa entstehen ließen. Diese holozäne, in ihrem erdgeschichtlichen Alter unbedeutende Zeit, aber eine für uns zeitlich schwer überschaubare Epoche, läßt sich an den Mooren wie aus einem nacheiszeitlichen biologischen Geschichtsbuch nacherleben.

Die Pollen in den verschiedenen Schichten sind die Zeilen, bilden die einzelnen Kapitel. So erzählen sie uns, daß der moos-, stauden- und flechtenreichen Tundra zögernd Birken und gleichermaßen Kiefern folgten, anfangs in lockeren Gruppen, dann in dichterer Zahl. Mit dem besseren Klima setzte sich die Waldsteppe durch. Die Eichen, Linden, Ulmen, aber auch die Haselnüsse machten sich breit, fanden die zum Leben erforderlichen Voraussetzungen. Erst später konnten sich Buchen und Fichten ansiedeln. Auch das erneute kühlere Klima durch das vordringende Meer bis zu den heutigen Grenzen vor etwa 7000 Jahren änderte nichts Grundlegendes mehr. Der Mensch folgte der neuen Vegetation, nahm Einfluß auf sie, in dem letzten Jahrhundert mehr denn je. Seine gewachsene Intelligenz befähigte ihn, die Geheimnisse der physikalisch-chemisch-biologischen Zusammenhänge zu erkennen, um sie für seine Bedürfnisse zu nutzen, oft durch hochtechnisierte Mittel. Leider geschah dies nicht selten auch auf Kosten der Pflanzen- und Tierwelt, die sich in Jahrmillionen einen lebensgemeinschaftlichen Platz geschaffen hatte, von manchen seiner Glieder schwer erkämpft und nicht leicht behauptet. Auch den eiszeitlichen moorigen Überbleibseln rückte der Mensch in seinem Drang nach Urbarmachung zu Leibe, und einige Ackerböden wurden so durch Entwässerung, Düngung und Bodenaufarbeitung zur krümligen Struktur gewonnen und berichten von fortschreitender Zivilisation. Gegen manche Moore ging der Mensch aber vergebens an, unterlag ihnen letztlich und verlor in dem gegenseitigen Ringen über Jahre im echten Sinne des Wortes mehr und mehr an Boden.

Andere Hochmoore blieben von seinem Interesse durch ihre ungünstige Lage und die geringe Fläche verschont. So auch dieses hektargroße Moor inmitten des hochstämmigen Waldes, wo das laute Trompeten die Luft zerriß und bis zum nahen Dorfe schallte und von der Anwesenheit seines größten Bewohners kündet, dem Kranich.

Gleißend fällt das Sonnenlicht auf das Moor. Da steht er inmitten der bräunlichen Seggen, der große graubraune Vogel, der Trompeter des Morgens. Wie Samt mutet das Schwarzbraun des schlanken Halses an, und blitzsauber leuchtet das Weiß am Kopf, kontrastreich zum tiefen Blutrot des Scheitels. Nichts lassen die Seggen von den langen, dünnen, überaus kräftigen Ständern erkennen (Bild). Dort am Rande des Moores, wo sich unregelmäßig, aber dicht beieinander in einer Schlenke die giftigen Sumpfcalla *(Calla palustris)* drängen, von denen nur einzelne schon die kurzwalzigen Blütenkolben mit dem weißen inneren Hüllblatt geschoben haben, sitzt das brütende Weibchen, der zweite Mitwirkende des morgendlichen Trompetenduetts. Beide Vögel trompeten bei der Ablösung am Nest, die fast jeden Morgen erfolgt.[1] Gelb leuchtet das breite, etwa einen Meter messende und gut 20 cm hohe Nest aus trockenem Gras, auf den Wurzelstöcken der Sumpfcalla gebaut, schwer zugänglich vom nächstgelegenen Moorrand. Das steile, vielleicht 4 m abfallende Ufer schützt bestens vor unbefugten Schritten. Und von den anderen

1 Die Kranichaufnahmen wurden durch Sondergenehmigung und Unterstützung der Wojewodschaft Olsztyn der VR Polen ermöglicht. Dafür herzlichen Dank.

Kranich am Rande des Moores.

Richtungen bewahrt gleichfalls das Moor mit seinem schwankenden, tückischen «Boden» vor Feinden. Selbst sie, die größten Vögel des Moores, haben ihre unsichtbaren «Trittpfade» in bekanntem Gelände. Manchmal ragen sie beim Laufen höher heraus, wenn sie die etwa einhalb Quadratmeter großen trockeneren und damit festeren Bulten «ersteigen». Dann geht es wieder abwärts, wo sie die Pflanzenwelt der Schlenken vor allzu tiefem Einsinken bewahrt. Und kommt gar ein schwarzes Wasserloch, so wird es schwimmend überquert. Mag dadurch das Moor für größere Vierbeiner und vor allem für den Menschen so abweisend, unnahbar sein, für die Kraniche ist es eine herrliche Brutstätte. Sie lieben diese Landschaft. Wenn sie auch nur kleinflächig ist, so bedeutet sie heutzutage allein schon durch ihre größten Bewohner ein echtes Refugium. Nötiger denn je brauchen sie solche, denn sie sind hochgefährdete Mitteleuropäer unserer Zeit, vom Aussterben bedroht. Strenge gesetzliche Bestimmungen schützen ihre Brutreviere, Sammel- und Rastplätze. Sie bewahren den Bestand vor weiterem raschen Rückgang. Menschliche Verfolgungen, das Schwinden der Brutreviere, der Luche, Waldsümpfe, Moore und verlandeten Seen durch Entwässerungen und weiträumiges Sinken des Grundwasserspiegels nahmen vielen von ihnen die Lebensgrundlage. Auch nicht beabsichtigte Störungen an den noch verbliebenen Brutplätzen trugen zum schnellen Rückgang der gut metergroßen Vögel bei, die in den letzten Jahrzehnten zum lebenden Naturdenkmal wurden.

Wahrlich, wie ein Denkmal steht das alte Männchen im erwachenden Moor, bewegungslos auf diesem Fleck urwüchsiger Erde. Plötzlich macht es einige Schritte, verharrt, ein gedämpftes «Grrk grrk» dringt herüber zum brütenden Weibchen, das sofort sichernd den Kopf hoch aufrichtet. Zwei Nebelkrähen sind auf der dürren Eiche eingefallen, wenig entfernt vom Nest. Sie streichen aber gleich wieder ab. Nochmals wird eine kleine Strecke zögernd auf dem moorigen Boden zurückgelegt, dann schwingt sich der große Vogel in die Lüfte und mit vorgestrecktem Hals fliegt er über den Wald zur Weide, ins Nahrungsrevier, das hier bei der Lage der Niststätte natürlich nicht an diese angrenzt. Heuschrecken, Käfer, Raupen, Libellen, Engerlinge, alles was eine Wiese an größeren Kerbtieren zu bieten hat, wird dann einverleibt. Auch manchen Frosch und vor allem Mäuse packt sich der gelbgrüne Schnabel.

Mit nach unten gesenktem Kopf auf dem etwas gebogenen Hals brütet der andere Partner weiter. Er nimmt keine Notiz von der zierlichen schwarz-weißgrauen Bachstelze *(Motacilla alba)*, die wenige Nestlängen entfernt nach langbogigem Flug auf einem schräg aus dem Grün ragenden Birkenknüppel landet. Federnd wippt der lange Schwanz. Der kerbtiergefüllte Schnabel verrät die fütternde Absicht der emsigen Insektenfängerin, die trippelnd zwischen den Halmen hier eine Spinne greift und dort nach kurzem Aufflug diese und jene schwirrende oder brummende Fliege schnappt. Unter den Wurzeln einer vom Winde nicht ganz umgeworfenen Fichte an der Westseite des Moors bauten in dunkler Höhlung vor knapp vier Wochen Bachstelzen aus Halmen, Reisern und Würzelchen das Nest. Innen polsterten sie es fein mit Federn und Haaren aus. Aus den fünf bläulichweißen, zahlreich dunkel gepunkteten Eiern schlüpften vier Junge, die nun bald ausfliegen werden. Die fleißig herbeigetragene tierische Kost läßt sie zusehends wachsen, hält die Alten aber auch ständig auf der Suche nach Kerfen in Bewegung. Genügend gibt es hier, wo feuchter Boden, Wasserlachen und niedrige Pflanzenwelt gute Lebens- und Vermehrungsbedingungen aufweisen, obgleich sie bei weitem nicht an die des nahen Sees mit seinen breitverschilften Ufern heranreichen. Um diese frühe Stunde kommt alle 10 Minuten einer der Vögel schwanzwippend zur hungrigen Schar unter dem erdigen Wurzelballen, des öfteren treffen auch beide gleichzeitig mit gefüllten Schnäbeln ein. Dann wartet einer die kurze Zeit der Fütterung auf dem doppeltfaustgroßen runden Granit, eine gute Armlänge entfernt vom kurzen, breiten «Gang» zum Nest, bis sein Partner wieder trippelnd zum Vorschein kommt und abfliegt.

Laut und lauter werden die glockenartigen Rufe der Rotbauchunken *(Bombina bombina)*, die schon vor einiger Zeit die geselligen Winterquartiere auf dem Lande verlassen haben. Sie leben seither fast ausschließlich im Wasser. Nur der Kopf schaut heraus, durch seine Farbe vorzüglich für alles in der Umgebung getarnt, auch für die schwirrenden Insekten, die ihnen arglos vor dem Maul tanzen oder vorüberfliegen und mit einem Haps auf der scheibenförmigen Zunge landen. Ganz im Gegensatz zu den Fröschen ist die Zunge auch noch am Boden der Mundhöhle angewachsen und kann beim Insektenfang nicht herausgeklappt werden. Aber das Beutemachen klappt auch so gut. Unken bedeuten für die hier schwirrenden Völkerschaften der Insekten ein natürliches Regulativ von nicht unbedeutender Größe. Stundenlang sitzen sie im ungestörten Wasser und fallen dem scharf suchenden Auge nur durch das in Abständen auf- und zuklappende Maul auf. Ein tiefes Läuten, weit und voll, erfüllt nun die Luft, fast dröhnend, mal auf- und abschwellend, oft lange Zeit auch gleichbleibend. Nichts ist jetzt von der roten, manchmal orangegelblichen Unterseite zu sehen. Das Tiefland im mittleren und östlichen Europa mit seinen Seen, Sümpfen, Mooren und modrigen Tümpeln ist ihre Heimat. Diese Froschlurche, die durch ihr Äußeres an Kröten erinnern, haben in dem kleinen Waldmoor ein prächtiges

Charakteristische Bewohner des Moores sind die Rotbauchunken. Volltönend klingen ihre Rufe.

Domizil. Sie finden, wie alle hier nahrungsuchenden Tiere, ob Bachstelzen, Blaumeisen, Bekassinen, Frösche, Ringelnattern, Libellen, Mücken, z. T. auch Sauen und Füchse, ihre Existenzgrundlage letztlich in der Pflanzenwelt. Mag sie im Moor durch die Spezialisierung an Boden, Feuchtigkeit und Standortklima in der artlichen Zusammensetzung auch nicht vielfältig sein, so bietet sie doch den genannten und vielen anderen Tieren vollständig oder teilweise die Voraussetzungen zum Leben. Seltener können hier die Pflanzen mit ihren Blättern und Blüten, Knospen und Zweigen, Früchten und Wurzeln, mit Rinde und Holz den höheren Säugern sofort als Nahrung dienen. Es gibt diese Pflanzen in zu geringer Zahl, so daß wir das davon abhängige Reh-, Rot-, Dam- und Muffelwild vermissen. Nahrungsketten sind oft zwischengeschaltet, kürzere und längere, ähnlich wie wir es beim See erfahren haben. Letztlich beginnen sie für die Landbewohner immer bei den Pflanzen. Aber das Moor dient nicht nur mit seinen grünen Pflanzen den Tieren als Nahrung, sondern liefert mit seinen trockenen Halmen den Kranichen wie auch den Bachstelzen, Bekassinen und anderen das Material zum Nestbau. Es bietet den Nestflüchtern in der seggigen und moorigen Welt den Schutz vor Feinden, den auch dem Jugendalter entwachsene Arten brauchen. Unabhängig von der Vegetation bietet das Moor durch seine besondere Struktur vielen Sicherheit, allein wenn man nur an die zahlreichen Unken und das Paar der Kraniche denkt. Und wohltuend empfinden es die Schweine und Hirsche, wenn sie die morastige Suhle aufgesucht haben und nun für Stunden von der rastlosen Tätigkeit der Hautparasiten verschont bleiben. Andererseits sind auch viele Pflanzen von den Tieren abhängig. Abgesehen von der blütenbestäubenden Tätigkeit der Insekten, und diese finden wir bei der überwiegenden Zahl der Blühenden in unseren Breiten, sind manche Pflanzen bei der Verbreitung ihrer Samen auf Tiere angewiesen. Zu diesen gehört auch die Sumpfcalla, auch Sumpfschlangenwurz *(Calla palustris)* genannt, die durch ihren keineswegs angenehmen Geruch vorwiegend die Aasfliegen anlockt und durch deren Herumkrabbeln auf den zwittrigen Blüten bestäubt wird (Bild). Verschiedenste Käfer

Die Sumpfcalla lockt mit ihrem keineswegs angenehmen Geruch vorwiegend Aasfliegen an. Durch ihr Laufen auf den zwittrigen Blüten bestäuben sie diese.

Typische Pflanzen des Moores sind die Moosbeeren.

und selbst kriechende Schnecken gehören ebenfalls zum Kreis der pollenbewegenden Kleintiere. Im Herbst verbreiten dann die Vögel die roten Beeren, und viele der ins Wasser gefallenen nehmen diesen gleichfalls von Zufälligkeiten nicht minder abhängigen Weg zur Ansiedlung. Nicht anders geht es bei der Verbreitung der erbsgroßen schwarzen Beere, der Schwarzen Krähenbeere *(Empetrum nigrum)*, zu, diesem immergrünen, 20 cm Höhe erreichenden Zwergstrauch. Unauffällig blühen in der Zeit, wo die Kraniche im Moor leben, die roten kleinen Blüten in den nadelähnlichen Ästen.

Ein anderer Zwergstrauch, die Moosbeere *(Vaccinium oxycoccus)*, der durch seine aufrechtstehende hellpurpurnen Blüten so reizend aussieht, verdankt sein vereinzeltes Vorkommen in dem kleinen Waldmoor den gleichen biotopeigenen Wechselbeziehungen. Dieser Strauch fällt durch seine kriechenden dünnen Stengel zwischen dem Torfmoos gar nicht auf. Erst die zarten Blüten machen den genauer Hinschauenden auf ihn aufmerksam. Nickend stehen sie auf langen Stielen an den Spitzen der überwiegend vom Grün des Mooses bedeckten Äste (Bild). Wenn man sie so blühen sieht, hält man die oft bis zur Dreiergruppe zusammenstehenden Blüten für einzelne Pflänzchen und glaubt nicht, daß sie einem bis 80 cm langen Zwergstrauch angehören. Sie tragen gleichfalls zur «Blütenpracht» des Moores bei, die freilich voll im Zeichen des Wollgrases und des Sumpfporstes steht (Bild). Die Moosbeere beginnt aber etwas später ihre Blütenknospen zu öffnen als die Krähenbeere und blüht bis in den August hinein. Also zu einer Zeit, da die Kraniche das Moor für dieses Jahr bereits verlassen haben.

Eine geschützte Pflanze aus dem charakteristischen Formenkreis eurasischer Moore der Nadelwälder und Tundren, dort wo die Bleß- und Saatgänse vor Wochen hinzogen, wächst noch weit versteckter im Torfmoos als Krähen- und Moosbeere; der Rundblättrige Sonnentau *(Drosera rotundifolia)*, eine der drei in Europa vorkommenden Sonnentauarten, führt hier sein unauffälliges, hochinteressantes Leben. Er hat heuer noch nicht die spärlich blütentragenden, ährenförmigen Stengel geschoben. Erst Mitte des Jahres ist es soweit. In ganz anderer Weise als die genannten neben ihm wachsenden Pflanzen benötigt er Tiere zum

Im Vergleich zu anderen Moorpflanzen fallen die Blüten des Sumpfporstes durch ihre Größe auf.

Der Rundblättrige Sonnentau ist eine geschützte Pflanze aus dem Formenkreis eurasischer Moore.

Leben. Ihr Eiweiß braucht er. Das Moor bietet ihm wohl zu wenig Stickstoff. Als er vor langer Zeit in diesen Lebensraum vordrang, entwickelten sich bei ihm breitflächige Blattorgane an kräftigen Stielen, die mit zahlreichen gestielten Drüsen ausgestattet sind. Oben auf den Tentakeln sitzt der tröpfchenförmige, zähe Schleim. Ein todbringender Klebstoff für kleine, sich arglos niederlassende Insekten. Er läßt sie nicht mehr los. Die Tentakel, die nunmehr verschiedene eiweißspaltende Enzyme absondern, richten sich auf das Opfer hin. Dabei können sich die randständigen nur nach innen neigen, während die auf der Blattfläche stehenden sich nach allen Seiten biegen. Man kann es kaum glauben, aber die Wissenschaft hat es erforscht: Die benachbarten Tentakel, die keine Berührung mit dem gefangenen Tier haben, führen die zielgerichteten Bewegungen nur dann aus, wenn es Eiweiß enthält. Sie nehmen keine Notiz von allem, was als Zusatznahrung nicht in Betracht kommt. Nur keine unnütze Bewegung, denn auch diese entsteht nicht auf alltägliche Weise. Durch einsetzendes starkes Wachstum auf der erhabenen Seite der Tentakel bewegen sie sich auf die Beute zu. Ist über diese kleinen Drüsenhaare das begehrte Eiweiß der Pflanze zugeflossen, das Insekt also «verdaut», dann erhalten die Tentakel ihre fangbereite Ausgangsposition wiederum durch Wachstumsvorgänge. Dieses Mal laufen sie auf der anderen Seite ab, so lange, bis keine Niveauunterschiede mehr bestehen. Phantastisch anmutende Hilfsmittel entwickelten Pflanzen und Tiere, um Lebensstätten zu nutzen. Mögen diese von ihren Voraussetzungen auch nicht die besten sein, ärmlich oder gar karg, wie die tags heißen und nachts kalten Wüsten oder die eisigen Polregionen. Die Lebewesen stießen selbst in diese extremen Umweltlücken vor.

Die weiten Flächen des Torfmooses unterbrechen da und dort die Rasen des Moorbürstenmooses *(Polytrichum commune)* mit den aufrechten, gelbroten Sporenkapseln, von denen sich die älteren schon geneigt haben. Zwischen den langen kapseltragenden Stielen auf einer ufernahen Bulte hat mit weitem Sprung ein Moorfrosch *(Rana arvalis)* aufgesetzt (Bild). Ein seltenes Bild, am hellen Tage ein altes Männchen zu sehen. Nachts sind sie aktiv, die Alten, an den Rändern des Moores und auf den Bulten. Tagsüber begegnet man sonst nur den Jungen. Tief und glucksend sind die Rufe der Moorfrösche. Am Morgen war ihr «Ueg-ueg-ueg» noch deutlicher aus dem Unkenkonzert herauszuhören, das nun aber akustisch alles hier beherrscht. Mit einem weiten Sprung, wie er jedem Teichfrosch zur Ehre gereicht, verschwindet das schlanke Männchen in der nächsten Schlenke. Seine prächtigste Zeit war vor etwa acht Wochen, als die inneren Schallblasen voll gefordert wurden und die speziellen, mit Lymphe gefüllten Hohlräume unter der Haut ihn himmelblau färbten. Die Zeit der Paarung machte ihn zu einem der schönsten unter seinesgleichen und ließ ihn auch am Tage aktiv werden. Aber Ende April war diese aufregende Zeit vorbei. Die Weibchen haben ihren Laichballen abgesetzt, manche auch zwei, und nicht wenige von ihnen übergaben dem Wasser 2 000 Eier zur Entwicklung. Anders als bei den ständigen Rufern des Moores, den Rotbauchunken, die sich das ganze Jahr über paaren und am stärksten laichen, wenn die Kraniche brüten.

Durch das Wasserplatschen des Moorfrosches ist ein nur handbreit entfernt, versteckt unter Halmen brütender Vogel aufgestanden, gut drosselgroß mit langem Schnabel: die Bekassine *(Gallinago gallinago)*. Unsere wohl häufigste Schnepfe im mittleren und nördlichen Europa hat auch in diesem Waldmoor unter den trockenen, hängenden Gräsern den zu-

Moorfrosch im Moorbürstenmoos.

Auch das Moor gehört zum Brutraum der Bekassine.

sagenden Platz für ihr Gelege gefunden. Viele Möglichkeiten boten sich hier am Rande des Moores an, und die Wahl fiel nicht leicht; im wellenförmigen Auf- und Abfliegen wurde das Revier umkreist. Bei den Abstürzen war damals das charakteristische Meckern der «Himmelsziege» zu hören – ein volkstümlicher Name, der auf ihre wubbernden, meckernden Töne hinweist. Nicht das Stimmorgan, sondern die gespreizten Schwanzaußenfedern erzeugen diese Geräusche.

Argwöhnisch läuft sie wenige Schritte zwischen den Grasstrengeln entlang (Bild). Da liegen sie nun, die vier olivbraunen Eier mit den unregelmäßigen braunen Flecken, die spitzen Pole in der Mitte zueinander gerichtet. Optisch sind sie in ihrem dürftigen Nest durch das überhängende Gras vorzüglich geschützt. Niedergedrückte und einige herangeholte Halme in einer flachen Mulde – das ist das ganze Nest; für Nestflüchter ausreichend und auch für die knapp 20tägige Brutzeit haltbar genug. Stark ist der Bruttrieb des Weibchens. Gleich kehrt es zurück zu dem warmen Gelege. Noch drei Tage, dann schlüpfen die vier neuen Erdenbewohner und verlassen wenig später im nun trockenen Dunenkleid mit beiden Alten für immer den sicheren Horst. Hinaus ins Moor geht es, dort wo jetzt das mannigfaltig pulsierende Leben ihnen bei der Nahrungssuche gegenübertritt und das für sie Erforderliche an Käfern, Fliegen, Mücken und vielerlei Gewürm neben dem einen und anderen zarten Pflanzenteil bereithält. Genügend wird hier von all dem gefunden und verspeist, findet seinen Niederschlag im kräftigen Wachstum der Kleinen. Drei Wochen später fliegen sie schon verhältnismäßig gut. Zwei von ihnen fehlen aber. Eines holte der schnürende Fuchs, als es sich unter dem Sumpfporststrauch, wenig entfernt vom Nest, drückte, und das andere ertrank gleich am zweiten Tage, als es in eine Schlenke abrutschte und sich zwischen den Sumpfcallas verhedderte. Aber den beiden verbliebenen

Jungen bringt die von Tag zu Tag bessere Flugfähigkeit auch zunehmende Sicherheit vor Feinden. Sie werden im Herbst den Weg ins mittlere, warme Afrika antreten, um dann im kommenden Jahr, im März, vielleicht auch erst im April, wieder in Europa einzutreffen. Bis dahin ist noch lange Zeit. Vorweggenommen sind bereits durch diese Schilderung die Geschehnisse, wie sie ein Chronist der Natur im jährlichen Ablauf über die Bekassinen innerhalb der Lebensgemeinschaft dieses kleinen Moores im Nordosten Europas aufzeichnen müßte.

Das «Geläut» der Unken und der zurückkehrende Kranich lassen den Maimorgen in all seiner Schönheit wieder gegenwärtig werden. Am Rande des Moores steht eine alte Kiefer. Ihre Wurzeln wuchsen größtenteils in dem Moorboden, und nur ein kleiner Teil drang in das «feste» Land ein. Aber nicht dadurch fällt sie auf, denn ihre Anspruchslosigkeit erlaubt ein solches Leben im Grenzbereich von Moor- und Waldboden – das büschelförmige Wachstum an einigen ihrer Äste unterscheidet sie von den anderen Kiefern. «Hexenbesen» sagen die Leute vom nahen Dorf, wenn sie wirklich mal in diesen entlegenen Winkel kommen, der ihnen durch das Moor immer etwas unheimlich vorkommt. Aber alles hat seine biologische Erklärung, auch diese «Hexenbesen», die durch eine enge zwischenartliche Beziehung von Baum und Pilzen entstehen. Dieser Art gibt es viele. Auch das zu magere Damtier *(Dama dama)*, das äsend an dem niedrigen Fichtenanflug auf festem Boden an der Ostseite des Moores steht, bietet Parasiten Nahrung und Lebensstätte (Bild). Es muß an zahlreiche Schmarotzer, Nematoden im Darm, mehr «abführen», als ihm gut tut, wie die Magerkeit erkennen läßt. Parasiten ähneln der schon mehrfach geschilderten Räuber-Beute-Situation in einer Lebensgemeinschaft. Sie zeigen aber ganz andere Wesenszüge. Ihre Opfer töten sie nicht, da sie gleichzeitig der Mikrobiotop sind, in dem sie leben. Ihr Nahrungsborn muß als ständig anzuzapfende Quelle für das Fortbestehen des eigenen Lebens erhalten bleiben. So wie diese Darmnematoden haben viele Wildparasiten in den Reihen des Rot-, Dam- und Rehwildes ihren Wirt. Auch diese Parasiten des Damtieres hatten es nicht leicht, ein für sie gelungenes Wirt-Parasiten-System aufzubauen. Mehrere Phasen galt es zu erreichen und verschiedenste Schwierigkeiten zu bewältigen. Um im schwachen Stück vor dem Fichtenanflug seßhaft zu werden, galt es, die anfänglichen mechanischen Abwehrreaktionen zu überstehen und sich danach den besonderen Umweltbedingungen im Wirtskörper, also den neuen physikalisch-chemischen Gegebenheiten, anzupassen. War dies gelungen, dann mußte die Ernährung gesichert werden, und die fortan auf chemischer Basis geführte Abwehr des in dieser Weise reagierenden Geschädigten bedeutete eine ständige Gefahr. Als letztes in diesen Lebensphasen eines Schmarotzers wird dann an die Fortpflanzung gedacht, eine Zeit, in der dem Wirt noch mehr an Nährstoffen entzogen werden muß, was ihn weiter schwächt. Alles andere läuft nun ohne Zutun des Parasiten außerhalb des eigenen schwerbehaupteten «Lebensraumes Damtier» ab. Die Außenwelt bildet als Zwischenstation für die Verbreitung der Art eine neue, ganz andere Umwelt, bis zur Aufnahme durch ein Stück Rot- oder Damwild, einen Hirsch oder Schaufler, wo dann erneut dieses gegenseitige Ringen beginnt. Obgleich auf den ersten Blick widersinnig, tragen auch diese schmarotzenden Fadenwürmer zum Gleichgewicht innerhalb einer Lebensgemeinschaft bei. Bei einem für die Biozönose unzuträglich hohem Wildbestand merzen sie das Schwache und Kranke aus. Es erliegt dem ständigen Nährstoffverlust. Nur in solchen Zeiten sind sie «gefährlich», wie der Mensch sagt, eigentlich aber «nützlich», denn sie treffen eine natürliche Auslese, lassen nur das Starke und Widerstandsfähige weiterbestehen und sich fortpflanzen.

Parasiten, ob sie nun von den pflanzlichen oder tierischen Säften anderer leben und Symbionten, wo beide Nutznießer sind, wie es 40 bis 70% aller Pilze des Waldes mit den Bäumen praktizieren, sie alle zeigen lebensgemeinschaftliche Abhängigkeiten im Kleinen. Alle sind Mitglieder einer großen, sich entwickelten Biozönose mit vielerlei Verflechtungen.

Unweit der Altkiefer mit den Hexenbesen fällt der Kranich ein. Wieder hallt das Schmettern über das Moor. Gleich nach der Landung hat es der Rückkehrer ausgestoßen. Er verkündet dem Weibchen seine Ankunft. Hechelnd, ungeschützt der höher und höher steigenden Sonne ausgesetzt, brütet es nun Stunde um Stunde. Erst am späten Nachmittag werden die näher kriechenden Schatten der Waldkante es erreichen und

Äsendes Damtier am Moorrand.

Auf dem Rückweg zum Nest trinkt das Kranichweibchen noch zwei Schlucke.

Wenig später steht der große Vogel auf dem Nest.

Das Kranich-Weibchen rollt die Eier. Schrittchen für Schrittchen bewegt sich dabei der Vogel um das Gelege.

ihm Kühlung bringen. Zielstrebig nähert sich der große Vogel dem Nest und bezieht etwa 20 m entfernt, wie alle Tage vorher, seinen Ruheplatz. Ausgiebig wird nun das Gefieder geputzt, Rücken, Schwingen, Bauch und Brust, Feder um Feder, nochmals und nochmals. Endlich scheint er mit seinem Werk zufrieden zu sein und beginnt zu dösen. Trotzdem bleibt der Kopf hoch erhoben. Nur der Hals schaut aus den gelbbraunen Seggen heraus. Schwer ist der Vogel zu entdecken. Bei jedem noch so kleinen ungewohnten Geräusch ist seine Wachsamkeit wieder voll da. Lange bleibt er mißtrauisch, beginnt sogar, wie zum Schein, das Gefieder zu putzen. Zwei-, dreimal, selten mehr, stochert der Schnabel in die Rückenfedern, dann wird der Kopf wieder aufgeworfen, und spähend blicken die roten Augen in die Runde. Wieder wird so lässig geputzt, auch nur zwei-, dreimal, diesmal das Brustgefieder, dann das gleiche Aufwerfen und Sichern mit wenigen kurzen Kopfbewegungen. Zögernd werden einige Schritte getan, dann läuft erneut das scheinbare Putzen ab. Minuten über Minuten das gleiche Zeremoniell, selbst nach einer halben Stunde noch. Mit dem näherkommenden Prasseln und den folgenden raschelnden Laubgeräuschen im trabenden Takt klärt sich alles. Ein einzelnes Schwein kommt daher, von ihm schon lange bemerkt, als es dem Moor noch fern war und an einem alten Stubben mit dem Rüssel nach fetten Kerfen wühlte. Dicht neben der Suhle, aus der in früher nebliger Stunde die Rotte zum Walde aufgebrochen war, bleibt es stehen. Windend geht der Rüssel hoch, und trabend zieht es in die gleiche Richtung, wo die Fährten der Artgenossen vom Morgen verschwinden. Auch die Brütende auf dem Nest ist unruhig geworden, alles Hecheln hat sie vergessen; es bedurfte nicht erst des warnenden «Grrrk grrrk» des wachsamen Partners. Der Neststandort ist in diesem Jahr aber sicher gewählt, denn der gut 4 m tiefe abschüssige Graben am festen Ufer ist ein vorzüglicher Wildschweinschutz, und noch einige dazwischenliegende Schlenken bieten zusätzliche Sicherheit vor Wildschweinrüsseln, die Kranicheier keinesfalls verschmähen würden. Verschwunden ist das schwarze Borstentier, ruhig sind wieder die großen Vögel des Moores, das ihnen Schutz bietet.

Nach dem Sichern werden einige Rohrstengel am äußeren Nestrand geordnet.

Das Kranichweibchen setzt sich auf das Gelege.

Langsam sinkt der Schnabel des brütenden Vogels auf den Hals und für Sekunden wird gedöst.

Kurz sichert das brütende Weibchen und gähnt. Minuten später döst es bereits wieder.

Gefiederpflege. Dabei werden auch mit der langen Mittelzehe die Federn am Schnabelansatz kratzend gepflegt.

Langsam steht das Weibchen auf und schreitet gemächlich in den nahe gelegenen Bulten umher. Der futtersuchende Schnabel holt fast bei jedem Zugriff etwas aus dem Wasser. Nach kurzer Zeit geht es wieder langsam zum Nest zurück. Noch zwei Schlucke werden getrunken. An dem Schnabel perlen die glitzernden Wassertropfen ab (Bild). Wenig später steht das Weibchen auf dem Nest (Bild). Bedächtig schiebt der Schnabel auf dem äußeren Rand der Nestplattform einige Rohrstengel zurecht (Bild). Anschließend werden behutsam die beiden auseinanderliegenden Eier mit dem Schnabel gerollt. Schrittchen für Schrittchen bewegt sich dabei der große Vogel um das Gelege. Endlich läßt er sich auf ihm nieder. Grotesk sieht es aus, wie der Kranich dabei mit seinen anatomischen Gegebenheiten, den langen, dünnen Beinen und dem großen massigen Körper, fertig wird. Langsam beugen sich die Ständer in den Fersengelenken. Schräg steht nun der Körper nach vorn mit den etwas gelüfteten Flügeln. So geht es abwärts (Bild). Zum Schluß fällt regelrecht das gewichtige «Oberteil» auf das Nest. Gefiederschütteln, Anlegen der Flügel und Zurechtrücken auf den Eiern sind die letzten Handlungen zum bequemen Sitzen. Sengend steht die Sonne am Himmel. Voll wird der brütende Vogel von ihr getroffen. Bald hechelt er wieder (Bild). Von keiner Seite droht Gefahr. Langsam sinkt sein Schnabel auf den Vorderhals, und für Sekunden wird gedöst (Bild). Plötzlich schaut er sichernd umher (Bild), aber auch nur für Sekunden, gähnt anschließend. Müde neigt sich der Kopf wieder nach unten und liegt auf dem Hals. Gut 10 Minuten wechselt das Bild zwischen Dösen und Sichern. Dann ist er wieder rege. Der Schnabel zieht einzelne Halme vom Außenrand des Nestes näher an den Körper und versucht sie stochernd zu befestigen. Anschließend gilt seine Aufmerksamkeit der Gefiederpflege. Eine gute halbe Stunde nach dem letzten Ausflug ins Moor fährt das Kranichweibchen tief mit dem Schnabel zwischen Flügel und Körper der einen Seite und steht anschließend auf. Ausgiebig putzt es, neben den Eiern stehend, die Flügel und ordnet die Federn von Rücken und Unterhals. Es kratzt sich mit der langen Mittelzehe am Schnabelansatz. Eine wahrhaft intensive Gefiederpflege (Bild). Ohne das Nest zu verlassen, rollt es dann wie gewohnt die Eier zurecht und läßt

sich nieder. Sofort steht es aber wieder auf und schiebt das eine Ei noch mehr seitwärts. Wiederum setzt sich der große Vogel breit nieder. Hecheln, sogar beim schnabelanlegenden Dösen, Sichern, Putzen des teilweise angehobenen Rücken- und Halsgefieders und Heranziehen von Nistmaterial sind die wechselnden Verhaltensweisen der nächsten Stunde. Es schließt sich ein nochmaliger Nahrungsbesuch in den Bulten an, und wiederum wird erst kurz vor Rückkehr zum Nest getrunken. Vor dem Eierrollen und Niedersetzen wird dieses Mal stehend, dicht neben den Eiern knapp 5 Minuten das Gefieder geputzt. Brütend geht der Rest des Tages hin. Das ist der «normale» Alltag dieses brütenden Kranichweibchens.

Als die Bäume lange Schatten über das Moor warfen, die Sonne hinter der Waldkante bereits geraume Zeit versunken war und jetzt nur noch wenig über dem Koppelhorizont steht, wird die Brütende abgelöst. Langsam schreitet das Männchen von seinem Ruheplatz zum Nest, schwimmt sogar einige Meter und steigt dann auf den schwankenden «Sumpfcalla-Boden», der unter seinem Tritt aber kaum nachgibt. Wenige Schritte, dann steht er neben dem Nest. Kein Trompetengeschmetter schallt über das Moor; ungestört, gleichförmig klingt das alltägliche Konzert der übrigen Bewohner. Erst jetzt, da beide Vögel sich gut vergleichen lassen, kann man mit Sicherheit sagen, daß der tagsüber brütende Kranich etwas kleiner ist und wirklich das Weibchen war. Langsam, mit «bauenden» Bewegungen geht es auf dem üblichen Pfad vom Nest zur Wasserlache, die gleichfalls durchschwommen werden muß. Nun schreitet es hinaus ins Moor. Greift dabei hier einen hüpfenden Frosch und dort eine fette Schnecke. Der andere Partner sitzt längst auf den beiden Eiern. Noch eine knappe halbe Stunde, dann ziehen die Fledermäuse ihre zickzackförmigen Bahnen über dem Moor. Die Nacht senkt sich nieder. Stärker werden die Unkenrufe, es scheinen jetzt noch mehr zu sein. Vielleicht wirken sie auch durch das Fehlen der zur Ruhe gegangenen Singvögel eindringlicher. Allein das frische Lied des Zaunkönigs, die schwermütigen Strophen des Rotkehlchens und das volle Flöten der in den Wipfeln singenden Amseln sind zu hören. Die Sänger hängen in ihrer Aktivität von der Intensität des Tageslichtes ab, wie eigentlich alles Lebendige. Diese drei insektenfressenden Ge-

Aus dem Astloch einer gestürzten Birke am Rande des Moores schiebt sich am regennassen Abend ein Iltis:

Über das nasse Buchenlaub geht es in kleinen Sprüngen auf die nächtliche Jagd.

fiederten sind hier am längsten von allen Vögeln rege, während die anderen bereits mit zunehmender Dunkelheit in die Passivität innerhalb der Lebensgemeinschaft traten. Diejenigen, die sich tagsüber ruhig verhielten, lösen sie nun ab. Andere Arten, andere Räuber-Beute-Verhältnisse und ihre oft verschiedensten Kombinationen bilden den zweiten Teil einer Biozönose mit all ihren funktionellen Aufgaben. Mit der Helligkeit des Tages und der Dunkelheit der Nacht wechselt die Lebensgemeinschaft ihr Gesicht, nicht maskenhaft, sondern mit vielerlei Verzahnungen, wie sie uns bei den Nahrungsketten am augenfälligsten erscheinen. Von einigen Vögeln, die sich allein an den Mäusen gütlich tun und an deren Tag- und Nachtaktivität ihr Leben aufbauten, erfuhren wir im Mischwald. Deshalb seien nur kurz die am Tage jagenden Mäusebussarde und Turmfalken und die nächtlich beutesuchenden Waldkäuze und Waldohreulen als wenige, aber typische genannt, die die grauen und braunen Nagerpopulationen kontrollieren und regulieren. Auch zeigen manche der hier Lebenden in ihrer Aktivität fließende, von den Jahreszeiten abhängige Übergänge zwischen Hell und Dunkel. Der nachts agile Moorfrosch sei als Beispiel hierfür erwähnt, der im sommerlichen Tageslicht an den Moorrändern entlangspringt, was überwiegend nur die Jungtiere tun. Sie alle, die Nachtaktiven, wurden wahrscheinlich während ihrer stammesgeschichtlichen, physiologischen und ökologischen Entwicklung von den auf höherem entwicklungsgeschichtlichem Niveau stehenden Arten aus der Tageshelle in das Nachtdunkel gedrängt. Nur die Eulen haben sich vermutlich wegen des leichteren Beutemachens und des Fehlens der nur tagaktiven Konkurrenten vom Tageslicht zurückgezogen.

Zu den Nachtjägern unter den Säugetieren, die im Moor nach Nahrung suchen, gehört auch ein hier ansässiger der Marderfamilie (Mustelidae). Aus einem weiten Astloch einer starken, schon vor Jahren von dem Moor auf den Waldboden gestürzten Birke, die durch ihr morsches Inneres schon lange brüchig war, schiebt sich ein dunkler Kopf in den dämmerigen Abend. Die sich wenig aus dem Fell hebenden gerundeten, weißlich gesäumten Ohrmuscheln, die verwaschenen gelbweißen Flecken an Seiten und Kinn verleihen dem Gesicht etwas Gutmütiges, Tollpatschiges (Bild). Minutenlang wird die «Lage» um ihn herum durch die hellbraune Nase geprüft, der vorbeistreichende Wind auf die mitgeführten Gerüche untersucht. Dann rutscht der ganze, knapp 50 cm lange Körper heraus. Der Iltis *(Putorius [Mustela] putorius)* verläßt seinen Schlafplatz. Ein in dieser Lebensgemeinschaft am Rande des Moores geborenes Tier, das als letztes seiner Familie noch an dieser Stätte lebt. Eine Schwester wanderte ab, alle anderen einschließlich der Mutter wurden gefangen oder abgeschossen. Kurz verharrt er noch einmal, wirft einen Blick zum dunkel liegenden Moor. Der nieselnde Regen scheint ihn nicht zu stören. Dann macht er sich auf; er ist ein richtiger Schlüpfer, ein Bodenbewohner, der ausgesprochen wenig klettert. So kontrolliert er dieses «Stockwerk» in dem großen Lebensraum des Waldwinkels am kleinen Moor.

Ganz anders der Baummarder, dessen Reich die Baumkronen sind, wo er bei der wilden Hatz hinter dem Eichhörnchen die Stämme auf- und abjagt und, wo es die Äste zulassen, auch waghalsig von Wipfel zu Wipfel springt. Der Gelbkehlige lebt in einer anderen Schicht des Waldes, greift seine Beute zu einer Zeit, da der Iltis schläft, gerade beginnt oder aufhört, seinen Hunger zu stillen. Seine bestandsregulierenden Funktionen innerhalb der Lebensgemeinschaft, die auch die des Moores und an der Wald-Feld-Kante berühren, haben nichts Gemeinsames mit denen seines kulturflüchtenden Verwandten im Dach des Waldes, erstrecken sich also auf ganz andere nackte und geschuppte, haarige und gefiederte Lebewesen.

In kleinen Hopphopp-Sprüngen geht es über das nasse Buchenlaub (Bild). Wenig später verschwindet der Iltis unter einem trockenen Reisighaufen, kommt kurz danach an der entgegengesetzten Seite wieder hervor und kriecht, wie bald jeden Abend, zwischen die wenigen beieinanderliegenden Granitbrocken. Seitwärts zwängt er sich durch einen nur kindfaustgroßen Spalt wieder heraus. Auch hier waren nicht die gesuchten Ratten. Er hat schon tüchtig unter ihnen aufgeräumt. Wie bei allen seiner Art stehen diese für den Menschen unerfreulichen Kulturfolger auf seinem «Speiseplan», und zwar ziemlich obenan. Weiter geht es, ein Stück den schmalen Wassergraben entlang, ein flacher Ausläufer des Moores, der kurzerhand durchschwommen wird. Die Nacht läßt ihn nur noch

Geduckt schleicht das Kranich-Weibchen vom Nest in das Moor.

schemenhaft erkennen. Schnell hat er den erstrebten trockenen Boden erreicht, ein kurzes Plätschern verrät seine Ankunft. Jetzt ist nichts mehr von ihm zu sehen. Und nun beginnt er den Schlafenden gefährlich zu werden, selbst denen, die, wie er, nachts Nahrung suchen. Den jungen Bachstelzen im Nest, den huschenden Mäusen und Ratten, den Kaninchen in ihren Bauen an der Waldkante stellt er nach; vor allem aber sind die Moorfrösche bis zum Morgen gefährdet. Was er nicht auf der Stelle frißt, trägt er in Vorratskammern. Die zusammengeschleppten Frösche läßt er am Leben, hemmt nur ihre Beweglichkeit.

Drüben bei den hohen Kiefern keckert er. Wenig später schreit es durch die Nacht, von der gleichen Stelle, mehrfach – wütend klingt es. Er hat einen anderen Rüden getroffen, und obwohl die Ranzzeit schon mehrere Tage zu Ende ist, wird doch gerauft, nicht ganz so blindlings ineinander verbissen, aber trotzdem heftig. Insgesamt nur ein kleines Geplänkel, aber kaum leiser als bei den heißen Kämpfen während der Ranzzeit. Wenn man die beiden so sieht, wundert man sich wahrscheinlich, was für zähe, gewandte Gesellen sie sind. Aber, wer sich auf alltäglichen Beutegängen mit Ratten und selbst Kreuzottern herumschlägt, der zeigt kein ausgeprägtes Angstverhalten. Und ist ein Feind zu übermächtig, wie früher Wolf und Luchs und heute Fuchs, Hund oder Mensch, so hat die Entleerung seiner Analdrüsen vielen seiner Sippe oft zur Rettung verholfen. Der penetrante Gestank hielt manchen vor weiteren Zudringlichkeiten ab. Unter den einheimischen Mardern ist bei ihm diese «Abwehrwaffe» am besten entwickelt. Sie brachte ihm mancherlei volkstümliche Namen ein: «Stänker», «Stinker», «Stinkmarder» bezeichnen alle denselben Bewohner, der, obgleich er dem Menschen in seinen Siedlungsbereich folgte, heute bereits selten geworden ist. Eine allgemeine Bestandseinschätzung fällt aber gerade bei diesem nachtaktiven Marderartigen sehr schwer. Er ist ein Unsteter im Revier. Das morsche Birkenastloch dient ihm nur wenige Tage als Herberge, dann nächtigt er unter einer alten Wurzel. Aber auch hier bleibt er nicht lange, zieht um in einen leeren Kaninchenbau am Waldrand und macht sich alsbald wieder auf zu irgendeinem anderen Unterschlupf. Der laufende Wechsel der Unterkünfte bewahrt ihn vor mancherlei Nachstellungen. Seine Überlebenschance steigt dadurch beträchtlich.

Die Tage gehen hin, nur noch zweimal wechseln Helligkeit und Nacht, dann ist der Pfingstsonntag heran. In diesem Jahr weist ihn der Kalender früh aus. Sonnenlicht liegt endlich wieder über dem Moor, erquickend frisch wirkt alles, nachdem fast eine Woche anhaltend trüb regnerisches Wetter gewesen war. An diesem Morgen kam es nicht zur üblichen Ablösung am Nest der Kraniche. Zwei Frühaufsteher, die auf dem ausgetretenen Weg am Waldrand entlang gingen, kamen dem brütenden Männchen doch zu nahe. Der knurrende Warnlaut des danebenstehenden Weibchens tat das übrige zum schnellen Aufstehen und langsamen Weggehen (Bild). Geduckt schieben sich die Körper durch die Seggen, beide gehen bedächtig zum anderen Ende des Moores. Hier verharren sie, aufmerksam sichernd. Außer Sichtweite sind schon die beiden Männer, haben nichts von den großen Bewohnern des Moores bemerkt, die nun auch nicht, wie sonst bei Störungen, die hier aber glücklicherweise selten sind, von dieser Stelle auffliegen. Sie kehren langsam zurück. Das Weibchen läuft mißtrauisch einen weiten Bogen aus dem Moor heraus, zwischen den Stämmen entlang, 10, 15 m vom morastigen Saum ihres Reiches entfernt. Ist es das Weibchen oder vielleicht das Männchen; es läßt sich schon nicht mehr sicher sagen. Zu weit stehen beide auseinander, wenn auch kaum 12 m.

Fast das halbe Moor wird umlaufen, während der andere Partner, wie so oft, sich «scheinputzt» und aufschaut, sich wieder und wieder putzt und aufsieht, an der gegenüberliegenden Seite im Wollgras steht. Gemessenen Schrittes, auch öfter stehenbleibend, beendet der große Vogel den orientierenden Gang bei den halbhohen Kiefern und kehrt zurück in das Moor. Gemächlich geht er zum fast trockenen Platz der alten dürren Eiche, gut 20 m vom Nest entfernt. Ausgiebig putzt er sich. Langsam kommt der Partner näher, Ruhe und Sicherheit strahlen beide Vögel aus. So geht der Vormittag und frühe Nachmittag hin. Ein heißer Tag ist es geworden, Wetter wie im Hochsommer. Bis auf einen kurzen Flug zur Weide am späten Morgen, einige aufmerksame Rufe, als ein Kolkrabe mehrere Male hin- und herflog und sich in dieser Situation ein Vogel sofort bis auf wenige Meter dem Nest näherte, hatte keiner von beiden etwas Wesentliches unternommen. Noch ein Ereignis störte den Alltag der Kraniche. Als ein alter Schreiadler *(Aquila pomarina)* an der Seite des Moores, wo die Sonne am Abend hinter den Bäumen versinkt, hoch in einer Buche aufbaumte, waren beide Vögel sehr beunruhigt. Fast auf das Nest stellte sich der nächststehende von beiden, nahm nicht den üblichen bogenförmigen Weg zum Gelege, sondern den kürzesten quer durch die Seggen, das dürre Gras und die Sumpfcallas. Das knurrende «Grrrk» ging zwischen ihnen hin und her, vorbei war das Scheinputzen. Ein kurzes unwilliges Trompeten vom entfernter stehenden Vogel. Die Kraniche blieben erregt, obwohl der Adler ruhig in der Krone saß. Eine halbe Stunde ließ er sich von der Sonne bescheinen, dann strich er ab. Er war wohl nur wegen der Moorfrösche gekommen, aber die drohenden grauen Gestalten unter ihm ließen es ratsam erscheinen, Wind unter die Schwingen zu nehmen. Erstaunlicherweise ließ sich auch in dieser Situation weder der eine noch der andere auf den Eiern nieder.

In diesen aber regte es sich, unaufhörlich arbeitete sich neues Leben ans Licht. Eine Eischale hatte eine gut pfenniggroße, vom Eizahn geschaffene Öffnung, die andere ein ungefähr halb erbsengroßes Loch. Am späten Nachmittag endlich begab sich ein Kranich zum Nest, wendete wie immer mit dem Schnabel die Eier und ließ sich nieder bis zum anderen Morgen. Dann war es so weit. Das erste Junge hatte in der Nacht die Eischale gesprengt. Kraftlos, mit nassen rötlichbraunen Dunen lag es da neben den Resten der kalkigen Hülle. Im zweiten hat der Eizahn noch viel zu arbeiten. Erst am anderen Morgen ist es auch hier so weit. Das zweite Küken ist geschlüpft, wiederum in der Nacht, nur 24 Stunden später als das erstgeborene. Ein ungewöhnlicher Schlupfabstand, der allgemein bei Kranichen entsprechend der Eiablage 48 Stunden, selten einen Tag länger beträgt. Das ausgesprochen warme Wetter der letzten Tage hat vielleicht etwas nachgeholfen. Wahrscheinlich aber ist, daß das zweite Ei einen Tag eher als üblich gelegt wurde.

Gleichfalls kraftlos liegt das Junge neben der Schale – wie das gestrige, das sich nun schon keck umschaut und recht sicher dasteht. Wieder putzen sich beide Alten im Moor, fast an gleicher Stelle wie am Vortage, ohne Zeichen der Erregung. Ebenfalls erst am Nachmittag, um 15 Uhr, läßt sich dann einer auf dem Nest nieder. Bis dahin hat das ältere Junge schon einige Ausflüge rund um das Nest in die Sumpfcallas unternommen. Der längste war etwa 2 m weit. Es kehrt aber immer wieder zum Nest zurück. Als das Zweitgeborene einige Stunden alt war, rutschte und stolperte es auch schon auf dem Nestrand herum. Bei jeder Rückkehr des älteren Kükens stritten die beiden miteinander. Ein Verhalten, das die Rangordnung ausdrückt. Wie es K. H. Moll schildert, so war es auch bei diesem Paar. Das geschlüpfte Küken wurde nicht von einem Altvogel fortgeführt, als das zweite noch im Ei saß. Die Kraniche fühlten sich eben sicher. Das lange Fernbleiben der Altvögel vom Gelege während des Schlüpfvorganges ist ungewöhnlich, hängt aber sicherlich mit der großen Tageswärme zusammen.

Am anderen Mittag ist das Nest leer, die großen grauen Vögel stehen mitten im Moor, nur wenige Meter auseinander, die Rücken zugewandt und umgeben von den weißen Blüten des Wollgrases (Bild). Die Jungen sind bei ihnen. Eine stattliche Strecke haben die Kleinen zurückgelegt, mindestens 80 m. Werden sie nun von beiden Alten zusammen geführt, oder hat jeder nur eins in seine Obhut genommen?

Das Nest ist verlassen. Die Kraniche haben ihre Jungen in das Moor geführt, dorthin, wo das Wollgras steht.

Die Unken rufen wie alle Tage, treiben mit abgespreizten Armen und Beinen im klaren Wasser, das durch seinen morastigen Untergrund tiefschwarz aussieht. Langsam, immer weiter schreiten die Vögel in den östlichen Teil des Moores. Noch einige Tage leben sie hier, dann geht für dieses Jahr die Zeit der Kraniche im Moor zu Ende. Vorbei ist das dreißigtägige Brüten. Die Tage vor- und nachher zählen kaum, es sind nur wenige. Balz und Begattung liefen auf der Wiese am Waldrand im wechselhaften Frühlingswetter von Mitte März bis in die ersten Apriltage ab, und nun, nach dem Schlupf der Jungen, bindet sie nichts mehr an das kleine Waldmoor. Eines Nachmittags sind sie dann auf der sumpfigen Wiese eingetroffen, die von den Altkranichen schon wochenlang zur Äsung besucht wurde. Das «Gieh, giehwit» der gaukelnden Kiebitze tönt über das frische Grün der Frühlingslandschaft, unterbrochen von dem «Tlaüh, tloüihd» des Brachvogelpaares und dem weichen «Djüd-düdü» der Rotschenkel. Die kurzen, jungen Kranichbeine waren schon kräftig genug, um den trennenden, niedrigen Fichtenanflug zwischen Moor und Wiese zu durchlaufen. Die Familie wird fortan häufig hier gesehen. Die Jungen verhalten sich heimlich, bewacht von den wehrhaften Eltern. Für Altkraniche gibt es heute in den Lebensgemeinschaften unserer Breiten keine natürlichen Feinde, wohl aber für die flugunfähigen Jungen. Die schlagenden schwarzen Füße und der stoßende Schnabel der Alten haben schon manchem Fuchs übel mitgespielt. Er ist wohl der gefährlichste Feind für die Kleinen.

Der Beginn des Sommers bedeutet für die Alten den alljährlichen Wechsel des Federkleides. In diesem Jahr werden auch sie wieder flugunfähig, denn jedes zweite Jahr verlieren sie in zwei Tagen alle Schwingen und sind dann in den folgenden fünf bis sechs Wochen ebenso nur auf die Füße angewiesen wie ihre Jungen. Dann führen sie ein stilles, zurückgezogenes Leben in sumpfiger Landschaft mit üppiger Vegetation, die für sie den schützenden Mantel bedeutet. Auch diese Zeit geht vorüber. Im Alter von neun bis zehn Wochen sind die Schwingen der Jungen so weit, daß sie den jugendlichen Körper in die Lüfte tragen können. Bald haben alle vier frische prächtige Schwingen und sind dann im Vollbesitz aller Bewegungsmöglichkeiten, die ihrer Art eigen sind. Die weitausladenden Flügel tragen sie zu anderen nassen Wiesen und Feldern der Umgebung und abends zu ihrem Schlafplatz in einem Moor. Mit anderen Kranichen hat sich die vierköpfige Familie, die weiterhin eng zusammenhält, vereint. Durch den rotbraunen Kopf und Oberhals unterscheiden sich die Jungkraniche auch im Fluge deutlich von den Alten (Bild). Und wenn sie äsend über die Felder ziehen, fallen noch der bräunliche Rücken und die gelbbraunen Beine auf.

Der Sommer läßt in seiner Kraft nach. Der sich neigende August weckt allmählich den Zugtrieb in den hier im Nordosten Europas ansässigen Kranichen. Sie machen sich auf gen Westen zu den Sammel- und Rastplätzen, wo sie mit den im Norden brütenden Verwandten zusammentreffen. Anfang Oktober haben sie die wohlbekannte seichte, weitflächige Bucht an der Küste Rügens erreicht. Im strahlenden Sonnenschein liegt die Lagune da, glatt wie ein Spiegel ist das Wasser. Am schilfbestandenen Ufer schwimmen einige Höckerschwäne, sonst nichts Auffallendes. Kein Kranich weit und breit im salzigen Wasser. Ein Bild wie jedes Jahr um diese Tageszeit. Auch die Ankömmlinge fliegen weiter auf ein nahe gelegenes Feld, wo sie schon den ersten größeren Trupp ihrer Art

Fliegende Kranichfamilie. Durch den rotbraunen Kopf und Oberhals und das hohe «Wiwi» unterscheiden sich die Jungvögel im Fluge deutlich von den Alten.

äsend antreffen. Die Artgenossen sind schon einige Wochen hier und kennen die futterreichen Felder.

Der Lärm der Traktoren auf den Feldern läßt nach. Leichter Wind kräuselt das Wasser in der Bucht, und am Horizont des offenen Meeres steht die Sonne tief als feuriger Ball. Einige Keile fliegender Kraniche, zwischen 20 und 50 Vögel, auch kleine Trupps von nur fünf Tieren ziehen tief über dem Land heran und landen im Wasser der Bucht, in sicherer Entfernung vom Schilfgürtel. Schnell wird es Abend, die Sonne taucht in das Wasser ein und versinkt zusehends (Bild). Keil auf Keil der Kraniche fliegt nun von den Landseiten an und fällt bei den stehenden und umherschreitenden Artgenossen ein. Die Sonne ist untergegangen, vorbei ist das Fotolicht, aber für das menschliche Auge reicht die Helligkeit noch aus, alles gut zu erkennen. War die Zahl der vorher ankommenden Kraniche schon beeindruckend, die fliegenden Keile bestaunenswert, so wird alles übertroffen von dem, was sich in der nächsten halben Stunde Auge und Ohr bietet. Das bisher Erlebte war nur eine Ouvertüre zu dem nun folgenden faszinierenden Schauspiel. Bis jetzt fielen zum Keil formierte Kraniche ein, auch manche in stattlicher Zahl. Jetzt aber kommen Ketten von 100 bis 200 Vögeln, mitunter sind es noch mehr. Schon von Ferne künden vereinzelte Rufe ihr Nahen. Unaufhörlich ziehen sie heran, wellenförmig, Kette auf Kette. Das Rauschen ihrer schlagenden Schwingen und die lauten «Kurr»-Rufe der Altkraniche erfüllen die Luft. Das hohe «Wiwi» der Jungvögel ist nur dann herauszuhören, wenn sie dicht über uns hinwegfliegen, es geht sonst in dem allgemeinen Rauschen und Rufen an der Himmelskuppel unter. Und immer noch Ketten ... Die ersten Tiere eines solchen Fluges müssen bereits bei den im Wasser stehenden eingefallen sein, da sind die letzten Vögel der langen Kette noch nicht am Himmel auszumachen. Die Dunkelheit läßt nur noch in nächster Nähe Einzelheiten erkennen. Aber die schwarzen Silhouetten der Schwebenden, die von Zeit zu Zeit noch einige Flügelschläge tun, heben sich vom dunklen Himmel in dem blauweißlichen Streifen doch noch ab. Das ständige Lärmen vom Schlafplatz schallt herüber. Gut 5000 Kraniche stehen dort, dicht an dicht.

Keil auf Keil, oft in langen Ketten fallen die Kraniche am Abend auf dem Schlafplatz in der seichten Bucht ein. Die meisten von ihnen kommen erst nach Sonnenuntergang.

Das dumpfe «Gaga» der Saatgänse kündet von ihrem Einfallen und ist deutlich von den tiefen Stimmen der mitfliegenden Graugänse zu unterscheiden. Sie verbringen hier gleichfalls die Nacht. Immer mehr kommen. Man hört nur die Rufe; zu dunkel ist es geworden und die Entfernung hinüber zum Flachwasser für das Auge zu weit. Von hier aus gesehen, stehen sie alle im letzten Drittel der Fläche, dort, wo auch die Kraniche nächtigen werden. Ein wunderbares Erlebnis mit den seltenen großen Vögeln, das den Betrachter durch sein gewaltiges Ausmaß und seine Urwüchsigkeit klein und stumm werden läßt und ihn an eine Zeit denken läßt, in der es wohl vielerorts ähnlich gewesen sein muß, als der Mensch das Land noch nicht kultiviert hatte.

Es ist Nacht. Wir haben Neumond. Ruhe herrscht auf dem Schlafplatz, kein Laut dringt an das Ufer, nichts verrät die Anwesenheit Tausender Kraniche, zahlreicher Gänse und Enten, läßt nicht im entferntesten an das rührige Treiben und fleißige Rufen der Vögel bei der abendlichen Ankunft erinnern. Kalt war die Nacht zum sechsten Tag dieses Monats, aber es ist eben bereits Oktober. Dreiviertel sechs beginnt einzelnes Rufen auf dem Schlafplatz im seichten Wasser. Die Sonne geht langsam auf. Wie sie am Abend als glutroter Ball im Westen versank, steigt sie im Osten nicht weniger Rot und rund über dem Land hoch. Jetzt beginnt ein ohrenbetäubendes Trompeten der Kraniche. Ein Vibrieren liegt in der Luft. Keile und Ketten starten, gleichfalls die Saat-, Grau- und Bleßgänse. Fast alle streben der Sonne entgegen, vereinzelte Trupps auch mehr nördlich und südlich, aber alle zum Lande hin, dort, wo nach einigen Kilometern die Äsungsplätze liegen. Bereits eine halbe Stunde nach den ersten Rufern ist der weitaus größte Teil der Vögel aufgebrochen. Um halb acht stehen etwa noch 150 Kraniche im Wasser, fernab vom Ufer, von den Gänsen ist keine Spur mehr zu sehen.

Auf den Feldkulturen verbringen die großen Vögel in kleineren und größeren Trupps den Tag. Sie leben in dieser Zeit des Rastens und Sammelns überwiegend von pflanzlicher Nahrung, wie auch im Frühjahr nach der Rückkehr aus dem Süden. Aber auch mancherlei Kerfen nehmen sie auf. In den umliegenden Dörfern klagten mehrere Bauern zur Zeit der individuellen Feldbewirtschaftung über Schäden auf den bestellten Fluren durch die großen Vögel. Neben einigen anderen ging auch H. Prange diesen Fragen beim zweiten großen Rastplatz unserer Küste nach. Hier kurz einige seiner interessanten Ergebnisse: Von den Neusaaten bevorzugen die Kraniche zu 60% den Weizen. Am emsigsten fressen sie auf frisch gedrillten Weizen- und Gerstenschlägen, kaum weniger auf den Weizen- und Maisstoppelfeldern. Auch auf krautlosen Kartoffeläckern, Erbsen- und Pferdebohnenfeldern wurden sie gesehen, wobei sie allerdings auf den Kartoffelschlägen keinen Schaden verursachten. Sie lesen sowohl bei den Frischaussaaten als auch auf den abgeernteten Schlägen die obenauf liegenden Körner ab, scharren aber nie wie die Hühner die Körner frei. Und wie Prange beschreibt, sind die Schnabeleinstiche auf den frisch eingesäten Getreidefeldern ganz ähnlich den auf gerodeten, festgefahrenen Kartoffeläckern mit umherliegenden Kartoffeln. Sie rühren also wahrscheinlich von der Insektenaufnahme her, wodurch sicherlich manches Feld einen höheren Ertrag bringt. Nicht zuletzt mag dazu auch die zusätzliche Düngung mit Vogelkot beitragen. Infolge der heute großflächig durchgeführten Bewirtschaftung der Felder verteilen sich eventuelle Schäden, und das traditionsgemäße Eindrillen von 5 bis 15% mehr Saatgut gegen den Vogelfraß beugt ihnen ohnehin vor. Schäden an Gemüsekulturen können durch ihren Anbau an Straßen und Ortschaften vermieden werden. Auch durch die Abwehr einfallender Flüge mittels selbsthergestellter, rot angestrichener Fuchsattrappen aus Brettern, die der Wind wie eine Wetterfahne dreht, was von der Vogelschutzwarte Seebach erprobt worden ist, hatte man Erfolg. Nur beiläufig sollen diese ernährungsbiologischen Probleme erwähnt werden, denn selbst große Schäden müßte man tragen, da diese beiden Rastplätze einzigartig in Mitteleuropa sind. Der Schutz der natürlichen Umwelt hat nicht nur seine Bezugspunkte in der Reinhaltung von Luft und Gewässern und der Verminderung des Lärms, also Einflüssen, die das menschliche Leben unmittelbar betreffen, sondern gleichberechtigt daneben steht auch der Schutz besonderer Pflanzen und Tiere sowie Landschaften, um eine möglichst artenreiche Lebensgemeinschaft zu erhalten. Zu dieser gehören auch die Kraniche mit ihren stillen, abgelegenen Brutrevieren und den tausendköpfigen Sammel- und Rastplätzen.

Es ist Nachmittag geworden. Der Wind kam früh auf, ist jetzt fast zum Sturm angewachsen. Staubwolken fegen über die gedrillte Feldfläche, auch über den Trupp Kraniche, der unbeirrt 250 bis 300 m von der Straße entfernt äst. Einige Tiere ordnen ihr Gefieder, auch Jungvögel sind dabei, vielleicht die Familie aus dem kleinen Waldmoor. Von vorn stellen sich alle der stürmischen Gewalt, selten von der Seite. Was würde sonst auch aus dem Gefieder, wie sollte auf die Dauer die Körperwärme gehalten werden. Zwei Altkraniche ruhen, haben den Kopf aber nicht ins Gefieder gesteckt. So nehmen sie eine wesentlich windgeschütztere Stellung ein. Das seltene Bild der ruhenden Kraniche auf dem Feld ist wohl nur dem stürmischen Wetter zuzuschreiben. Abends stehen sie dann wieder inmitten der anderen im Flachwasser der Bucht. Anders bei den 100 m entfernt lagernden zwei Dutzend Bleß- und Saatgänsen, die sich nach der Nahrungsaufnahme niedertaten. Die Kraniche nahmen keine Notiz von ihnen, auch nicht von einem etwa 80 Vögel starken Trupp Goldregenpfeifer, gleichfalls Durchzügler des Nordens, die auf einem gedrillten Feld eingefallen waren. Interessant, daß sich bei diesen Kranichen ein Jungvogel in gleicher ruhender

Die Kraniche brechen nach Süden auf.

Pose wie die beiden erwähnten ausgefärbten Tiere befand. Einzelne Gruppen machen sich in Richtung Schlafplatz auf, mehr und mehr folgen. Sie haben es nicht eilig, landen nochmals auf einem Acker, wo Artgenossen äsen, verweilen kurz, steigen wieder hoch, oft ohne die übrigen mitzunehmen und rücken dem Schlafplatz näher. Der Wind hat abgeflaut. Ihr Flug geht an vier Ringeltauben vorüber, die auf einer Lichtleitung zwischen zwei Masten sitzen und es bei dem Wind schwer haben, das Gleichgewicht zu halten. Einige Masten weiter fast das gleiche Bild, nur sitzen hier drei der großen graublauen Tauben mit dem weißen Halsfleck. Sie kommen wie die zugewanderten Kraniche aus dem Osten und Norden Europas und sind auf dem Wege nach Südwestfrankreich, um dort zu überwintern.

Jetzt lugt die Sonne hervor. Rötlich-violett beginnt der untere Hals und die Brust der Tauben zu leuchten, auch der Rücken hat jetzt einen metallischen Glanz. Der Nachmittag ist fortgeschritten, Flug auf Flug ziehen Kraniche heran und fallen auf einer sumpfigen Wiese in der Nähe der seichten Bucht ein. Hunderte stehen hier, die bei einer Störung 300 m weiter auf einen Acker überwechseln. Es äsen nur wenige. Die meisten putzen das Gefieder, herrliche Federn wären hier zu finden, wenn der wieder stärker blasende Wind nicht alle mitnehmen würde.

Es ist ein Zwischenlandeplatz, wie K. H. Moll und W. Libbert ihn nennen. Nicht jedes Jahr, auch nicht jeden Abend sammeln sich die Kraniche vor dem Aufsuchen der Bucht an gleicher Stelle. Unter ihnen befindet sich auch ein Jungvogel, der im Fluge nicht die Beine nach hinten angelegt hat. Ein Ständer hängt nach unten, verletzungsbedingt oder angeboren, ein anatomischer Endzustand oder eine Schonhaltung? Man wünscht ihm letzteres, denn sonst wird er sicherlich nicht alt. Leider ist er nach dem Einfallen unter den Hunderten nicht mehr auszumachen. Auch im letzten Jahr war einer mit rotbraunem Kopf in einem Keil dabei.

Tiefhängende, schnell dahinziehende dunkle Wolken verdecken wieder die Sonne und lassen sie verwaschen als mondähnlichen Ball durch den Wolkenvorhang schimmern. Aber auch das hört auf. Der Wind wird allmählich zum Sturm, jagt Wolkenfetzen unter der nun geschlossenen grauschwarzen Himmelskuppel ostwärts. Kleinere Kranichgruppen ziehen jetzt ohne Zwischenlandung durch zur Lagune. Die ersten treffen gegen 16 Uhr ein. Eine dreiviertel Stunde später brechen die Vögel mit lautem Geschrei fast gleichzeitig vom Sammelplatz auf. Keine Gruppe, kein Vogel bleibt zurück. Sie streben als mehrere hundert Meter breite Ketten zum bekannten Flachwasser. Schnell ist die kurze Strecke zurückgelegt, obgleich der heftige Westwind das Vorwärtskommen sehr erschwert. Hoch von Osten kämpfen sie sich heran und «knicken» im Bereich der Uferzone durch die blasende Gewalt fast rechtwinklig nach unten ab. Sie fliegen dicht über dem Wasser zu den bereits eingefallenen Kranichen. Der Sturm hatte sie wohl auf die östlichen Felder »gedrückt», denn gestern abend flogen die meisten über die nördliche Waldkante an. Flach landen sie und drehen nicht, wie am Vorabend noch, eine Runde über dem Wasser, wo sie dann von «oben» her einfielen. Neuankömmlinge aus den nördlichen und nordöstlichen Brutgebieten sind auch heute dabei, denn ungefähr 7000 Kraniche suchen diesen Abend die Bucht auf, mit Sicherheit mehr als gestern. Etwa eine halbe Stunde früher als gestern, wo die Sonne noch schien und die abendliche Dämmerung erst später eintrat, treffen heute die gewaltigen «Geschwader» ein. Trotz des starken Windes gehen fast alle Kraniche nochmals hoch. Ein Seeadler kommt dicht über dem Wasser von Nordosten her und will eine von den Enten schlagen, die in breiter Ansammlung vor der «Kranichmauer» schwimmen. In wilder Flucht stieben sie zwischen die nunmehr aufsteigenden, schreienden Kraniche. Mitten durch die schwarze Wolke der Vögel streicht der Adler. Es war ein erfolgloser Anflug für ihn. Nur eine halbe Runde drehen die aufgescheuchten Kraniche und gehen danach gleich wieder an der alten Stelle nieder.

Weiter bläst der Sturm, erst um Mitternacht läßt er nach. Nichts ist von den Kranichen zu hören. Am Morgen herrscht Windstille. Dichter Nebel verhüllt überall vollständig die Wasserfläche der Bucht. Kein Kranichtrompeten, kein Rufen aus dem Nebel, der erst gegen 8 Uhr aufreißt. Wenig später liegt der Schlafplatz frei da. Nicht ein einziger Kranich ist mehr zu sehen. Lautlos sind alle im dichten Nebel zu den Äsungsplätzen aufgebrochen. Welch ein Kontrast zu dem gestrigen Spektakel bei aufgehender Sonne!

All das erleben die vier Kraniche aus dem Waldmoor mit. Und eines Tages ist es dann so weit. Im späten Oktober, in manchem Jahr auch in den ersten Novembertagen brechen die Kraniche zu ihrem großen Flug nach dem Süden auf. In schmaler Front ziehen sie über die Lüneburger Heide, das oberrheinische Gebiet, die Rhône und über Spanien nach Nordafrika, Alt- und Jungvögel zusammen. Nur zum Rasten und Nächtigen unterbrechen sie die Reise, nirgendwo aber verweilen sie länger. Selbst fern der Heimat, im warmen Afrika bleiben die Familien noch bestehen. Sie lösen sich wahrscheinlich während des Frühjahrszuges, manchmal auch erst beim Eintreffen im Brutgebiet auf, auch im kleinen Waldmoor, wo jedes Jahr nur Raum für ein Paar ist. Wahrscheinlich erst fünf Jahre später sind die Jungen fortpflanzungsfähig und werden sich dann gleichfalls ein abgelegenes, ruhiges Luch, Moor oder etwas Ähnliches zum Brüten suchen.

Von den Bewohnern des kleinen Waldmoores, die alljährlich hier nur eine begrenzte Zeit verbringen, waren die Kraniche die ersten, die den stillen Winkel verließen, um Wochen später ihren Tagesablauf mitten unter Menschen zu verlegen, wie wir es zum Teil miterlebten. Im Sommer verabschiedeten sich dann die Bekassinen von der heimlichen Stätte. Eine Handvoll Krickenten fiel für einige Tage ein, und auch der mehrere Wochen hier lebenden Knäkentenerpel war nur ein vorübergehender Gast. Als letzte machten sich dann die Bachstelzen nach dem Süden auf, einige Tage später als die Kraniche von ihren Sammelplätzen. Die Meisen sind in Dorfnähe abgewandert. Aber einige Tiere bleiben dem kleinen Moor treu. So die Unken, die schon die frostgeschützten Winkel auf dem Land aufgesucht haben und die Moorfrösche, die im Moor überwintern. Iltis, Zaunkönig und einige andere gehen auch während der kalten Jahreszeit an den alten, wohlbekannten Stellen auf Nahrungssuche. Der Sonnentau hat seine winterharten Endknospen gebildet, die zusätzlich von Hüllblättern geschützt werden, und die kräftigen Wurzelstöcke der Sumpfcalla garantieren für einen erneuten grünen Wuchs im Mai.

Die Jahreszeiten in unseren Breiten ließen vielfältige Anpassungen bei Pflanzen und Tieren entstehen, zu der auch der Vogelzug in wärmere Regionen gehört, und manche brauchen ein Moor zum Lebenszyklus, selbst wenn es nur die Größe eines kleinen Waldmoores hat.

Im Kiefernwald

Im Kiefernwald.

Die Sonne steigt am Horizont, am Ende des langen Rapsschlages hoch. Langsam, wie von unsichtbarer Hand geschoben, wird die sichelförmige Kuppel immer voller und runder, scheint eins zu sein mit der Erde. Plötzlich löst sie sich, als glutroter Ball nun alles beherrschend, den Farben ringsum leuchtende Kraft verleihend. Das satte Rot der Mohnblumen am Wiesenrain, die vereinzelten blauen Kornblumen im Gerstenfeld und das endlose Grün des vor kurzem noch leuchtend gelben Rapsackers, alles sieht aus, als seien die Farben noch nicht trocken. Wie gelbe Farbspritzer heben sich die blühenden Ginsterbüsche an der Ecke zur Feldflur von den dunklen Stämmen ab, obgleich ihre Blütenfülle noch die frostigen Folgen des letzten Winters zeigt und noch nicht an die vorjährige Pracht erinnert. Vereinzelt beginnt die Kiefernrinde unterhalb der Äste aufzuleuchten, beim Näherkommen im hellen Braun zu schimmern, manchmal auch wie von einem zarten, rötlichen Hauch überzogen. Auch die nächsten und übernächsten Kiefernstämme noch. Dann verwehren die schlanken Baumsäulen den gleißenden Strahlen mehr und mehr Zutritt zu den tiefer im weit sich hinziehenden Forste stehenden und bilden einen eng und enger werdenden lebenden Zaun. Immer weniger beschienene Flecken lassen vereinzelt das satte Rotbraun des weichen Nadelteppichs hervortreten, auf dem es sich so angenehm gehen läßt, den aber fast überall trockene vorjährige Ährchen der Drahtschmiele *(Deschampsia flexuosa)* und des gleichfalls borstblättrigen Schafschwingels *(Festuca ovina)* unterbrechen. Die geöffneten kegligen Kiefernzapfen, die reichlich umherliegen, von denen noch viele im nadligen Grün hängen, trockene Äste mit dürren Nadeln, dunkle Wurzelstöcke, deren verharzte Schnittflächen den hier vor einigen Jahren erfolgten Pflegehieb verraten, unterbrechen die Gleichförmigkeit der Halmenwelt. Ihr entlockt die Sonne keine Farben mehr, Regen und Schnee haben sie gründlich gebleicht. Belebend wirken dagegen die grünen, unregelmäßigen Gruppen oder auch kleinen Flächen der Heidelbeeren *(Vaccinium myrtillus)*, die nur im Sommer Blätter tragen und zu den Zwergen der Sträucher gehören. Ab und an sieht man die Polster des Igelmooses *(Leucobryum glaucum)*, die durch ihre leeren Zellen den Regen wie ein Schwamm aufzusaugen vermögen.

Ein sonniger Maitag kündigt sich an. Unscheinbar nehmen sich die weiblichen hellroten Blütenzapfen der Kiefer im Sonnenlicht aus, die meist zu zweit an den Spitzen der jungen Maitriebe wachsen und in ihrem Aussehen den männlichen, gelben Blüten am Ansatz der neuen Triebe unterlegen sind, beide am selben Baum, wie es sich für rechte Einhäusige gehört (Bild). Der Wind wird seiner Funktion als Bestäuber gerecht, den mit zwei großen Luftsäcken ausgestatteten Pollen, der dadurch noch eine größere «Segelfläche» erhält, weit fortzutragen und möglichst ein frühzeitiges Niedergehen zur Erde zu verhindern. Milliarden und aber Milliarden schweben durch den Kiefernwald, so um die 12 Milliarden der gelben Pollen pro Hektar, sagt die Wissenschaft. Die meisten von ihnen erreichen das vorgesehene Ziel nicht, kommen um auf dem Waldboden, auf den umliegenden Äckern, Wiesen, in allen möglichen Winkeln, gar nicht selten über Kilometer entfernt von dem Ort, wo sie die luftige Reise antraten. Aber massenhaft wird Pollen reif, zum Flug freigegeben. Eine Sicherung im Haushalt der Natur, um den Fortbestand der Baume zu gewährleisten, wie sie jede Pflanze, jedes Tier hat. Viele solche arterhaltenden Sicherheiten bildeten sich vor Jahrmillionen heraus. Diese hier fällt allerdings durch die gewaltigen Dimensionen aus dem Rahmen des üblichen. Genügend erreichen den Bestäubungstropfen einer weiblichen Blüte, der sie für immer festhält. Mit dem Eintrocknen zieht sie den angewehten Pollen in das Innere des Zapfens. Noch lange läßt die Befruchtung auf sich warten, erst im zweiten Jahr ist es so weit. Klein, grün und geschlossen sind dann die Zapfen, die sich sehr bescheiden gegenüber den braunen des letzten Jahres ausnehmen, deren Samen schon ausgefallen sind. Sie haben ihre Aufgabe für den Baum bereits erfüllt.

Auf einem Kahlschlag unweit des Waldrandes reckt sich wie vergessen, ein gut zwei, vielleicht auch drei Dutzend Meter langer, unten schwärzlicher, nach oben zunehmend rötlichgelber Stamm empor. Nur sein letztes Viertel trägt noch Äste mit spitzen, dunkelgrünen Nadeln. Was für eine prächtige alte Kiefer *(Pinus sylvestris)*. Eine aus der Kiefernverwandtschaft der nördlichen Halbkugel der Erde, die nur auf Sumatra den Äquator überschreitet und in einzelnen hohen Gebirgen der südlichen Halbkugel noch vorkommt. 105 Arten zählt die Gattung, von denen etwa 60 in forstlichen Kulturen Eingang fanden.

Sieben bis acht trockene Aststummel leiten über zur Schirmkrone, wo zwei starke, ausladende Äste, dicht übereinander, ihr ein schiefes, aber das typische Aussehen aller Kiefern der Ebene verleihen. Sie blüht in

Weibliche Blütenzapfen der Kiefer.

Männliche Kiefernblüte.

voller Pracht. Drei Zapfengenerationen trägt sie: bestäubte Blütenzapfen, die grünen und die braunen Kienäpfel, wie sie der Volksmund nennt. Allein diesem Grund verdankt sie ihr einsames Dasein, daß sie an ihrem Platze bleiben durfte, nicht den Weg wie all die anderen ringsumher zum Sägewerk nehmen mußte und nicht vorher das begehrte Harz entzogen bekam. Sie soll mit ihren Samen den neuen Wald gründen, der dieses Mal nicht gepflanzt wird.

Aus Anflug entsteht der neue Anwuchs auf dem gleichen Boden, der schon den vorherigen Altbäumen zusagte und sie so frohwüchsig groß werden ließ. Gering sind die Ansprüche an Klima und Erdreich, das dürftig und trocken sein kann, wo Eiche und Buche nicht mehr fortkommen. Nur Licht wird benötigt. Alles an Nährstoffen und Wasser entziehen die Kiefern dann dem Boden, lassen kaum noch etwas für andere übrig, so daß Kräuter und Sträucher unter dem konkurrierenden Druck des Altholzbestandes von vornherein unterliegen, obwohl das aufgelockerte Kronendach dem Licht genügend Durchtritt gewährt. Vom wurzelschlagenden Samen bis zur stattlichen, schlanken Kiefer mit grünem Wipfel führt ein weiter, gefahrvoller und beschwerlicher Weg.

Verfolgen wir einen Samen, der drei, vier Stammlängen von der Mutterkiefer niederging, keimte und eine zarte Pflanze wurde. Etwas abseits von einer dicht wachsenden Gruppe, wo so viel Samen anflog, als würde nur aus dem vollen geschöpft, ging sie auf, keineswegs die kräftigste in weiter Runde. Achtlos wurde sie von einem Spaziergänger niedergetreten, brach aber nicht und richtete sich nach Tagen wieder auf, konnte weiterwachsen in die Tiefe und in die Höhe. Die Gänge der Erdmaus *(Microtus arvalis)* machten einen Bogen um die sich ausbreitenden, auch nach unten wachsenden Wurzeln, die der Wühler unweigerlich zerrissen und vom Gang aus benagt hätte. Anders bei der benachbarten Gruppe, wo durch ihn manche der aufgegangenen Pflanzen ein frühes Ende fanden; auch die auf der anderen Seite schon etwas größere, gleichfalls allein stehende Gruppe begann ganz plötzlich dürr zu werden. Über ihre Wurzeln drang schon seit mehreren Tagen keine Nahrung mehr nach oben, zu viele waren abgerissen. Eine Gelbhalsmaus *(Apodemus flavicollis)*, die sich anschickte, bei unserer kleinen Kiefer einen Verbindungsgang zu graben, der mitten durch den Wurzelballen verlaufen sollte, holte der Turmfalke, der fast jeden Nachmittag um die vierte Stunde hier in der Luft rüttelnd stand, als sie hinüber zum Nachbarloch huschen wollte. Eine lebensbedrohende Gefahr war damit für die Langnadelige beseitigt.

Von den Rüsselkäfern (Curculionidae) ist der Große Braune Rüsselkäfer der gefährlichste Waldschädling.

Drei Jahre gingen ins Land und wurden gut von der kleinen Kiefer überstanden. An einem Maientage, ähnlich dem, als der fliegende Pollen am Blütenzapfen festklebte und damit die Entstehung eines neuen Pflänzchen ihren Anfang nahm, drohte neue Zerstörung. Diesmal von ganz anderer Seite, ein Geflügelter – für die Jungkiefern der Tod in dunkelbrauner, unregelmäßig gefleckter Gestalt, nur gut 1 cm lang. Sein Rüssel verriet die Zugehörigkeit zu der größten Käferfamilie, deren Artenzahl in kaum vorstellbaren Größenordnungen liegt, so um die 40 bis 50000, zu denen jährlich noch einige Hundert neuentdeckte hinzustoßen. Von den Rüsselkäfern (Curculionidae) ist die Rede, im besonderen von dem Großen Braunen Rüsselkäfer *(Hylobius abietis)*, dem laufenden, seltener fliegenden Tod in jungen Nadelholzbeständen, dem gefährlichsten Waldschädling seiner Sippe (Bild). Als der Vorfahre der «Rüßler» sich vor langer Zeit aufspaltete, die aus ihm hervorgegangenen Arten sich hochspezialisierten, um zu allen Jahreszeiten die vielfältigsten Pflanzen, ihre Wurzeln, Stengel, Blätter und Blüten als Nahrung zu nutzen, da «wählte» er sich die Nadelhölzer aus.

Nicht unserer kleinen, etwas abseits wachsenden

Kiefer, die schon mancherlei erlebte, gilt sein Weg, sondern der durch Mäuse bereits gelichteten nachbarlichen Gruppe. Schon erreicht er das erste Stämmchen, bohrt ein erbsengroßes Loch in die Rinde, wenig über den Wurzeln, und erreicht mit Sicherheit das erstrebte Wachstumsgewebe. Drüben im alten Stubben, von dem er zielstrebig herkam, hat er, ein kräftiges Weibchen, ein großes Werk für seine Art vollbracht. Er legte dort seine Eier ab. Die schlüpfenden Larven werden tiefe Gänge in die sterbenden Wurzeln des Stubben fressen und damit für den Wald keinen Schaden anrichten; ganz im Gegensatz zu den Larven vieler anderer Kerfe. Bald bricht die Nacht herein. Wo einer der braunen Zerstörer ist, sind gleich mehrere, das Dunkel läßt sie erst richtig aktiv werden. Es ist nur eine Frage der Zeit, wann Bohrloch an Bohrloch den Fluß des ernährenden aufsteigenden Saftes eines Stämmchens unterbricht, wann die Rinde vollständig abgefressen ist, was leider nicht selten geschieht, und das Schicksal der Kiefer endgültig besiegelt ist. Einige aus der Gruppe sterben, etliche bestehen kränkelnd fort. Im August kommen die Käfer nochmals und tun sich wiederum recht gütlich. Das aus den Bohrlöchern austretende, unansehnliche, grindige Harz verrät sie. Auch die einzelnstehende Kiefer mußte zwei schwächende Bohrlöcher hinnehmen.

Ein Paradies bot sich den Käfern auf dem alten Kahlschlag mit den Wurzelstöcken und dem Jungkiefernwuchs. Nahrung im Überfluß für Käfer und Larven, was in alten Zeiten, als der Mensch noch keine reinen Nadelholzbestände anlegte und keine Kahlschläge mit vermehrungsgünstigen Wurzelstöcken entstehen ließ, niemals möglich gewesen wäre. Damals ließ das Leben für den Käfer eine Massenvermehrung gar nicht zu. Die heutigen Monokulturen bieten zwar, forstwirtschaftlich gesehen, mancherlei Vorteile, sie können aber über die damit einhergehenden Gefahren nicht hinwegtäuschen. Und stünde dem Forstmanne die Bekämpfung mit Giften nicht zur Verfügung, würde vieles vom Vorteil einer Reinkultur allein schon durch diesen Schädling wieder verlorengehen. Die Reinbestandswirtschaft ist ein ganzes Stück vom biologischen Gleichgewicht abgerückt, was der Mischwald noch leidlich bewahrt. Eine aus wirtschaftlichen Gründen herbeigeführte biologische Fehlentwicklung, die der Korrektur durch den Menschen bedarf. Auch

Althase.

unser kleiner Kiefernaufwuchs wird im kommenden Jahr den Großen Braunen nur noch als seltene Erscheinung erleben, denn die Gifte des Forstmannes werden diesem Forstschädling den Garaus machen!

Das Leben geht weiter. Der kommende Mai läßt die Bäumchen wieder etwas größer werden, gibt ihnen ein wuschliges Aussehen, besonders unserer freistehenden Kiefer mit den beiden verharzten Bohrlöchern am Fuße. Der Verlust eines halben Zweiges, den ein vorbeihoppelnder Hase *(Lepus europaeus)* abbiß und achtlos liegenließ, was er nicht selten tut, muß hingenommen werden (Bild). Hier wird so etwas von den Kiefern verschmerzt, hingegen nicht im Mischwald hinter den Feldern, wo solche Übergriffe schon wesentlich einschneidender sind. Zu gerne schält Lampe die jungen Gehölze, drum muß der Waldhase im Gegensatz zu seinem äußerlich gleichen Bruder, dem Feldhasen, mit der Büchse möglichst kurz gehalten werden. An seiner Vermehrung ist keinem Forstmann gelegen.

Ein anderer Hase hat mit den Vorderläufen unter der Wuschelkiefer eine flache Mulde gegraben, seine Sasse. Hier wird dösend der Tag verbracht, denn er kennt keine weit verzweigten Baue, wie sie sich Wildkaninchen anlegen. Abends, bei sinkender Sonne, macht er sich dann gemächlich auf, um den Hunger

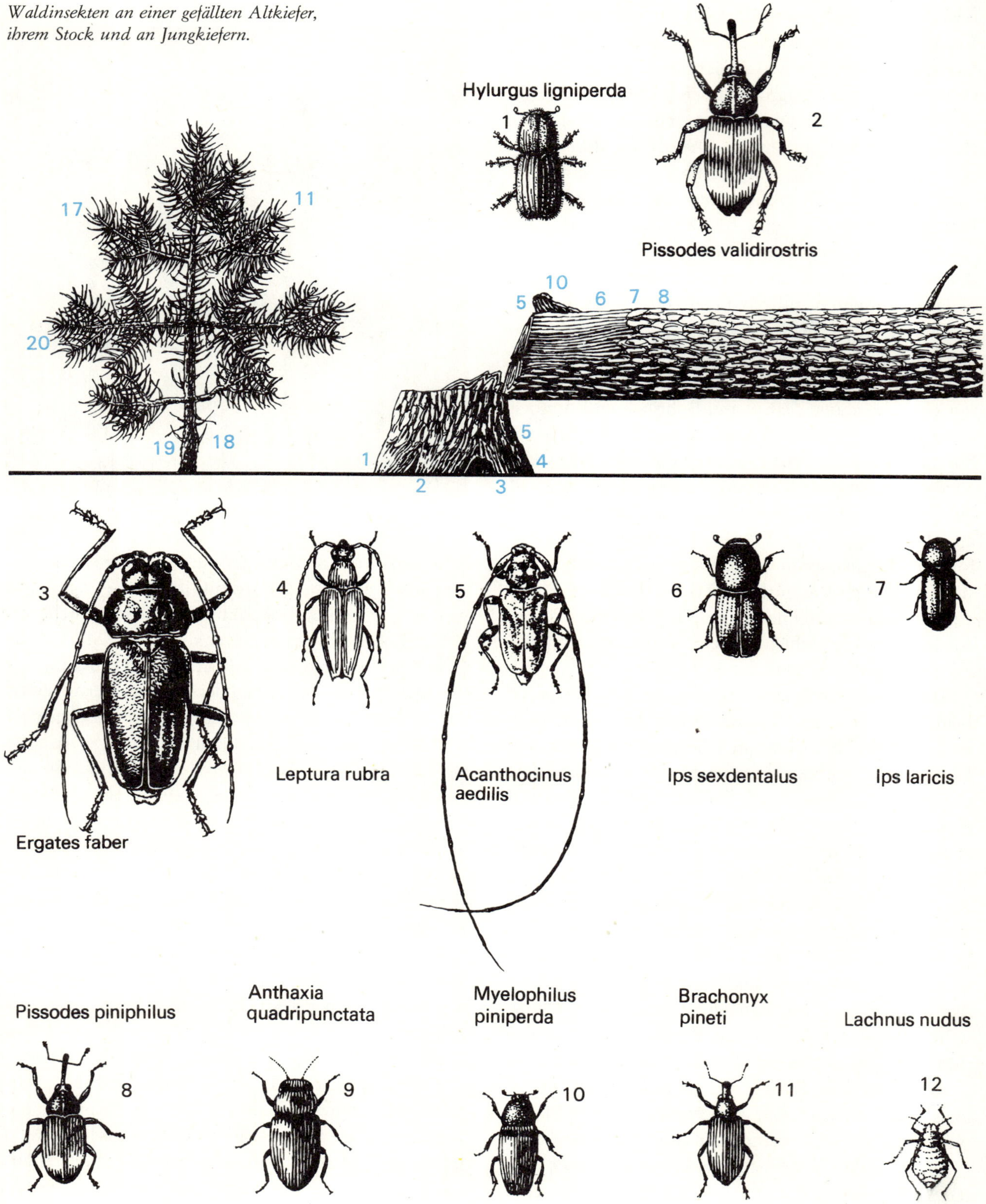

Waldinsekten an einer gefällten Altkiefer, ihrem Stock und an Jungkiefern.

13

Pogonochaerus fasciculatus

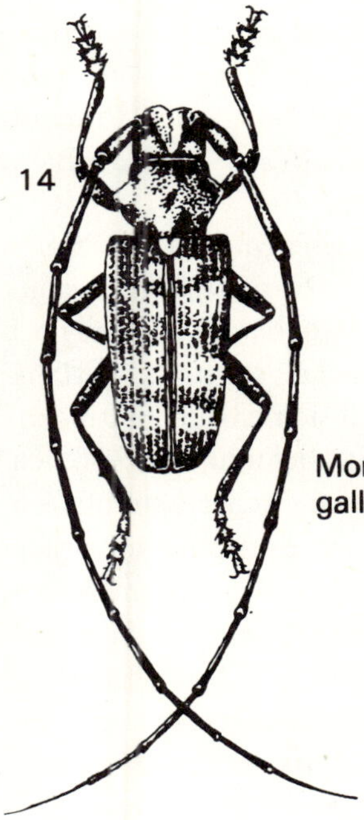

14

Monomachus galloprovincialis

15

Myelophilus minor

16

Pityogenes bidentalus

Hylobius abietis

Dasychira selenitica

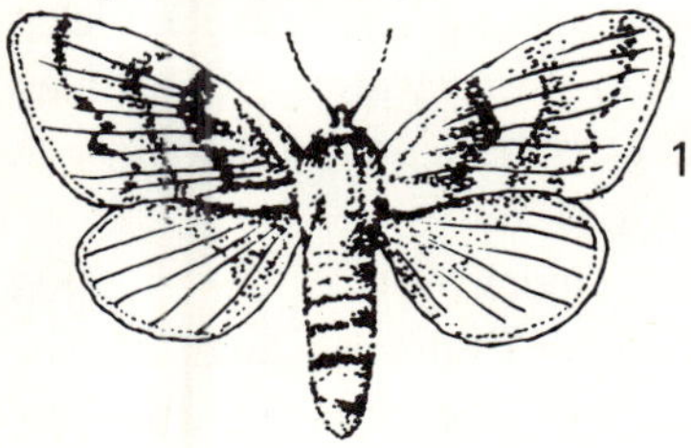

17

Pissodes notatus

18

19

Lachnus pini

20

zu stillen, und kehrt erst am Morgen in das gemachte Ruhelager zurück. Es ist ein starker Rammler, der schon mehrere Jahre hier lebt und den die Ruhe im Revier ortstreu bleiben ließ. Ein graugetigerter verwilderter Kater, der vor Monaten beutesuchend umherstreunte und dessen Anwesenheit so manchen Klagelaut der Junghasen verursachte, sorgte für große Aufregung unter allen Langohren und hätte auch ihn bald veranlaßt, fortzuziehen. Alles aber wurde geklärt durch den scharfen Knall eines Schusses vom Hochsitz, der dem unseligen Treiben ein Ende bereitete. Die angenehme Ruhe kehrte wieder ein. An die seltenen Besuche von Fuchs, Iltis, Habicht und Nebelkrähe, die weniger ihm als den halbwüchsigen und kleinen Artgenossen galten, hat Lampe sich gewöhnt, sie sind nicht häufiger als anderswo. Dann gilt es nur noch die Jagdzeit zu überstehen. Erfahrungsgemäß verläßt er dann zur Äsung erst bei tiefer Dämmerung die Sasse und kehrt zurück, wenn die Deckung bietenden Kiefern noch als tiefschwarze Silhouette dastehen, und die Jagdzeit hört überall auf. Kein Grund zum Abwandern.

Rehbock.

Mehr als mannshoch sind die Kiefern geworden, stehen dicht an dicht. Der stockende Altholzbestand von nebenan wurde geerntet, die Stubben entfernt; kleine, maschinell gepflanzte Kiefern bedecken nun die freie, ackerähnliche Fläche. Herbizide, die chemischen Mittel zur Unkrautbekämpfung, halten die Pflanzen von Nahrungs- und Lichtkonkurrenten frei. Ihr sporadischer Einsatz und die relativ schnelle Zersetzung, beispielsweise im Vergleich zu DDT-Insektiziden, macht sie schon wesentlich umweltfreundlicher als viele Schädlingsbekämpfungsmittel. Vor allem geht der Trend der Herbizidentwicklung dahin, die als Unkraut angesprochene Pflanze physiologisch so zu schädigen, daß sie sich «totwächst». Anders war es häufig in der Vergangenheit, als durch die Anwendung von Spritzmitteln die Pflanzen verätzt wurden. Dabei nahmen aber auch manches Mal die mit dem Präparat in Berührung kommenden Lebewesen – von der Biene bis zum Menschen – Schaden.

Bräunlich, wie versengt, sieht eine solche Pflanzfläche aus, jämmerlich für den Naturfreund, weniger dagegen für das pflegende Forstpersonal, das sich noch gut des beschwerlichen Aussichelns um jedes Pflänzchen herum erinnert. Wer soll sich dazu noch finden? Wohl kaum jemand. Der Wald aber muß fortbestehen, als wichtige Rohstoffquelle wirtschaftlich bleiben, ganz zu schweigen von seinen anderen vielseitigen Aufgaben als lebenspendender Umweltborn. Mögen sich dabei die eine oder andere Notwendigkeit auch heftig und unangenehm berühren, bei dem Blick auf das vorrangige lebensgemeinschaftliche Interesse gegenüber den biologischen und anderen noch zu nennenden Veränderungen der Wirtschaftswälder werden heutzutage stets vernünftige Überlegungen zu überwiegen haben. Die im letzten Jahrzehnt seitens des Umweltschutzes nicht nur dringlich, sondern in vielen Ländern gesetzgeberisch festgelegten Richtlinien legen eigennützigem oder unüberlegtem Handeln von Jahr zu Jahr straffere Zügel an.

Der alte Bock, der vorsichtig aus der dichten Kieferndickungschicht zu der Pflanzung äugt, die vor Wildverbiß ein engmaschiger Zaun schützt, äst nur zaghaft im Schutze der niedrigen Bäumchen. Wenig später zieht er sich bei einem knackenden Geräusch, das vom Schuh des Jägers herrühren könnte, rasch zurück zwischen die Langnadligen, die hinter ihm wie ein Vorhang zuschlagen (Bild). Sie sind ein vorzüglicher Schutz. Ein Vorteil, den der ansonsten äsungsarme Kiefernwald ihm und seinesgleichen bietet, aber nur, solange er so groß ist, daß die unten nadeltragenden Zweige alles dicht machen. Die bescheidenen Äsungsverhältnisse, die nur durch die angrenzenden Feldfluren wesentlich verbessert werden, bedeuten für sich allein recht ärmliche Lebensbedingungen und sind mit denen im Mischwald, der durch die saftigen, frischen Blätter und Kräuter weitaus bessere aufweist, nicht zu vergleichen. Mehr als das überwiegend Gras äsende Rotwild ist Rehwild auf solche würzigen und duftigen Leckereien angewiesen; sie kosten hier und dort wie genießende Feinschmecker. Das ganze Ausmaß der einseitigen Vegetation einer Monokultur bekommen sie erst im Winter zu spüren, wenn Eis und Harschschnee die Felder nicht freigeben, die Nahrung zudecken. Jetzt fehlen die Eicheln und Bucheckern, das Laub der Beerensträucher, was der Mischwald für seine Bewohner bereithält. Vorwiegend für Rot- und Damwild muß nun, wie schon manches Mal im Sommer – weil der Kiefernwald gar zu dürftig an Futter ist – die Rinde besonders der Stangenhölzer herhalten. Wäre nicht die von den Jagdgenossen gut beschickte Wildfütterung, würde manches Stück Wild den Frühling nicht erleben und der Schaden an den Bäumen wäre unverantwortlich groß. Manch einer sieht den Mann im grünen Rock bei Ausübung des Waidwerks mit scheelem Blick an, wenn sein Schuß einem zurückgesetzten Bock galt oder einen schwachen Spießer niederstreckte. Ebensowenig begreifen die aus der nahen Stadt in die Dorfschenke eingekehrten Sonntagswanderer den Abschuß des sonderbar aussehenden gehörnlosen Bockes, der eine Vielzahl kleiner und großer Perlen aufweist, was ihn deutlich beim Einwechseln vom Kleeschlag in die Kiefernschonung von den anderen Stücken unterschied. Ihm galt die Kugel, weil eine Entzündung oder eine alte Schußverletzung der Hoden ihn von der Blattzeit, der Brunft, ausschloß. Während der Bastzeit, als sich das Gehörn auszubilden begann, ereilte ihn dieses Mißgeschick und führte eine Störung des Gehörnwachstums herbei. Das sich nun übermäßig ausbildende Knochengewebe ließ die ungleich großen Perlen entstehen, die Stangen völlig überwuchern. Immer blieben sie von Bast überzogen, wurden niemals abgeworfen. Ein Perückenbock war nun im Revier, einer, der über kurz oder lang ein siechendes Ende finden würde. So wie der Jäger ihn davor bewahrte, mußte er auch die beiden vorher genannten Böcke ausmerzen und von der Fortpflanzung ausschließen. Ein gesunder, kräftiger Rehbestand kann nur mit den besten Böcken zukunftsträchtig bleiben. Auch ansonsten gilt es, das Rehwild in seiner Gesamtheit in vernünftigen Grenzen zu halten, das heißt, daß auch Alt- und Schmalrehe geschossen werden müssen, wohl ausgewählt, genau wie bei allem übrigen Schalenwild. So gern der Urlauber im würzig duftenden Kiefernwald mehr der anmutigen Rehe sehen möchte, auch in den mittelgebirgigen Fichtenforsten, lebensgemeinschaftliche Rücksicht auf die anfälligen Wirtschaftswälder verbietet es; die Wildschäden werden zu groß, gefährden die aufwachsenden Bäume in ihrer Existenz.

Im Winter verliert unsere Kiefer zwei ihrer schönsten Äste, die in einer Vase während der Adventszeit etwas von der Stimmung des Winterwaldes in die häusliche Sphäre bringen sollen. Wie schön ist so etwas, aber war diese Art und Weise richtig? Welche Unvernunft, welcher Schaden am Wald, wenn man bedenkt, daß oft sogar kleine Wipfel für den gleichen Zweck gebrochen werden. Als Ruinen werden die Bäume nun dastehen, fortan krüpplig wachsen, weitgehend wertlos für den Wald und die Forstwirtschaft. Es wäre nur eine kleine Mühe, zu erfragen, wo Grünschmuck zu holen erlaubt ist. Denn, wenn jeder so gewissenlos handelte, würden die Kiefernforste bald nur noch aus Krüppelholz bestehen. Was wäre dann ein solcher Wald noch, der trotz aller einer Reinkultur anhaftenden Monotonie von allem anderen abgesehen doch ein gesundheitsspendender Born für den Menschen in der hochzivilisierten Zeit sein und bleiben soll. Wo die Verstädterung immer mehr Räume in Anspruch nimmt, immer mehr Staub und Abgasrauch die Luft verunreinigen, übernimmt der Wald wesentlich die Aufgabe, uns saubere Luft zu spenden, auch wenn er nicht unmittelbar am Stadtrand steht.

Noch eine andere menschliche Unart muß der Wald

hinnehmen. Verpackungsmaterial verschiedenster Herkunft und Eigenschaft wird häufig nach dem Picknick achtlos weggeworfen, liegt umher, verschandelt den Wald und verdirbt den Anblick für andere Erholungssuchende. Besonders Stanniol- und Plasteartikel, die schier alles zu überdauern scheinen, kullern noch nach Jahren an alter Stelle herum. Die fehlende Krautschicht «deckt» sie nicht im Sommer zu. Abgesehen von dem häßlichen Anblick kann manches Weggeworfene auch eine Gefahr für die Tiere des Waldes bedeuten. So wurde ein Plastsack einem Damspießer zum Verhängnis. Als er spielerisch mit seinen Stangen über dem Boden forkelte, verfing sich der Sack an einer Geweihsprosse so unglücklich, daß er trotz allen Bemühens nicht mehr abzustreifen war. Er hing Tage und Wochen im Geweih und wanderte mit dem Spießer umher. Beim Äsen baumelte er ihm ständig vor seinen Lichtern, machte ihn unsicher und quälte ihn schließlich so sehr, daß der anfänglich gut Entwickelte vom Fleisch fiel. Ein Schuß des Jägers, der mehrere Morgen auf ihn pirschen mußte, erlöste ihn endlich (Bild).

Solche Unsitten, Achtlosigkeiten, lassen sich leicht vermeiden. Jeder kann durch verantwortungsbewußtes Handeln so zum Umweltschutz beitragen!

Nach diesem Winter der «verlorenen Zweige» trägt Mitte Mai ein sperlingsgroßer Vogel mit aschgrauem Kopf auf einem Ast stammnahe, dort wo die Kiefer ihn am meisten vor spähenden Augen schützt, ein lockeres Nest aus verschiedenen trockenen Halmen zusammen. Den groben Bau besorgt das Männchen allein, nur die Auspolsterung des Napfes mit Insektengespinsten sowie vielen Hasen- und Rehhaaren obliegt dem Weibchen. Nach zwei bis drei Tagen ist das Nest bereits fertig. Die Klappergrasmücke *(Sylvia curruca)*, auch Zaungrasmücke und wegen des weißen Bauches und dem fleißigen Klappern im halblauten Gesangsgezwitscher «Müllerchen» genannt, ist der Mieter. Es handelt sich hier um eine seltene Nistplatzwahl des sonst gern in Hecken brütenden Vogels, der eigentlich mehr dort zu finden ist, wo hinreichend Büsche und dichtes Strauchwerk ihm reichliche Insektennahrung bieten. Doch die Jungbestockungen sagen ihr von den Kiefernbeständen gerade noch zu.

Ein Damspießer lief tagelang mit einem Plastesack an den Stangen durchs Revier. Beim spielerischen Forkeln hatte sich der Sack verfangen, der fortan das Tier sehr beunruhigte. Erst ein Schuß erlöste ihn von dem bedauernswerten Zustand.

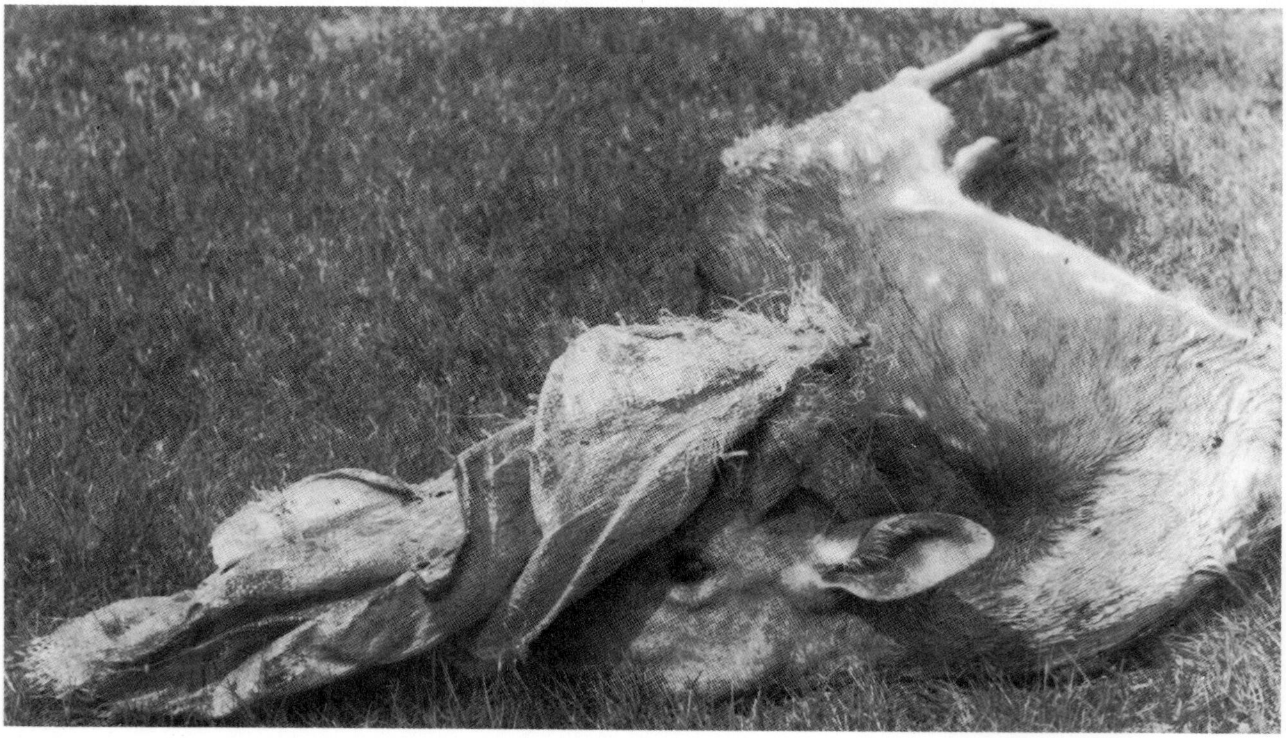

So bildet sie ein Teil der artenarmen Vogelfauna dieser Waldformation mit, die sie emsig von Räupchen, Faltern und allerlei anderen Vertretern der Insektenwelt befreit. Nach Untersuchungen M. Dornbuschs beträgt die Siedlungsdichte der in einer 10- bis 20jährigen Kiefernbestockung brütenden Singvögel ungefähr 25 Brutpaare pro 10 Hektar. Alle 12,5 Hektar ist nur ein Paar des «Müllerchens» anzutreffen, das der Brutpflege nachgeht. Diese Waldformation ist arm an Bruthöhlen, und so verwundert es nicht, daß der Brutvogelbestand der Singvögel durch Aufhängen von Nistkästen durchschnittlich auf gut 66 Brutpaare pro 10 Hektar, ja maximal auf 123, gesteigert werden konnte. Dabei stieg einmal die Artenzusammensetzung, zum anderen siedelten sich vorwiegend Trauerfliegenschnäpper *(Ficedula hypoleuca)* und Kohlmeise *(Parus major)* an. Ein Erfolg von großer forstwirtschaftlicher Bedeutung, denn diese Insektenvertilger sind «lebende Kerfenbekämpfungsmittel» ohne jegliche negative Nebenwirkung für eine Lebensgemeinschaft. Sie sind eines der regulierenden Glieder in der Biozönose, weil sie durch Dezimierung von Insekten diese in für die Lebensgemeinschaft zuträglichen Grenzen hält. Bei aufgetretener Massenvermehrung von Forstschädlingen ist ihr Vernichtungswerk jedoch ohne nachhaltigen Einfluß. Früher wurden häufig Kilo- und Zentnerwerte der Insekten angegeben, die dieses oder jenes Vogelpaar mit der ersten oder auch zweiten Generation vertilgt. Eine Zahlenspielerei, die unberücksichtigt ließ, daß auch der eine oder andere Kerf im Vogelmagen verschwand, den der Mensch damals noch unter die Kategorie «nützlich» eingestuft hatte. Derartige statistische Angaben richteten bald nach ihrem Bekanntwerden manchen Schaden an, da sie bei einem Massenauftreten von Forstschädlingen nicht die erwarteten und auf dem Papier errechneten Erfolge brachten. So äußerten bald «Nützlichkeitsdenker» Zweifel über den wirtschaftlichen Wert des Vogelschutzes. Abgesehen von dieser überholten Denkweise liegt die große Bedeutung der Singvögel auf jeden Fall in der vorbeugenden Bekämpfung von Forstschädlingen. Auch sollte der Hebung des Vogelbestandes in den Monokulturwäldern in Zusammenhang mit der ethischen Bedeutung weit mehr Aufmerksamkeit geschenkt werden.

Wenige Tage später sitzt die Grasmücke brütend auf den fünf weißgelblichen Eiern mit den violettbraunen und gelben Flecken und schwarzen Kritzeln, durch die das Gelege der Umgebung gut angepaßt wird, wenn sie das Nest verlassen muß. Nach 11 Tagen schlüpfen die Jungen und werden hurtig von beiden Alten gefüttert. Nur selten und nur kurz ist jetzt noch das Klappern des Männchens zu hören; denn die Futtersuche beansprucht den gesamten Tag. Nur fünf Tage dauerte das rege Treiben. Als bei den Jungen die Kiele aufbrachen, bereitete die Elster der Kinderstube ein schnelles Ende. Sie hatte schon einige Zeit von ferne die futtereintragenden Altvögel beobachtet und war sich ihres Erfolges beim Hinfliegen bereits sicher. Die Dunenjungen, eins nach dem anderen, verschwanden in ihrem überdachten, sperrigen Reisignest im unweit liegenden Feldgehölz. Ein Vorgang, wie er oft im Walde abläuft, wo es gilt, eigenes Leben und das der Nachkommen zu erhalten, der solange gefahrlos bleibt, wie eine Lebensgemeinschaft gesunde Relationen aufweist.

Häufig machten sich in der Vergangenheit in maikäferreichen Jahren Vertilgungsaktionen mit chemischen Mitteln notwendig. Da die Flugzeit der Maikäfer Anfang Mai liegt, fiel der forstwirtschaftlich notwendige Vernichtungsfeldzug in die Hauptbrutzeit der kleinen Singvögel. So konnte es nicht ausbleiben, daß sich Ornithologen mit den Auswirkungen solcher Bekämpfungsaktionen auf die Kleinvögel und ihre Bruten befaßten. Unterschiedliche Ergebnisse wurden mitgeteilt. Interessant ist der Bericht K. Bösenbergs von einer fachgerechten Bercema-Aerosprühmittel (Lindan + DDT) – Bekämpfung, die eine Verringerung des Beuteangebotes im herangetragenen Futter der überwachten Kohl-, Hauben-, Tannenmeisen und Trauerfliegenschnäpper erkennen ließ und in den ersten Tagen eine Entwicklungsbeeinträchtigung der Nestlinge verursachte. Auf die Dauer konnten weiter keine nachteiligen Auswirkungen festgestellt werden, da die futtersuchenden Vögel auf Spinnenbeute auswichen. Wie weiterhin beobachtet werden konnte, bleiben die Vogelbruten vor schädigenden Folgen bewahrt, wenn die Begiftung termingerecht vorgenommen wird und sich nicht zwei Wochen später eine Wiederholung notwendig macht. Dann aber würden sich unweigerlich Entwicklungsstörungen bei den Nesthockenden einstellen. Ein

Beispiel dafür, wie unbedingt notwendig es ist, sachkundig bei der Anwendung mit Insektiziden zu verfahren, um nicht nahrungsabhängige Glieder einer Lebensgemeinschaft zu schädigen.

Das Weibchen des Trauerfliegenschnäppers *(Ficedula hypoleuca)* wird dann unbeschadet seine einzige Brut im Jahr großziehen können, selbst wenn die eine oder andere begiftete Raupe bei ihren fünf Nestlingen in den ersten Tagen eine Appetitlosigkeit hervorruft. Sie wird geringer sein als beispielsweise bei den weit mehr Raupen vertilgenden Meisen, Grasmücken, Drosseln, Heckenbraunellen und den anderen Vögeln, die mehr dem kriechenden und laufenden Insektengetier zugetan sind. Denn der Trauerfliegenschnäpper hascht, von Anflugwarten aus, geschickt nach kleinen schwirrenden Insekten. Dazu sucht er auch mehrmals am Tage den Anflugast des Eisvogels vor seiner Bruthöhle in der Erdwand auf (Bild). Denn über dem nur noch wenig Wasser führenden Bach, der wohl bald ganz austrocknen und dem «Fliegenden Edelstein» kein Fischchen mehr bieten wird, tanzen viele Mükken, leichte und reiche Beute für einen Schnäpper. Kommt der Eisvogel im tiefen Flug vom nahen See, wo wir ihm bereits begegnet sind, bachaufwärts zurück, dann wird er schnell den günstigen Ansitz räumen, um ihn später, nach zwei, drei Stunden, wieder aufzusuchen.

Das Trauerfliegenschnäpper-Weibchen suchte mehrmals am Tage den Anflugast des Eisvogels auf, um von hier fliegende Kerfen zu jagen.

Das fehlende Buschwerk, der Mangel an Beerensträuchern, die einseitige Baumbepflanzung, die für Schädlinge aus dem großen Reich der Kerfen breite Angriffsflächen bieten, lassen keine zur Insektenvertilgung dringend benötigte stabile Vogelpopulationen entstehen. Erst wenn Laubbäume, Sträucher und verschiedenes Gebüsch Einzug halten, der Mischwald sich bildet, ist man dieser leidigen Sorge ledig. Dann wäre auch folgendes nicht im einige hundert Meter entfernten 70jährigen Altholzbestand passiert, von wo oft Kuckucksrufe herüberschallen: Ein leichtes Knistern ist im Wald zu vernehmen und feiner Regen geht nieder, obwohl kein Wasser zu Boden fällt. In nicht zu schätzender Zahl rieseln kleine Kotkrümel von den Bäumen. Die Raupen des Kiefernspinners *(Dendrolimus pini)* sind hier am Werk, unvorstellbar viele; jede von ihnen frißt etwa 1000 Nadeln bis zur Verpuppung (Bild). Im Herbst waren sie geschlüpft, haben sich Nadeln einverleibt, deren Verlust von jedem Baum überstanden wurde, überwinterten unter Moos, zusammengerollt bis in die letzten Märztage. Und dann begann es, das Schauspiel: Nadel auf Nadel wird gefressen, Ast auf Ast wird kahl, Baum um Baum. Die Monokultur rächt sich. Das Wild hat schon lange den Forst verlassen, die Vögel folgen, nur der frühlingskündende Rufer, der Kuckuck, bleibt, bekommt sogar noch Gesellschaft von zufliegenden Artgenossen als Vertilger der Raupen, die vor anderen Vögeln durch ihr haariges Kleid sicher geschützt sind, nicht aber vor diesen, bei denen sich die Haare in die Magenschleimhaut bohren, die von Zeit zu Zeit abgestoßen wird. Einige Hilfe kommt allein noch aus der Welt der Insekten, und zwar aus der Gattung der Puppenräuber, *Calosoma.* Diese kleinen, erfolgreichen Helfer des Menschen beim Kampf gegen die schädlichen Schmetterlinge in Wald und Flur stellen für die gefräßigen Raupen einen gefährlichen Spezialisten von großer Aktivität bereit. Der stahlblaue, grün metallisch glänzende Große Puppenräuber *(Calosoma sycophantha)*, ein geschickter Läufer, der emsig an Bü-

Der Kiefernspinner (Dendrolimus pini) gehört zu den gefährlichsten Forstschädlingen.

Die Raupen fressen vornehmlich an Kiefern.

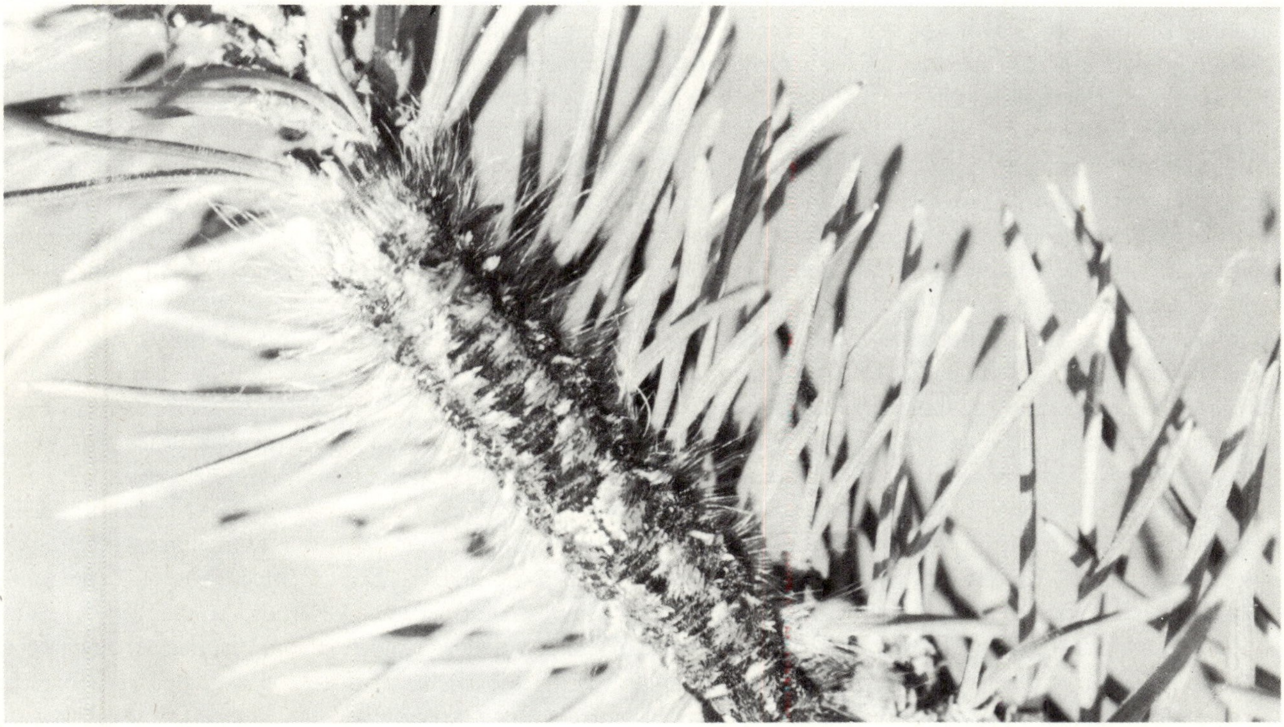

schen und Bäumen hochklettert und dabei Puppen und Raupen der Schmetterlinge vertilgt, selbst während seines kurzen, nur zwei bis drei Wochen dauernden Larvenstadiums. In den zwei bis drei Jahren seines Lebens verrichtet er eine unschätzbare Arbeit, indem er in dieser Zeit um die 1000 Raupen der verschiedensten Forstschädlinge vertilgt. Glücklicherweise vermehrt er sich recht schnell, so daß er in raupenreichen Jahren großartig unter den Schädlingen aufräumen kann. Deshalb genießt er gesetzlichen Schutz, und nicht etwa wegen seiner Seltenheit, wie andere geschützte Arten. In den Jahren 1905 bis 1910 wurde er sogar von Europa nach den USA exportiert und in Laboratorien vermehrt, als in den dortigen Wäldern die zu seiner Beute zählenden eingeschleppten Schadschmetterlinge den Bäumen immer mehr zusetzten. Kurze Zeit nach der gruppenweisen Aussetzung trat bereits eine zunehmende Normalisierung der Verhältnisse ein, nicht zuletzt dadurch, daß er sich vorwiegend auf die weiblichen Tiere stürzte, die er genau von den männlichen zu unterscheiden weiß. Durch deren bevorzugte Vernichtung wird die Vermehrungsquote der Schädlinge erheblich eingeschränkt.

Auch hier im stark befallenen Kiefernbestand würgt er zwar Raupe auf Raupe tot, aber selbst seine Truppen bleiben am Ende doch machtlos gegen diesen Massenbefall des millionenstarken Heeres der Raupen des Kiefernspinners, die ihre vernichtende Arbeit unaufhörlich fortsetzen und den Tod dieser Lebensgemeinschaft herbeiführen. In früheren Jahren haben oft erst Infektionskrankheiten das unheimliche Heer liquidieren können. Ihre behaarten Leichen hingen dann schlaff von den Ästen. Heute räumen Insektizide auf, die auch in den nächsten Jahren noch zum Einsatz kommen müssen, um solcher massenhaften Vermehrung Einhalt gebieten zu können. Mikrobiologische Bekämpfungsmaßnahmen, das heißt die Erzeugung und Verbreitung von Infektionskrankheiten unter den Schädlingen, werden sicherlich in Zukunft an praktischer Bedeutung gewinnen, besonders da sie relativ artspezifisch wirken, die Nützlinge schonen und nicht, wie die Insektizide, Rückstände hinterlassen. Zusätzlich läßt sich manchmal die Sterblichkeitsrate beispielsweise durch sogenannte «Stressoren» wesentlich steigern und vorverlegen. So führt der Zusatz von Kupfersulfat zu Polyederviren, die bei der Bekämpfung der Nonne (*Lymantria monacha*) eingesetzt werden, zu wesentlich größerer Wirkung als bei Fehlen dieser anorganischen Substanz. Trotz aller bisheriger Erfolge solcher krankhaft wirkenden Viren- und Bakterienpräparate kann man zur Zeit aber auf die Anwendung von Insektiziden nicht verzichten.

Ein anderer natürlicher Feind der Kiefernspinnerraupen aus der Lebensgemeinschaft des Waldes ist der Pilz *Cordiceps militaris*. Er befällt die Raupen während ihrer winterlichen Ruhe, tötet sie und schaltet sie damit schon vor vernichtendem Frühjahrsfraß aus.

Bis dieser Forstort wieder grün ist, wird geraume Zeit vergehen. Manch einer der Bäume wird den Frühjahrsangriff nicht überstehen und absterben. Es wird noch lange dauern, bis die Lebensgemeinschaft wieder aufgebaut ist. Das sind die biologischen Anfälligkeiten einer Monokultur, zu der auch die Nonne (*Lymantria monacha*) noch ihren schädlichen Beitrag leistet, der vor allem in der Vergangenheit groß war, als die heutigen chemischen Bekämpfungsmittel noch nicht zur Verfügung standen. Trotzdem bedeutet er auch in unserer Zeit noch eine ernstzunehmende Gefahr, dieser Falter mit den weißen, schwarzgezackten Binden auf den Vorderflügeln und den grauen Hinterflügeln, dessen Zeichnung insgesamt in der Intensität variabel ist. Auch bei dieser Kerbtierart ist nicht der Falter selbst der Zerstörer; seine Raupen fressen nachts die Kronen kahl, spinnen sich bei Störungen schnell ab, um dann am Stamm wieder nach oben zu marschieren, wo ihre Kauwerkzeuge unaufhörlich arbeiten. Ausgedehnte Wälder fielen ihnen schon zum Opfer, denn sie fressen infolge ihrer gewaltigen Vermehrung außer Nadelbäume auch Eichen, Linden und andere Laubbäume kahl.

Mitte des vorigen Jahrhunderts führte die Nonne ihren wohl gewaltigsten Feldzug, als sie vom Ural bis zu den damaligen Baltenländern ganze Wälder vernichtete, wobei über 100 Millionen Festmeter Holz eingeschlagen werden mußten, was etwa 7% des Holzeinschlages der ganzen Welt bedeutete. Die Raupenansammlungen waren manchmal so groß, daß sich die jüngeren Bäume niederbogen. Eine vollständige Säuberung der Landstriche von diesem Schädling, die heute selbst vom Flugzeug abgeworfene Insektizide nicht restlos schaffen, besorgte bereits öfters einer der ganz kleinen Feinde gründlichst. Ein

Virus, der die Raupen wipfelwärts wandern läßt und ihr Gewebe im Inneren auflöst. Auch er ist ein Mitglied der Lebensgemeinschaft, ein willkommener Helfer, dessen künstliche Vermehrung und Verbreitung bisher leider erfolglos blieb. Auch die Schwarze Schlupfwespe *(Pimpla instigator)* gehört zu denen, die durch ihre parasitierende Lebensweise manche der Raupen vorzeitig vernichten und damit gleich vielen der Ichneumoniden zu den forst- und landwirtschaftlich Nützlichen zählen. Da sie ihre Eier nicht nur in die Raupen der Nonne legt, sondern auch in die anderer Forstschädlinge, gewinnt ihre regulierende Aufgabe in der Lebensgemeinschaft des Waldes noch zusätzlich an Bedeutung.

Neben diesen wenigen erwähnten biologischen Gefahren für die Reinkultur von Nadelwäldern treten aber noch weitere gänzlich anderer Art auf. So läßt die sommerliche Sonne den Waldboden trocken werden, entzieht ihm die Feuchtigkeit, und zwar einer Kiefern-Monokultur weit mehr als dem mehrstöckigen, schattigen Mischwald mit seiner Pflanzenvielfalt. Eine große Waldbrandgefahr ist die Folge. Sie schwebt in dieser Jahreszeit als Damoklesschwert über dem Kiefernwald. Die Scherbe einer achtlos weggeworfenen, zersprungenen Flasche kann die Sonnenstrahlen bündeln, zur Sammellinse werden und die ausgedörrten Nadeln entzünden. Der Funkenflug einer Dampflokomotive, deren Gleise die Kiefernwälder da und dort teilen müssen, die weggeworfene Zigarettenkippe, sie alle können die Funken zur lodernden Feuerbrunst sein, die alles, was da kreucht und fleucht und wächst vernichtet. Nur schwer sind die dahineilenden, überspringenden, einmal hochlodernden, dann schwelend an entfernter Stelle plötzlich aufspringenden, prasselnd brennenden Flammen unter Kontrolle zu bringen, ist der schnell raumgreifenden Vernichtung Einhalt zu gebieten. Es fehlen die brandeindämmenden Birken, Eichen, Ahorne und alle anderen laubtragenden Bäume. Große Holzverluste und der lange Ausfall verschiedener, regulierender Funktionen des Waldes sind die Folge.

Ein zwischen den Brandherden liegender Laubwaldstreifen bewahrte unsere, einst von dem alten Überhälter gesäten Kiefern vor dem Raupenbefall und Flammentod, ließ ihre Lebensgemeinschaft ungeschoren.

Im Juli des gleichen Jahres zog ein ungerader Zwölfender durch die dichten Kiefern zur moorigen Suhle, fegte die letzten Bastfetzen vom Geweih, wobei eine Kiefer recht ramponiert wurde und die Verwundung wohl kaum überstehen wird. Er wechselte hier zwischen der nahen Äsung auf der angrenzenden Wiese, der Suhle und dem Einstand, wo er den Tag über verbringt, hin und her. Er steht in der Feiste, die Zeit, in der er ordentlich Fett anlegt, das er dann während der Brunft, wenn ihm keine Zeit zur Äsung bleibt, aufbraucht. In der Brunft wird dann sein Körper wieder schlank, läßt die gewachsene Brunftmähne noch imponierender erscheinen.

August/September beginnt dann die Brunft. Der Hirsch sucht das Kahlwild, also die weiblichen Tiere und Kälber, auf, er tritt zum Rudel, wie der Jäger sagt, und stellt sich auf dem Brunftplatz ein. Und nun beginnt er des Nachts mit Schreien, Röhren und Orgeln, unheimlich, von Nacht zu Nacht lauter, tiefer und durchdringender, und wenn er sich in Hochform befindet, sind seine Brunftschreie selbst am Tage zu vernehmen. Er ist nun unvorsichtig gegenüber allen Gefahren geworden, sieht nur das Rudel und warnt mit seinem wuchtig schallenden Ruf die Rivalen; jedes Geräusch mit dumpfem Knören beantwortend. Wieder wird es Nacht, der Vollmond hebt sich klar gegen den Himmel ab. Es verspricht kalt zu werden, was der beim soeben verhallten Röhren als graue Fahne aus dem Äser aufsteigende Atem, zunächst breiter, dann dünner, sich schließlich in nichts auflösend, verrät. Von ferne dringt ebenfalls ein Röhren durch die Mondnacht und muß beantwortet werden. Es ist der Achtender, der auf der Lichtung beim Stangengehölz steht. Weiter rechts folgt tiefgrollend, wie aus einer anderen Welt, ebenfalls eine urige Stimme. Es ist der kapitale Vierzehnender, dem er im letzten Jahr nach hartem, erbittertem Kampf das Rudel überlassen mußte. Auch ihm schreit er nun seine Kraft mit voller Wucht hinüber, herausfordernd und drohend. Er bekommt ein langgezogenes Röhren zurück, das lauter, schon näher, den Anmarsch des Gewaltigen ankündigt. Der Kampfruf schallt weit durch den dunklen Wald, verleiht ihm Leben. Eine Wolke schiebt sich langsam vor den Mond, läßt mehr und mehr alles im Dunkeln verschwinden. Wenig später ist das typische Geräusch forkelnder Geweihe zu vernehmen, hart scheint es zuzugehen. Am Morgen umkreist der Vierzehnender das Rudel, wehrt fast spielerisch die bedeutend schwächeren Beihirsche ab. Der ungerade Zwölfender mußte in dieser Nacht, wie im Vorjahr, seine Rechte an einen Stärkeren abtreten. Der Sieger wird nun seine Qualitäten vererben, denn nach nur kurzem Treiben, das nun einmal dazugehört, beschlägt er, wie der Jäger sagt, die Tiere seines Rudels. Auch das seinen zweiten Herbst erlebende Schmaltier wird erstmalig mit unter denen sein, die nach 234 Tagen, Anfang Juni, ein Kalb setzen werden.

Die warme, mittägliche Sonne beleuchtet am Rande der Dickung, am Fuße der einst einzeln stehenden Kiefer, ein reizendes Idyll. Ein weißgeflecktes Kalb springt etwas unbeholfen, aber kraftvoll umher, nur wenig entfernt von der Mutter, die sich niedergetan hat, die es in den taufeuchten Morgenstunden eines der letzten Tage, hochbeschlagen, hier nach gut einer Stunde gesetzt hatte. Das stille Plätzchen sagte ihr zu, nachdem sie sich kurz vorher vom Rudel trennte. Nach zwei Stunden steht die Mutter auf, das Kalb trinkt ausgiebig und legt sich nieder, vom Grase verdeckt, von weitem nicht zu erkennen. Selbst beim Nähertreten hebt sich das drückende Kalb vom Braun des Bodens nur wenig ab. Besonders bei Sonnenschein tarnen die weißen Flecken in der Decke vorzüglich, lösen das Einfarbige auf und werden eins mit den umgebenden Lichtreflexen. Langsam, äugend, sichernd zieht das Alttier hinaus, äst bereits zwischen den immer lockerer stehenden Kiefern das saftige Gras. Verharrt plötzlich, kein Muskel bewegt sich, das Gras noch im Äser (Bild). Langsam wendet es sich wieder der Kieferndickung zu, geht schneller; wenig später ist das Rotbraun im Grün der Bäume verschwunden. Bald werden beide sich wieder dem Rudel anschließen.

Alttier.

Der Platzhirsch, der große Sieger, aber hat das Rudel schon längst verlassen und zieht mit anderen Hirschen in loser Gemeinschaft im Walde umher, vertraut sich auf dem Wechsel einem Jüngeren an, der sie hier alle führt, wie jedes Jahr.

Jahr um Jahr wachsen die Kiefern, werden ausgeholzt, gelichtet, stehen trotzdem noch dicht. Die unteren Zweige bekommen schon lange kein Licht mehr und haben die Nadeln verloren. Trocken verhaspeln sich die Äste ineinander, machen stellenweise das Eindringen für den Menschen unmöglich. Nicht für die Tiere, die hier leben, die diese menschenfeindliche Wildnis allein deshalb aufsuchen. Auch für die alte Fuchsfähe, die im sandigen Boden beim Anlegen des Baues mit seinen ein- und ausführenden Röhren leichtes Graben hatte, war dies der Grund. Wohlweislich wählte sie fast die Mitte des Bestandes und war nun von einem sperrigen Schutzwall umgeben, der ihr aber ein leichtes Durchschlüpfen ermöglichte. Bei einer angeordneten Fuchsbaubegasung wurde sie mit den drei im Kessel sitzenden Jungfüchsen nicht entdeckt, so gut schützte sie der dichte Wald. Viel hat die Alte in ihrem fünfjährigen Leben schon erlebt, etlichen ein Schnippchen geschlagen. Manches hat sie in dieser Zeit gelernt. Ungesehen konnte sie bisher hier hineinschnüren und den Jungen Futter zutragen.

Die drei wuchsen gut heran, raubten des Nachts bereits fleißig mit der Alten, gingen dann bald ihre eigenen Wege und verbrachten den Tag über in fremden, leeren Kesseln. Nur einer kehrte des Morgens stets zu den alten Röhren zurück, kroch zu Bau, schlief bis Mittag, fuhr aus und schnürte schnurstracks auf dem Wechsel in Richtung Lichtung. Nach drei Stunden kam er wieder, witterte kurz und verschwand bis zur einbrechenden Dämmerung im Bau. Plötzlich schaute der kleine Kopf aus der ebenerdigen Röhrenöffnung, groß blickten die schwarzen Kulleraugen. Langsam, wie bei einem Puppentheater, verschwinden wieder Fang, Seher und Gehöre. Aber der Hunger ist groß, läßt ihn urplötzlich wieder erscheinen, herausschnüren wie ein trabendes Pferd aus dem Stall (Bild). Gleich wendet er sich dem alten vor ihm liegenden Rehschädel mit den Halswirbeln zu und zerrt eifrig daran herum (Bild). Beides ist schon vor längerer Zeit abgenagt. Nur noch zähe Bänder halten alles zusammen, was nun schon seit Wochen vor dem Bau liegt. Er zerrt verzweifelt, in der Hoffnung, doch noch etwas zu finden, was von dem schwachen Schmalreh, das Schnee und eisige Kälte unter den Kiefern verenden ließ, übrig blieb. Der aasige Geruch lockte damals den Fuchsrüden von der «Hygienepolizei» des Waldes an. Resigniert läßt er sich nieder und schaut in der Dickung umher, die keine frisch gesetzten Hasen mehr beherbergt wie einst die niedrige Schonung; nur ab und an starke Rammler, nichts für ihn. Denn bereits seit Jahren werden die Junghasen in der ein rechtes Stück entfernten kuscheligen Kiefernschonung gesetzt, deren Äste bis zur Erde reichen und für die Kleinen genügend Deckung bietet. Der wachsende Wald ändert sein Gesicht und damit auch die Zusammensetzung seiner Lebensgemeinschaft. Manche gehen, andere kommen, etliche bleiben auch immer. Trollend zieht der Jungfuchs ab, hin zu den Mäusen am Wiesenrain, wo ihn sein Ungeschick in später mittäglicher Stunde um zwei fette, aber zu flinke Graubraune gebracht hat. Die unterwegs gefundenen Käfer sättigen keinen heranwachsenden Rüden. Zu allem Überfluß sah ihn heute früh noch der Jäger und hat ihn für den Abschuß im Winter vorgemerkt. Inzwischen aber bleibt Reinecke noch für den Fang mancher schädlicher Nager erhalten und damit nutzbringend für Wald, Feld und Wiese.

Jahre, Jahrzehnte des Wachstums folgen. Aus der einst kleinen Kiefer wurde inzwischen ein stattlicher Baum; zusammen mit den übrigen aus der Pflanzung ein starkes Stangenholz, das bei der laufenden Durchforstung der letzten Jahrzehnte stets für weiterhin pflegewürdig befunden wurde. Die Äxte der Waldarbeiter räumten auf unter den Bäumen, hieben Krankes und Schwaches, auch die vor langer Zeit von Menschenhand abgebrochenen oder vom Rothirsch blankgefegten und übriggebliebenen Kiefernreste heraus. Immer wieder ordnet, hilft die Axt, für gleichmäßig wachsende, breitkronige Bäume Raum zu

Jungfuchs fährt aus der Röhre.

Eifrig zerrt er an einem alten Rehschädel, der schon tagelang abgenagt vor dem Bau liegt.

schaffen, die später eine gute Holzqualität aufweisen sollen. Braune Nadelstreu bedeckt den Boden, wird im Laufe der Jahre abgebaut und zum nährstoffreichen Humus umgewandelt, der nun die vormals arme Erde bedeckt. Diese stachligspitze Nadeldecke trägt viel zur Ernährung der Bäume bei. Es war um die Entwicklung des Waldes schlecht bestellt, als sie in früheren Jahren für das Vieh zur Streu in die Ställe geholt wurde, anstelle des als Futter verwendeten Strohs. Verbote bewahren den Wald nun davor. Eine nutzt diesen streubedeckten Boden für ihre Zwecke, die Nachtschwalbe. Der Wald mit seinem aufgelokkerten Baumbestand kommt nun ihren Ansprüchen entgegen, als Dickung war er für sie uninteressant, da er ihr keine Lebensstätte bot. Alles stand zu dicht, zu undurchdringlich für die langflüglige Fliegerin der Dämmerung und der Nacht. Die Nachtschwalbe *(Caprimulgus europaeus)* mit dem rindenfarbenen Kleid, ausgezeichnet tarnend, mit den kleinen Füßen und der breiten Mundspalte, ist ein neues Glied in dem Lebensgemeinschaftskreis des Waldes, der durch seine höheren Bäume und das Ausholzen lichter geworden ist. Sie wird vielerorts auch Ziegenmelker genannt. Beides sind freilich unzutreffende Bezeichnungen. Denn trotz des weit aufklappbaren Rachens melkt der Vogel nachts weder Ziegen, wie im Mittelalter angenommen und vielleicht vom wirklichen Melker verbreitet wurde, noch verbindet ihn etwas mit den Schwalben. Er gehört einer eigenen Familie mit 68 Arten an, der artenreichsten der Schwalmvögel (Caprimulgiformes). Über die ganze Welt haben sie sich ausgebreitet, nur den kalten Norden und Süden und die Mehrzahl der ozeanischen Inseln besiedelten sie nicht, obwohl auf letzteren auch Wald- und Steppenlandschaften einluden, wo sich doch andererseits einige sogar dem kärglichen Wüstenleben anpaßten.

In den letzten Tagen des Mai, bis hinein in den Juni, ist in der abendlichen Dämmerung der seltsam klingende, monotone Gesang, ein über Minuten andauerndes Schnurren des Männchens, zu hören. Jetzt ist die Paarungszeit der Vögel, die vor drei, vier Wochen aus dem tropischen Afrika in die trockenen, hochstämmigen Kiefernwälder, auf die Lichtungen und Kahlschläge und sandigen Heiden zurückkehrten. Zum ersten Mal hat sich auch in «unserem» Kiefernforst ein Paar niedergelassen. Mindestens fünf Hektar groß ist das Revier eines Pärchens, wie R. Schlegel nach jahrelangen intensiven Beobachtungen über die Siedlungsdichte in einem Kiefernrevier feststellen konnte. Tagsüber ist von ihrer Anwesenheit nichts zu bemerken, denn da verbringen die Vögel, längs einem Ast angeschmiegt oder auf einer Stelle am Boden, wo sich ihre Gefiederfärbung bestens als Tarnkappe bewährt, den sonnigen oder regnerischen Tag. Die in der Nacht großen Augen sind jetzt schmale Schlitze, verraten nicht, daß dieses «Stück Rinde» Leben hat. Sie wissen um ihre vorzügliche Schutztracht, zu der auch das ruhige Verharren gehört, selbst wenn in nächster Nähe Gefahr lauert. Und wenn des Abends und Morgens die schnurrende Stimme ertönt, gesellt sich auch bald das laute Klatschen der zusammenschlagenden Flügel hinzu. Die falkenähnliche Flugsilhouette, die leicht und ohne jedes Geräusch zwischen den Stämmen und über die Lichtung gaukelt, verrät den Ziegenmelker bei seinem Beuteflug. Der weitaufgerissene Sperrachen, von Federborsten umsäumt, führt nun viele schädliche Schmetterlinge und andere fliegende Kerfen ohne jede Auswahl dem Magen zu. 17g Insektennahrung benötigt er täglich, wie die Untersuchungen Schlegels ergaben, wobei die Zusammensetzung von vielerlei Umständen abhängt. Genannt seien nur Witterung, Jahreszeit, Kalamitäten durch Forstschädlinge, wie die Nonne, von der er überwiegend das fliegende Vollinsekt vertilgt, das nachts in Massen umherfliegt. Neben den Fledermäusen ist der Ziegenmelker der einzige, der die nachtaktiven, fliegenden Insektenschädlinge verzehrt. Mag sein Anteil an ihrer Vernichtung bei einer Massenvermehrung nur eine Höhe erreichen, die sich in Promilleregionen bewegt, so ist er doch, wie gesagt, einer der wenigen, der eine große, weit vorbeugende Arbeit leistet. In einem Sommer vertilgt er 750000 Insekten pro km^2 Fläche, also einen Vollkerf auf gut $1\,m^2$, und trägt so wesentlich zur Erhaltung des biologischen Gleichgewichts im Kiefernwald bei. Auch der schwerfällig dahinbrummende, massige Mistkäfer, die «Fliegende Brombeere», entgeht dem Jagenden nicht und ist für ihn ein besonderer Leckerbissen. Häufig sitzt er auf Landstraßen und Autobahnen, obgleich er wohl keine Nahrung aufliest, denn er ist Ansitz- und Flugjäger. Der Lichtkegel eines nahenden Autos erfaßt ihn häufig und gleich manchem anderen seiner Familie ereilt ihn der Tod durch Überfahren. Die meisten Vögel sterben allerdings während der täglichen Ruhe auf Feldwegen, wo sie, auf die Tarnfarbe vertrauend, vor den Kraftfahrzeugen nicht flüchten. Vor allem während der Durchzugsperiode wird immer wieder von bedauerlichen Verlusten dieser Art berichtet, wobei möglicherweise die Ermattung durch die vorausgegangenen Flugleistungen das große Vertrauen auf die Tarnfarbe erklären. Zum anderen läßt ein schnellfahrendes Auto auch nicht viel Zeit zur Fluchtreaktion, besonders, wenn die Fluchtdistanz nur wenige Meter beträgt. Verluste durch die Zivilisation, die mit zunehmender Verkehrsdichte größer werden und noch nicht bedacht werden konnten, als sich vor Jahrmillionen die Vermehrungsquote pro Paar für immer einpegelte. Die vier Jungen, durch zwei Bruten erbracht, glichen in zurückliegender Zeit die Abgänge durch natürliche Feinde und Naturunbilden aus, wobei auch der Ausfall des einen oder anderen bis zur Fortpflanzung bei dieser Nachwuchsfrage während der Entfaltung der Art einkalkuliert war. Kein Wunder nun, daß der Ziegenmelker immer seltener wird.

Am Fuße der Kiefer, deren Weg wir verfolgen, neben einem dürren Reisighaufen, legt das Weibchen zwei längliche, weißgraue Eier mit grauen und violettbraunen Flecken ohne jede Unterlage auf die blanken Nadeln. Heute eins und übermorgen nochmals eins. Nicht einen Halm, kein einziges Reis wird herbeigetragen, nestlos werden die Jungen ausgebrütet und aufgezogen. Alles andere Material würde nur die tarnende Gleichförmigkeit des Nadelbodens unterbrechen, die Aufmerksamkeit der scharf spähenden Feinde auf den brütenden Vogel und später auf die beiden Jungen lenken. Nach 18 Tagen ist der große Schlupf von beiden Alten ausgebrütet, wobei während der Tageshelle überwiegend das Weibchen diese Aufgabe wahrnahm. Von den ersten Stunden an können die Jungen sehen und umhertrippeln. Ein bodenfarbiges Dunenkleid schützt sie vor suchenden Blicken. Bald verläuft ein Kranz heller Kothäufchen um die Stelle, wo bei anderen das Nest steht. Mit kleinen Schrittchen schieben sie sich zu dem Ort der Entleerung. Kaum sechs Tage alt, wird fortan der Nestplatz immer an etwas anderer Stelle sein, denn sie wandern nachts wenige Meter im Umkreis umher, während die Eltern auf Futtersuche sind. Morgens sitzen sie dann wieder dicht beieinander. Nähert sich ein Feind, scheint die tarnende Färbung ihnen nicht mehr helfend beizustehen; dann reißen die Jungen den rosaroten Rachen weit auf und stoßen ein furchteinflößendes Zischen aus, das mit Sicherheit für manchen Ahnungslosen abschreckend wirkt (Bild).

Schon bald muß das Männchen die Jungen allein betreuen, denn das Weibchen hat bereits wieder ganz in der Nähe mit der zweiten Brut begonnen. Die Vögel müssen sich jetzt mit der Aufzucht dazuhalten, da es Ende August, spätestens Anfang September wieder gen Süden geht, und bis dahin müssen die Jungen beider Bruten wie die Alten jagen und fliegen können. Eines Tages ist es dann soweit. Sie verlassen die Heimat. Selbstverständlich wird nur nachts geflogen und tagsüber geruht. Ende September trifft man sie dann ausschließlich in südlichen Breiten an. So auch an der bulgarischen Schwarzmeerküste, wo ich mindestens ein Dutzend Rastende auf sommerwarmen Steinen und bräunlicher Erde eines Hanges traf. Jeder

Abwehrstellung eines jungen Ziegenmelkers.

Vogel ist für sich allein. Kopf und den geradlinig anschließenden Körper der leichten Seebrise entgegengerichtet, die Augen fast geschlossen, durch die schmalen Sehschlitze aber alles genau beobachtend (Bild). Sie halten das Vorbeigehen des Menschen nicht so lange aus wie in heimatlichen Gefilden, sondern fliegen auf, um nach 10, 30 m wieder einzufallen, eins geworden mit der trockenen Erde und der weiten Einsamkeit. In 2, 3 manchmal 10, 15 m Entfernung ruhen sie, und selbst beim Koten wird nur etwas seitwärts gerutscht auf dem Stein oder dem eingenommenen Sandfleck. Am nächsten Morgen ist keiner der Ziegenmelker mehr da. Sie haben es eilig, sind weiter unterwegs, dorthin, wo es noch wärmer ist. Es ist ein weiter Weg bis Ost- und Südafrika.

Stürme, Schnee und Eis, warme Frühlings- und brütende Sommersonne, Regen, mal nieselnd, mal peitschend, auch gewitternd, all die Erscheinungen, wie sie die vier Jahreszeiten in jährlicher Chronologie bringen, erleben die Kiefern viele Male. Durch ihre Stärke und Größe trotzen sie vielen Gefahren, die manchen von ihnen früher das Leben kosteten. Sie gehören nun zum Altholz, von den einst auf einem Hektar wachsenden 20 000 bis 30 000 Kiefernpflanzen blieben nur etwa 400 übrig. Mit ihren Wurzeln, ihren Stämmen und Kronen dienen sie jetzt anderen, die in diesem Walde leben. Eine davon ist auch die Kiefer, der schon öfter unser Blick galt. Mikroorganismen, Pilze, vielfältigste Vertreter aus der Klasse der Insekten leben in der dem Auge verborgenen Mannigfaltigkeit des Wurzelbereichs. Die grobe Rinde des Stammes mit ihren hellen Nischen und dunklen Winkeln, wie geschaffen für Kerfen, deren Eier und Larven, nach denen Kleiber, Meisen und Spechte suchen, ist leicht zu erklimmen für Eichhörnchen und Marder, für beide eine Straße der dritten Dimension. Und nun erst die Baumkrone mit den unterschiedlich benadelten Ästen, dünnen und dicken, grünen und dürren, knorrigen und geraden, verzweigten und stummligen. Sie bedeuten Sitzwarten für den gurrenden Tauber in der Sonne und den kröpfenden Kauz in der Nacht, für das sich putzende Eichhörnchen und

Rastender Ziegenmelker – bulgarische Schwarzmeerküste

Einen Ast der Kiefer wählte der Buchfink für sein Nest.

das Tagpfauenauge, für den rätschend umherstreichenden Eichelhäher, sind einladender Rastplatz für die ziehenden Ringdrosseln, Paarungsstätte für die emsigen Meisen und Todesort für den vom Sperber gegriffenen Feldsperling. Was könnte ein Wipfel alles von dieser Lebensgemeinschaft erzählen, der Tag für Tag Neues «erlebt», der nicht nur dies, sondern in seiner Gesamtheit Schatten und Kühle, Schutz vor Wind und mancherlei Feinden vom Boden wie aus den Wolken bietet, durch die chemischen Prozesse in seinen Nadeln die Luft reinigt und mit Sauerstoff anreichert. Schließlich bietet er mit seinen Nadeln Nahrung für die Raupen von Schmetterlingen, mit seinen Samen auch für Vögel, besonders für den Fichtenkreuzschnabel *(Loxia curvirostra)*, der von jedem Zapfen etwa 6 bis 17% der Samen aushackt, und für die Spechte, von denen hauptsächlich der Buntspecht *(Dendrocopos major)* in Frage kommt, der nach Untersuchungen P. H. T. Hartley's täglich 14 bis 74 Zapfen und in den Monaten August, September, Oktober 3000 Stück ihrer Samen beraubt. Eine enorme Zahl, wenn man bedenkt, daß 35 Zapfen um die 4 g reinen Samen bringen, und ein Hektar Kiefernwald nur 15 kg liefert. Er reißt die Zapfen ab, fliegt ein Stück und befestigt sie in einem besonders dafür gezimmerten Loch, in einer entsprechenden Astgabel, oder er klemmt sie in die großen Risse der Bäume ein, um dann mit dem Schnabel die Schuppen aufzuhacken und den Samen herauszuklauben. «Spechtschmiede» nennt man diese Stellen, die leicht an der Vielzahl umherliegender, entleerter Zapfen zu erkennen sind.

Manch einer der Äste wird als Neststandort von kleinen wie großen Vögeln gewählt, soweit ihren arteigenen Ansprüchen eine der Kronen entspricht. So fand denn auch ein Buchfink *(Fringilla coelebs)* im deckenden Grün einen geeigneten Nistplatz. Sein kunstvoller Napf aus Würzelchen, Moos, Haaren und Flechten hebt sich wenig von der Umgebung ab, denn er versteht es meisterhaft, das Nestäußere durch die Wahl der Baustoffe der jeweiligen Umgebung gut anzupassen. Er zieht seine drei Jungen mit vielerlei Samen und Grünem groß (Bild). Gern nimmt er dann auch Insekten. Dieses Jahr wird erfolgreich für ihn sein. Noch zweimal füttert er Bruten heran, ganz im Gegensatz zum letzten Frühjahr und Sommer. Da gelang es trotz eifrigstem Bemühen keinem der Vögel, auch nur ein Junges aufzuziehen. Eine wie aus Schleusen stürzende Gewitterflut, Häher und Eichhörnchen besorgten das vorzeitige Ende. Nicht zu vergessen die kaum zu ertragende zehntägige Hitze, die auch für die drei Kleinen im wenig beschatteten Nest zu groß war, als sich die Alte nicht schirmend auf sie setzen konnte. Ursache war der im Revier lebende Baummarder. Er lag im alten Krähennest des Nachbarbaumes und kam wohl durch die übermäßige Wärme nicht recht zum Schlaf. Laut warnend trippelte das Buchfinkenweibchen damals auf den Ästen umher, es durfte dem Marder durch seinen Anflug nicht das Nest verraten. Endlich machte sich «Gelbkehlchen» dann auf, eine der selten benutzten, kühleren Baumhöhlen aufzusuchen. Diese liegen weit im alten Mischwald, wo eigentlich das Revier der beiden Alteingesessenen ist, die ihn dort nicht dulden. Jetzt am Tage werden sie sein Kommen kaum bemerken, und abends macht er sich dann wieder zum Kiefernwald auf, der aber für seine Größe keinen höhlernen Schlupfwinkel bereithält.

In den Baumkronen des Altbestandes oder auf starken Seitenästen hat auch der Rote Milan *(Milvus milvus)*, ein reichlich bussardgroßer Greif mit charakteristisch tief gegabeltem Stoß, seinen selbstgebauten oder übernommenen und ausgebauten Horst. Ein seltener Gast in der sandigen Ebene, wo man häufiger seinem Vetter, dem Schwarzen Milan, begegnet. Typisch für ihn ist die Auspolsterung der Horstmulde mit Stoffetzen – selbst Windeln stiehlt er von der Bleiche – Papier, Fellstücken und anderen Gegenständen, deren brutbiologische Bedeutung noch unklar ist. Bei der Wahl des Horstplatzes bevorzugt er die Waldränder an Wiesen und Feldern. Hier hat er leichtes Anfliegen, wenn er von Beuteflügen aus der Kulturlandschaft zurückkehrt und Ratten, Mäuse, Hamster, Hasen, Maulwürfe, Reptilien, Insekten, Fische, Vögel und Aas herbeiträgt. Oft fliegt er kilometerweit zu Müllkippen, über die er leicht und elegant hinwegstreicht, gewandt zum Boden stößt und manchmal eine Ratte oder ein Stück Verwesendes in den Fängen wegträgt. Seine drei Jungen werden mit zunehmendem Alter immer größere Individualisten. In dem Maße wie sich ihr Federkleid schließt, nimmt Zank und Streit auf dem Horst zu, nur zum Schlafen scheint ihnen Ruhe noch gemeinsam zu sein (Bilder). Der eine putzt sich, der andere schaut zum Himmel zu einem hoch in den Wolken schwebenden Alten und stößt ein klagendes «Wi,wiwiwi» aus, der dritte zerrt an einem frischen oder übriggebliebenen Beuterest, seinen Geschwistern wohlweislich den Rücken kehrend und mit den Flügeln seitlich die Atzung abschirmend. Einig im gierigen Betteln sind sie, wenn ein Altvogel zwischen den Baumstämmen naht, den sie mit «Wiwi»-Rufen und vorgestreckten Hälsen empfangen. Es sind majestätische Vögel, diese Milane – wenn Adler fehlen – die größten Greifvögel im Revier, denen eine bedeutende Rolle bei der Aasbeseitigung im Haushalt der Natur zukommt, wobei gelegentlich Übergriffe auf das Niederwild im Vergleich zu ihren sonstigen Vorzügen bedeutungslos bleiben. Zwischen September und den ersten Tagen im November ziehen sie in das wärmere Südeuropa und nach Nordafrika und kehren für nur eine Brut manchmal schon Ende Februar heim. In den folgenden Jahren wird der gleiche Horst von den Milanen bezogen. Erst als einer der Altvögel gegen eine Überlandleitung fliegt und im Kleeschlag verendet, wandert der andere für immer ab. Verwaist steht nun der hohe Horst, wird seltsamerweise weder von der Waldohreule noch vom Bussard oder einem anderen Greifvogel genutzt. In dem trockenen zusammengetragenen, immer wieder ausgebesserten Astgewirr hat sich eine Feldsperlingsfamilie etabliert, die hier emsig für Nachwuchs sorgt. Niemand bessert den Horst im Frühjahr mehr aus, seine unregelmäßigen Astverzahnungen werden lockerer und lockerer. Eines Tages fegt ihn dann ein Windstoß herunter.

100 Jahre alt sind inzwischen die Bäume geworden, für den Forstmann ist die Zeit der Ernte gekommen. Wipfel um Wipfel senkt sich unter den kreischenden Motorsägen, krachend hallt es durch den Wald, wenn

Auf einem starken Ast der Kiefer hat der Rote Milan seinen Horst. Gierig stürzen sich die hungrigen Jungen auf das mitgebrachte Futter, das der Altvogel in einem Fang trug.

Der Altmilan atzt seine Jungen mit kleinen abgerissenen Fleischstückchen.

wieder ein Stamm fällt. Reges Treiben herrscht nun in der einstigen Stille. Spezielle Traktoren, seltener Pferde, rücken Stamm auf Stamm an den Weg. Es ist wertvolles Holz für vielerlei Wirtschaftszweige. In der Vergangenheit als Bau- und Brennholz bedeutungsvoll, ist es inzwischen weitgehend durch Beton, Stahl, Kohle und Erdöl verdrängt. Trotzdem wird Holz auch heute noch mehr denn je verlangt. Seine chemisch aufbereiteten Fasern finden von Papier über Kunstseide bis zu Furnieren und Spanplatten vielseitige Verwendung, wobei die Chemie immer mehr Möglichkeiten der Nutzung dieses Faserrohstoffes entwickelt. Zu Verpackungsmaterial verarbeitet, das durch seine Rückgewinnung, und wo diese nicht möglich ist, durch unkomplizierte Vernichtung ausgesprochen umweltfreundlich ist und somit nicht den Zivilisationsmüll laufend vergrößert, wie es der Kunststoff mit seinen verschiedenen Abarten tut, ist die Holzfaser nach wie vor von größter Bedeutung. Aus diesem Grunde wird mehr und mehr der traditionellen Verpackungsart wieder der Vorrang eingeräumt, wodurch allein schon in dieser Branche wesentlich mehr Holz benötigt wird. In der DDR lautet die Prognose der Planwirtschaftler für den Papierverbrauch beispielsweise für das Jahr 1980 um die 70 kg pro Einwohner. Um so notwendiger ist die Rückgewinnung. Allein in der DDR gehen jährlich 150000 Tonnen Altpapier im häuslichen Milieu verloren und damit viele kräftige, alte Kiefern. Ein mächtiger Wald wird achtlos fortgeworfen, könnte anders verwendet werden oder noch fortbestehen, vielen zum Nutzen, den Tieren wie den Menschen.

Nach Tagen kehrt im Walde wieder Ruhe ein. Aus dem stattlichen Hochwald ist ein Kahlschlag geworden. Stubben mit frischen glatten Schnittflächen nehmen bereits jetzt den Weg ihres natürlichen Endes, den sie sonst Jahrzehnte später mit den Bäumen gegangen wären. Infolge der Saftstockung stirbt das Holz ab, finden die Faserzerstörer aus der Welt der Insekten das, was sie zum Fressen brauchen. Erst kommen die für den Baum typischen Arten, später stellen sich unspezifische Vertreter ein, die sich an allem toten Holz gütlich tun. Wenn Schimmel und Moder den Untergang deutlich erkennen lassen, dann leben hier Urinsekten, Spinnen, Käfer, Tausendfüßler in großer Zahl. Sie locken Spechte und Igel, Wildschweine und Dachse an, die auf verschiedenste Weise versuchen, an die Kerfen heranzukommen und dabei den morschen Wurzelstock zerstören. Nun dauert es nicht mehr lange, bis ihn die Kleinen der Lebensgemeinschaft, die gar nicht selten die ganz Großen sind, wie die Beseitigung der Tier- und Pflanzenleichen belegen, vollständig zerlegt haben.

Nur einige Bäume stehen noch, kräftige, herrliche Exemplare. Sie wurden nicht vergessen, sondern vom Förster bewußt stehengelassen, damit sie den neuen

Die Ernte der Kiefern.

Der in Europa vom Aussterben bedrohte Fischadler errichtete seinen Horst auf der Kiefernkrone. Sie wurde deshalb nicht geschlagen und ragt jetzt weit ins Land.

Bestand, möglichst auch noch die Generation des nächsten miterleben. Auch unsere mehrfach auf ihrem Lebensweg betrachtete Kiefer gehört zu den auserwählten. «Überhälter» heißen sie, die der allgemein herrschenden Monotonie in Kiefernwaldungen einen besonderen Reiz, eine gewisse Romantik vermitteln. Wenn aus ihrem gesunden Samen um sie herum genügend Anflug hochgekommen ist und der Forstmann auch ihr Ende bestimmt hat, liefern sie superstarke Stämme und ein sehr wertvolles Holz. Nur unsere Kiefer bleibt weiterhin stehen, wird Sonne und Regen, Sturm und Schnee erleben und den Weg der Vorfahren gehen, als der Mensch noch nicht ordnend in den Wald eingriff.

Ein Fischadler *(Pandion haliaetus)*, der weit über die Erde verbreitete herrliche Greifvogel – in den mitteleuropäischen Breiten vom Aussterben bedroht – wählte ihre Krone als Standort für den Horst. Seine Nistplatzwahl räumte ihr gegenüber allen anderen Bäumen eine Sonderstellung ein. Nun verbietet der Naturschutz, unsere Kiefer zu fällen. Ast auf Ast, manchmal über einen Meter lang, trug der Greifvogel herbei, brach auch manchen im Flug ab, zu einer mächtigen Unterlage für die mit Reisig, Moos, Grasbatzen und mancherlei anderem ausgestattete Horstmulde, wo das brütende Weibchen schutzlos alle Wetterunbilden erlebt (Bild). Selbst wenn es sich nach 35 Tagen in den drei Eiern regt und die Jungen schlüpfen, wird es auch weiterhin noch Tage und Wochen hudernd auf dem Horst verbleiben. Es ist eines der wenigen Paare im engeren und weiteren Umkreis, die bis auf wenige Ausnahmen jedes Jahr wenigstens ein bis zwei, ganz selten auch drei Jungvögel aufzogen.

Trocken ist nun die Krone unserer Kiefer, die den mächtigen Knüppelbau trägt, und immer öfter sucht der Schwarzspecht den langen Stamm auf, denn die vielen Kerbtierlarven unter der Rinde sind ein Zeichen der beginnenden Schwäche, die die alte Kiefer immer stärker befällt.

Der Adler, dieses lebende Naturdenkmal, der ohne den gesetzlichen Schutz schon lange hier und anderswo in Mitteleuropa ausgerottet wäre, wird bald einen

Die alte, nadellose Kiefer trägt drei besetzte Horste der Fischreiher, deren Kolonien geschützt sind.

neuen Horstbaum suchen. Auch er muß um seinen Fortbestand fürchten. Als «Fischräuber», den man aushorstete, dessen Gelege Sammler stahlen, dessen Trophäe «Auch»-Jäger begehrten, wurde sein Bestand in der Vergangenheit erheblich dezimiert. Es kam alsbald zum schnellen Rückgang eines Greifvogels, der sich gleich allen anderen Gefiederten vor Jahrmillionen entwickelte, als seine Vorfahren einen offenen Lebensraum besetzten, und der in diesem eine unendlich lange Zeit von Jahren leben konnte und ein festes Glied in einer sich herausgebildeten Lebensgemeinschaft war. Seine Bestandsdichte erfuhr durch natürliche Abgänge und einer geringeren Vermehrungsrate wesentliche Verschiebungen. Besonders in den letzten Jahrzehnten ging sein Vorkommen zurück. Die modernen Mittel der Zivilisation in ihren mannigfaltigen Formen hatten seinen Bestand in weiten Landschaften Europas nahezu zum Erlöschen gebracht. Welch ein trauriges Schicksal, das noch einige andere Adlerarten mit ihm teilen. Hoffentlich werden sie nicht den Weg gehen, den vor ihnen bereits über 60 Vogelarten gehen mußten, die seit ihrer Registrierung in vier Jahrhunderten verschwanden, weil sie durch den Menschen ausgerottet wurden! Anfangs waren es ihre Lebensräume, die die Zivilisation ihnen mit Macht abforderte, wenig später folgten Massenvernichtungen aus geschäftlichem Interesse mit Hilfe «moderner» Methoden. In den letzten Jahren gesellte sich zu diesen beiden ein neuer Handlanger, nicht im althergebrachten Sinne, sondern einer mit der größten, kaum zu kontrollierenden Vernichtungsgewalt: die Industrialisierung mit ihren negativen Folgeerscheinungen, wie Verschmutzung von Luft und Gewässern, Verwendung unfaßbarer Mengen von Pestiziden in weiten Teilen der Erde zur Vernichtung von Unkräutern und Insekten. In Wald und Flur, Feldern und Pflanzungen ging ein gewaltiger Eingriff in die bisherigen Lebensgemeinschaften vor sich. Allein über zwei Millionen Tonnen DDT ergossen sich bisher sowohl über die Kerfenschädlinge als auch auf deren Feinde aus dem Reich der Insekten. Wahllos eingesetzt, bedrohten Herbizide und Insektizide nicht nur

Pflanzen und Tiere, sondern zuletzt auch den Menschen selbst. So nimmt es nicht wunder, daß in den letzten Jahren der Gedanke des Umweltschutzes weltweite Verbreitung erfuhr und dringend notwendige Maßnahmen zur Beendigung und Verhütung der von der Chemie eingeleiteten Vergewaltigung der Natur gefordert werden. Schwarzstorch, Seeadler, Uhu, Biber, Wildkatze, um einige zu nennen, werden künftig nur durch Schutzgebiete, sorgsame Hege und Kontrolle erhalten werden können, da sie zu denen gehören, die sich mit den von Menschen geschaffenen Biotopen nicht anfreunden, sondern mit ihren Brut- und Wohnstätten in der menschenfernen Stille ihrer Einsamkeit an ihrer Lebensweise festhalten, die sie heute fast nur noch in Reservaten finden. Ihretwegen und um anderer Tiere und wildwachsender Pflanzen willen wurden in der DDR 654 Naturschutzgebiete geschaffen, die in ihrer Gesamtheit 80400 Hektar ausmachen.

Wenn der Fischadler zum weitentfernten See fliegt, streicht er nach einigen Kilometern auch über knapp zwei Dutzend alte Kiefern, in deren Mitte eine uralte mit weitverzweigter Krone steht. Sie und die anderen durften wegen der gesetzlich geschützten Kolonie der Fischreiher *(Ardea cinerea)* stehenbleiben. Fast jede von ihnen trägt einen Reisighorst, die mächtige alte sogar drei, die in manchen Jahren alle besetzt sind (Bild). Mit wuchtigen Flügelschlägen fallen die Altreiher auf den Horsten ein, die auf den knorrigen Ästen der Kiefer ruhen, deren Zweige keine Nadel mehr ziert. Der Kot von vielen Reihergenerationen hat sie weggeätzt, den Baum vorzeitig zum Sterben verurteilt. Diese ökologische Beziehung zwischen Vogel und Baum, die sich hier zwar nur bescheiden in dem üppigen Rahmen der Zusammenhänge von Nahrung, Siedlung und Gehölzverbreitung ausnimmt, kann für eine Einzelpflanze, wie hier die alte Kiefer, sehr bedeutungsvoll sein.

Eines Tages wird der Sturm auch die «Fischadler-Kiefer» splitternd zu Boden krachen lassen; wie beim Stubben werden die verschiedensten Arten Totengräber sie wieder in die chemischen Bestandteile zerlegen, aus denen sie aufgebaut war. Vielleicht wird sie aber auch aus dem Bestand geholt, um den Forstschädlingen nicht ein allzugroßes «Mistbeet» zu bieten. Einerlei, der Kreis hat sich geschlossen wie bei allem Leben, ob Pflanze, Tier oder Mensch, nach dem Gesetz der Natur vom Werden und Vergehen.

Allein der Mensch, mit Vernunft begabt, vermag zu erkennen, wieweit seine oft gravierenden Eingriffe in die Lebensgemeinschaft Natur, in welcher Formation sie auch immer vorkommen mögen, ob Wälder, Moore, Wiesen oder Felder, Seen, Menschen, Tiere oder Pflanzen davon betroffen worden, möglicherweise unabwendbare, letztlich die Existenz allen Lebens gefährdende Folgen verursachen könnten.

Alle bilden in ihren unterschiedlichsten Beziehungen zueinander eine festgegründete Einheit!

Der Fichtenwald und seine Lichtungen

Stürme brausen über das Land. Sie kehren die letzten bunten Blätter, die längst nicht mehr die kräftigen Farben des späten Oktober tragen, von Bäumen und Sträuchern und lassen die dicht an dicht stehenden Fichten in gebirgiger Höhe unvergleichlich rauschen. Voll, gleichförmig, auf- und wieder abschwellend. Schwer ist es für die Feder, zu beschreiben, was Millionen und aber Millionen bewegte Nadeln, sich biegende und streifende Äste als Klangkörper hervorbringen. Manch einer der Bäume kann der blasenden Gewalt nicht standhalten, steht ohne deckenden Schutz, so ungünstig, beugt sich nieder und wird beim Aufrichten schon wieder von der nächsten Böe erfaßt. Das Splittern des Stammes, sein prasselnder Sturz auf die Erde oder zwischen die anderen, die ihn mit ihren Ästen auffangen, als wollten sie ihn noch nicht in das Dunkel unter sich fallenlassen, geht unter in dem endlosen Rauschen des Waldes. Der Herbst hält seinen Auszug. Bald wird der naßkalte Schnee folgen, dessen Flocken mit Einzug des Frostes immer flaumiger, lockerer werden. Eines Tages bedeckt ein weißer Teppich Hänge und Täler, Wege und Felsen, tragen die Fichten still die weiße Last, bis Sonnenstrahlen ihre Zweige freilecken. Manchmal befreit sie auch der nun zaghaft durchs Geäst streichende Wind von der schneeigen Pracht.

Der Wald und das Wasser.

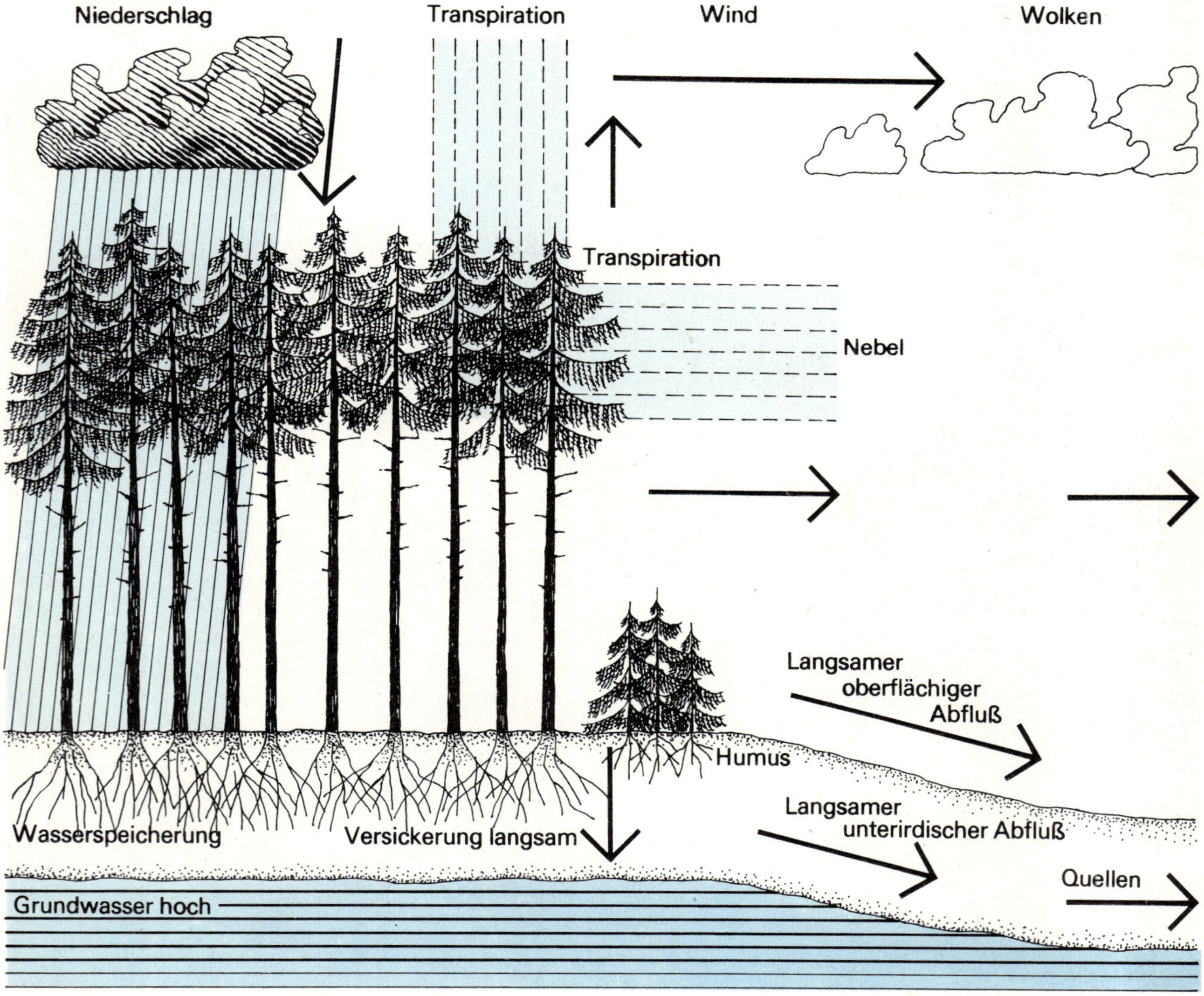

Der Schnee wird schmelzen, kommt sicherlich wieder, bleibt Stunden, Tage, auch Wochen liegen, eine harte Zeit für alles Leben im Walde, aber eine notwendige Zeit für fortbestehendes und kommendes Leben. Der Boden erhält für das bald Sprießende, von dem jungen Heidelbeerstrauch bis zur starken Fichte, die bereits achtzig Mal ihre leuchtend grünen Triebe schob, die erforderliche Feuchtigkeit. Wasser, von dem der Wald viel für sich selbst verbraucht, das meiste aber durch Transpiration wieder an die Atmosphäre abgibt, eine Eigenschaft, die man sich beim Trockenlegen von Mooren durch Aufforsten mit Fichten schon öfters zunutze machte. Ein hektargroßer Fichtenwald, also 500 bis 600 Stämme, stellt etwa 800000 Liter Wasser jährlich für die umgebende, unbewaldete Landschaft bereit. Trotzdem ist das keine optimale feuchte Zufuhr an das offene Land, wenn man bedenkt, daß jeweils ein knappes Drittel Wiese und Laubwald und der Rest Brachland das Zweieinhalbfache an Menge liefern. Bedeutungsvolle Konsequenzen ergeben sich damit für die Waldzusammensetzung in quellschwachen Gebieten und an wirtschaftlich genutzten Flüssen. Insgesamt spielt der Wald im Wasserhaushalt einer Landschaft keine unbedeutende Rolle, wenn auch graduelle Unterschiede durch die Artenabhängigkeit der Bäume, die Bestockung, die Humusverhältnisse und mancherlei mehr erheblich sein können. Er verhindert das nutzlose Abfließen der Niederschläge. Selbst wenn die Streu, wie im Kiefernwald, als eigene Schicht getrennt auf dem Boden liegt und das Regenwasser etwas mehr abfließen läßt, zeigen alle Waldformationen nur einen geringen Oberflächenabfluß. Auch das Aufreißen des Bodens und die damit verbundene Zerstörung der Krümelstruktur, wie es häufig bei einem Platzregen auf Äckern, festen Wiesen und Wegen beobachtet werden kann, geschieht nicht. Gleich einem gewaltigen «Schwamm» nimmt der Wald den Regen auf, hält ihn fest und gibt ihn gleichmäßig an seine Umgebung ab, läßt Quellen und Bäche fließen und wirkt durch sie in trockenen Zeiten für die angrenzende Landschaft als Lebensspender. Ein vorzüglicher Filter ist sein Boden. Er säubert das Wasser und macht es trinkfähig für den Menschen. Welche Bedeutung dieser Aufgabe und der Reinhaltung der Quellschutzgebiete zukommt, kann wohl daran gemessen werden, daß noch immer etwa 85% der Menschen in der Welt Wasser für den eigenen Bedarf verwenden, das nicht den hygienischen Anforderungen entspricht. Der wachsende Wasserbedarf in den Haushalten, der Landwirtschaft, aber vor allem in der Industrie, hat den Menschen gezwungen umzudenken und nicht mehr, wie in früheren Jahrzehnten, möglichst schnell die Niederschläge durch Vorfluter abzuleiten, sondern lange festzuhalten. In der Industrie und in Großstädten ging man sogar dazu über, das Wasser durch Aufbereitung zu reinigen, um es so mehrfach verwenden zu können. Wie sollte es auch reichen, wenn beispielsweise zur Fertigung einer Tonne guten Papiers bis zu 3000 m^3 erforderlich sind. Eine ganz dringliche Forderung ist es, solches Wasser sauber den fließenden Gewässern zurückzugeben, um sie in ihrer biologischen Selbstreinigung nicht zu überfordern und zu verhindern, daß vorhandenes Leben vergiftet wird. Wenn beispielsweise dem Rhein allein jeden Tag 20000 Tonnen Salz durch industrielle Abwässer zugeführt werden, braucht man über den Wert dieses Wassers zur anderweitigen Nutzung kaum noch Überlegungen anzustellen, ganz zu schweigen von der dadurch zerstörten Lebensgemeinschaft in dem Flußbett. Bei vielen europäischen Flüssen liegt eine ähnliche Situation vor. Die Gedanken des Umweltschutzes müssen in ihrer vollen Tragweite in die Planung der Betriebe, wo toxische Abwässer anfallen, einbezogen werden. Ihre Reinigung muß fester Bestandteil des Produktionsprozesses sein. Der Wert sauberen Wassers ist gar nicht hoch genug einzustufen: lebenserhaltend für die Umwelt im weitesten Sinne und damit für den Menschen, ökonomisch bedeutungsvoll bei der Frage der weiteren Nutzung dieses Wassers beispielsweise durch die Landwirtschaft! Daß das möglich ist, beweisen unter anderem mehrere Großbetriebe in der DDR, deren Industrieabwässer nach mechanischer, chemischer und biologischer Behandlung sauber in die Flüsse zurückkehren und nicht als zerstörende Fremdkörper umweltfeindlich weiterwirken können. Als positives Beispiel kann das in die Oder zurückfließende Wasser des Kombinates in Schwedt genannt werden, das sauberer als die Oder ist und damit das Flußwasser sogar noch «verdünnt».

Zurück zu den wasserhaltenden «Schwämmen», den

Wäldern, bergwärts zu den Fichten der Mittelgebirge, wo der Winter gerade unter den schwachen und kränkelnden aufräumt und nur das Starke und Gesunde für die kommende Fortpflanzung zuläßt. Viele der Schädlinge im Forst, für die er als Monokultur gar so anfällig ist, werden durch harte Fröste vernichtet. Sie erleben den März nicht mehr.

Schmelzwässer lassen Gebirgsbäche anschwellen, Erde, Sand und anderes Material werden mitgeführt, verleihen ihnen ein reißendes Aussehen. Die steinigen, von Vorjahren ausgewaschenen, gewundenen Wege zwischen den alten Fichten, Lichtungen und Schonungen erhalten durch das kalte, spülende Wasser noch tiefere Furchen. Jetzt regt sich bereits das Leben ringsumher. Der Wanderer, selten trockenen Fußes umherstreifend, der, von fröstelnden Schauern überrascht, unter den tiefhängenden Zweigen einer kaum der Schonung entwachsenen Fichte Schutz sucht, entdeckt wohl die Vorboten des Frühlings. Er sieht den Laufkäfer mit den langen Fühlern eilends vor seinen Schuhen unter den schmutzig gelbbräunlichen Grashalmen des letzten Sommers verschwinden und das weißhaarige Wiesel über den Weg huschen. Gleichzeitig hört er das Lied der Feldlerche von ferne und das zirpende Zwitschern der Haubenmeise über sich, das gedehnte «Kliäh» des Schwarzspechtes, der vorhin im bogenförmigen Flug hinter den Jungfichten verschwand, wo gerade drei Rehe mit vorjährigem Kitz gemächlich einwechselten und der unweit stehenden, gefüllten Raufe keine Beachtung mehr schenkten. Sie alle bedeuten, daß die winterliche Ruhe nun der Vergangenheit angehört und lassen mehr erahnen als erkennen: Den nahenden Frühling, die große Zeit des pulsierenden Lebens in der Natur! Mag auch der Fichtenwald durch das Fehlen der Strauchschicht, die nur sparsame Ansammlung der Moose und Kräuter und das immer fehlende zweite Kronendach eine weit geringere Schichtung aufweisen und damit als Lebensraum der Tierwelt viel weniger bieten als der Mischwald, so helfen ihm doch dabei die Lichtungen an seinen Grenzen.

Selten wird es dem umherstreifenden Auge in frühester Stunde gelingen, dem hoch oben aus einem alten Nadelbaumwipfel auffallend leise tönenden Knappen folgend, den «Großen Hahn», den Auerhahn, auszumachen. Eins, zwei, drei Schritte während des Schleifens im Balzlied laufen und dann ruhig verharren, das bringt den Geübten dem Balzenden immer näher. Eine dunkle Silhouette bewegt sich auf einem Zweig, ein viel zu großer Vogel – nach menschlicher Einschätzung – auf einem viel zu dünnen Ast in luftiger Höhe, der dabei Laute ausstößt, als kämen sie aus einer anderen Welt. Urige Töne, nicht so weit hörbar wie die vom Birkhahn, dem «Kleinen Hahn», der auf einer offenen, grasbewachsenen Waldlichtung oder einer unweit gelegenen

Balzende Birkhähne auf einer moorigen Wiese. Heute sind gutbesuchte Balzplätze in Mitteleuropa sehr selten.

moorigen Wiese nahe dem Waldrand sein werbendes «Tschuschijh» in das Grau des aufziehenden Morgens ruft, wo Rivalen und Hennen gleich ihm aufgebaumt nächtigten. Die nur noch wenigen Mitbewerber lassen nicht lange auf sich warten, stellen sich auf dem Balzplatz ein und zeigen unter Kullern und Zischen ihr ganzes Repertoire: das Schleifen der Flügel und Spreizen des Schwanzes bei gleichzeitig gesenkter Brust, unterbrochen vom Aufrichten des nun schlanken Halses und von Flattersprüngen. Die roten Rosen über den Augen, federlose Hautstellen, verbergen sich noch im Schleier der weichenden Nacht (Bild). Balzende, Rivalisierende und Werbende, die erst zum Ausklang der Balz, Ende Mai, Anfang Juni die Hennen begatten, die sich fortan allein um die Aufzucht der Nachkommenschaft bemühen. Zahlreiche besuchte Balzplätze, eine Realität der Vergangenheit, nur ein illusionäres Bild im heutigen Mitteleuropa! Und nicht minder bei dem größeren Verwandten, dem Auerhahn. Kilometer um Kilometer kann der Wandernde durch die Reviere streifen, wo vor Jahrzehnten das Balzlied der Urhähne von da und dort schallte, ist heute kein Laut mehr zu vernehmen. In alter Zeit unterbrach manchmal ein peitschender Büchsenschuß das Balzlied, das Knappen, Glocken, Trillern oder Schleifen, das aus der um ein Drittel verlängerten Luftröhre dringt, die deshalb schleifenförmig in der Nähe des Kropfes verläuft. Ein vorzüglicher Klangboden für die Töne der Balzstrophen, die nicht im dafür viel zu einfach gebauten unteren Kehlkopf (Syrinx) entstehen, sondern durch das bewegliche Zusammenspiel von Zunge, Kehlapparat und dem festen Gaumen. Einem aus der Mitte der Balzenden galt das tödliche Geschoß. Meist war es ihm dann «vergönnt», als ausgestopfter Staubfänger an der Wand eines Arbeitszimmers in typischer Pose zu prangen. Gut besuchte Balzplätze waren bekannt. Heute meint es Fortuna schon besonders gut, wenn sie uns einen Hahn mit der ganzen ihm eigenen Ausdrucksweise erleben läßt. Unermeßliches Glück hat, wer gleichzeitig zwei, drei Hähne erleben darf, und wenn er von mehr berichtet, wird er bereits unter die Aufschneider eingereiht. Was haben die Alten noch alles gesehen!

Das Auerwild braucht an einzelnen Biotopen zweischichtige Bestände, weitflächige Kiefernalthölzer, naturverjüngte Flächen, mit Spirken bestockte Mittelgebirgshochmoore, am besten aber einen mannigfaltig gemischten, stufig aufgebauten Wald. Die Äsungsverhältnisse in den Biotopen spielen für den Verbleib bzw. die Ansiedlung der großen Vögel eine bedeutende Rolle. Möglichst ganzjährig muß in der Kraut-, Strauch- und Baumschicht eine vielseitige und reichliche Beerenkost vorhanden sein. Nach G. Möhring und F. J. Turcek äst das Auerwild die Beeren von Blau-, Preisel-, Moos-, Krähen-, Trunkel-, Walderd-, Him-, Brombeere und Vogelkirsche, von Schwarzem Holunder, Hirschholunder, Eberesche und Mehlbeere. Vorwiegend im Winter ernährt es sich von den Nadeln der Fichten, Kiefern, Tannen, Lärchen, Wacholder und den Knospen verschiedener Kiefernarten sowie Fichten, Tanne, Lärche und Buche. A. Feiler empfiehlt für die Hege des Auerwildes die genannten Beerensträucher an den Rändern der Waldwiesen und der Wald-Feld-Grenze anzupflanzen. Sie gilt es allerdings vor Wildschäden zu schützen. Zur Bestandsentwicklung der Vögel tragen wesentlich bei: die Erhaltung des Charakters der Balzplätze, keine Forstarbeiten in ihrer Nähe während der Balzzeit und von Mitte März bis Ende Juni die Ruhe an den bekannten Brutplätzen. Heute fehlt den Tieren häufig die Ungestörtheit, die weite Stille früherer Wälder. Besonders im Herbst bedeuten die Beerensucher nicht nur «Nahrungskonkurrenten», sie sorgen häufig auch für Unruhe in den Revieren der Vögel. Wie der kleinere Verwandte, das Birkwild, leidet auch das Auerwild unter der Trockenlegung von sumpfigen und moorigen Stellen. Das zunehmende Fehlen der Roten Waldameise wirkt sich ebenfalls recht negativ aus. Sie dient den Küken vorwiegend in den ersten Lebenstagen neben allerlei anderen Insekten als hauptsächlichste Nahrung. Die Anfälligkeit der wenige Tage alten Geschlüpften gegenüber nasser Kälte und auffällig vielen Krankheiten, auch wenn sie schon einige Wochen älter sind, haben gleichfalls zum Rückgang, zum Verschwinden in weiten Landstrichen beigetragen. Der unverantwortlich hohe Abschuß gesunder Hähne in früherer Zeit ist für den heute ganzjährig geschützten Vogel ein weiterer, nicht auszugleichender Aderlaß gewesen.

Die Sonne steigt langsam über die Bergkuppe hoch, streicht zögernd mit ihren goldgelben Strahlen über die dunklen Wipfel, schiebt sich immer höher, wird strahlender, kräftiger, ergreift Besitz von dem, was vor ihr liegt. Lange vorher ist der alte Hahn auf seinen Bodenbalzplatz eingefallen, auf einer kleinen Lichtung am Fuße der Hochstämme. Trippelnd auf kleinen Pfaden umherstolzierend, mit aufgerichtetem Hals und hochgerecktem Kopf (Bild). Der Kinnbart ist gesträubt. Zusammen mit den schleifenden Flügeln, dem halbkreisförmig gefächerten Schwanz und den so fremd anmutenden Balzlauten ein eindrucksvolles Bild, zu dem auch die Balzsprünge beitragen. Zwischendurch steigt er auf einen alten Stubben und zeigt hier seine Pracht, wobei der weiße Schulterfleck und nicht weniger das metallisch glänzende Grün des Brustschildes unter den Sonnenstrahlen blitzend aufleuchten und das stumme Erstaunen über den rauhfüßigen, knapp meterlangen Hühnervogel nur noch

Balzender Auerhahn. Der Auerhuhnbestand betrug 1986 in der DDR etwa 120 Stück.

vergrößern, der nicht nur das Gefieder mausert, sondern auch das Horn des Schnabels, der Krallen und die Platten an den Läufen jährlich abstößt und erneuert. Unweigerlich zieht er den Beobachter in seinen Bann, zeigt er wider Erwarten und entgegen allgemeiner Erfahrung auch im hellen Licht der Sonne sein reviermarkierendes, werbendes Schauspiel. Allmählich weicht die Ergriffenheit vom Zuschauenden, läßt wieder den Schlag der Drossel und das Schrecken des Bockes an sein Ohr dringen, ihn aber auch die Kälte in den Füßen und in den das Glas haltenden Händen empfinden. Plötzlich streicht der Hahn ab. Der Wald rauscht leise als wäre nichts gewesen. Der Morgen ist da, das Treiben des Tages beginnt. Ein Bock schreckt mehrmals hintereinander. Er hat Wind bekommen von dem, der ein großartiges Naturschauspiel erleben durfte. Seltsam glücklich, zufrieden, sich sein Leben lang an die wahrscheinlich nur einmal geschaute Balz erinnernd, lenkt dieser langsam seine Schritte heimwärts, kommt am lockeren Hochwald vorüber, stutzt, bleibt stehen und sieht zwischen Heidelbeerbüschen den Auerhahn laufen, ohne Eile, mal hier zupfend, mal dort pickend. Kaum wiederzuerkennen ist der nur noch gut halb so große Vogel mit dem glatt anliegenden, jetzt unscheinbar wirkenden Federkleid. Langsam äst er bergwärts. Zwischen den dicken Wurzeln einer alten Fichte läßt er sich nieder, legt sich etwas seitwärts und gibt sich ganz der Sonne hin, für das Auge mit der Umgebung verschmolzen. Lange ruht er hier, um dann gemächlich äsend weiterzuziehen. Erst am Abend, wenn die sinkende Sonne die andere Seite des Waldes purpurn überhaucht, baumt er auf und läßt wieder aus einem Wipfel das mit mehrmaligen Worgen eingeleitete urtümliche Balzlied erschallen. Auch ihm wird eine braune Henne morgens aus einer Fichtenkrone zufliegen, und nach der Paarung unter einem umgestürzten Baum, vielleicht auch im dichten Gesträuch oder unter einem Reisighaufen, das muldenförmige Nest anlegen. Sechs bis zehn gelbweiße, fein dunkelbraun gefleckte Eier legt sie dann und wird 26, manchmal auch bis zu 30 Tage brüten und sich dabei durch ihre vorzügliche Schutztracht kaum von dem umgebenden Boden abheben. Allein führt sie dann die hellbraunen, dunkel gefleckten Jungen bis zum Winter. Unterdessen führt der Hahn ein heimliches

In dem Wipfel einer Fichte verbringt die Waldohreule den Tag.

Leben. Kaum zu sehen, macht er erst wieder im kommenden Frühjahr an alter Stelle durch sein Werben nachdrücklich auf sich aufmerksam; einer von denen, dessen Fehlen einen der eindrucksvollsten Mosaiksteine aus der Lebensgemeinschaft des Waldes vermissen ließe.

Viel wurde für die Ansiedlung des Auerwilds in alten, verwaisten Revieren in den verschiedensten europäischen Ländern getan. Meistens allerdings ergebnislos. Auf die Dauer gelang es wohl nur in Schottland, die 1837/38 aus Schweden gekommenen Vögel einzubürgern. Über 100 Exemplare und Eier, die Birkhennen untergelegt wurden, schufen einen sich selbst erhaltenden Bestand. Die Probleme der äußerst schwierigen Aufzucht der Küken, besonders ihre Anfälligkeit gegenüber einer Vielzahl von Krankheiten, erschweren das Vorhaben, eine größere Zahl Vögel auf einmal auszusetzen. Negativ kommt noch die gar nicht so seltene Prägung auf den Menschen hinzu. Die «Arbeitsgemeinschaft Rauhfußhühner» in der DDR hat sich besonders der Wiederansiedlung mit all ihren Problemen angenommen. Über die Wege der Verhaltensforschung, der ernährungsbiologischen Untersuchungen und des Einsatzes moderner veterinärmedizinischer Pharmaka scheinen sich erste Erfolge zu zeigen, die auf die Zukunft hoffen lassen.

Unweit des Wipfels, aus dem das Lied des Großen Hahns den sich neigenden Tag begleitete, sitzt hoch oben am Stamm einer Fichte, die sicherlich schon mehr als 60 Lenze gesehen hat, mit lockerem Gefieder und aufgerichteten Federohren eine Waldohreule, eine Lautlose der Nacht (Bild). Sie schüttelt ihr Federkleid und läßt ein dumpfes «Up» und nochmals ein «Up» vernehmen. Aufmerksam verfolgen die kreisrunden Augen mit orangefarbener Iris jede Bewegung in ihrer Nähe. Wie ein fernes Echo kommt leise der gleiche tiefe Laut zurück. Das brütende Weibchen beantwortete den Kontaktruf des Männchens. Hochaufgerichtet und damit durch das enganliegende Gefieder «dünn» geworden, verbrachte es hier den ganzen Tag. Bei sich nähernder Gefahr nahm es den rindenfarbenen tarnenden Flügel langsam nach vorn und hob sich nun noch schwerer von der Umgebung ab, für ein menschliches Auge unauffindbar, zumal wenn noch mehrere Nadelbäume ringsumher stehen und den Blick verwehren, der sich bald im Grünen verliert. Die zunehmende Dämmerung läßt mehr und mehr die kleinen huschenden Nager auf den Lichtungen, die Erd-, Gelbhals- und Rötelmäuse ihr emsiges Treiben beginnen, hier einen sprießenden Halm und dort eine Knospe schnurpsen. Eine Erdmaus verschwindet im selbstgegrabenen Loch, steckt bald darauf die kleine Nase windend aus dem nächsten heraus, das von einer anderen Maus im vorigen Herbst gegraben wurde, die kurz danach beim Verlassen des schützenden kleinen Baues der Fuchs mit sicherem Biß griff. Eilig läuft sie nun hinüber zu dem alten Stubben. Eine unweit sitzende Brandmaus richtet sich auf, sieht kurz auf, duckt sich wieder nieder. Fast kuglig sitzt sie da und frißt weiter Fichtensamen, die der Wind angeweht hatte. Die Erdmaus rennt weiter, springt über eine große alte Wurzel und verschwindet unter dem dürren überhängenden Grasbüschel. Bald verläßt sie den deckenden Schutz, läuft in Richtung Stubben zu der Röhre, die zur alten Brutkammer führt, wo auch die nun fast leeren Vorratsräume liegen. Noch zwei, drei Sprünge, dann ist das Ziel erreicht. Da greift plötzlich ein dunkler Schatten über ihr zu. Ein schriller Schrei läßt alle anderen Nager schlagartig verschwinden. Nun sitzt das Waldohreulen-Männchen über der erbeuteten Erdmaus, die es durch den schon tausendfach erprobten Nackenbiß sicher und schnell getötet hat. Lautlos konnte es sich blitzschnell nähern. Die zarten Borsten an der sichtbaren Kante der Schwingen und die übrigen weichen, lockeren Federn lassen kein Geräusch aufkommen, auch nicht im Ultraschallwellenbereich, wie sonst bei vielen Vögeln. Die Mehrzahl der Beutetiere nimmt nämlich auch in diesen Frequenzen noch Töne wahr. Nur den Fisch- und Krebsnahrungsspezialisten, wie der mit 2 m Flügelspannweite größte Eulenvogel, der Riesenfischuhu *(Ketupa blakistoni)* der Mandschurei und seiner nächsten Verwandtschaft, fehlen diese «Geräuschauflöser», weil für den Fang ihrer Beutetiere eine solche Entwicklung nicht notwendig war.

Das Rascheln der Mäuse nahmen die hochempfindlichen Ohren der Waldohreule schnell wahr und leiteten sie sicher zur Beute. Beides, Gehör und Federkleid in ihrer Spezialisierung, sind Voraussetzung für ihre nächtliche Lebensweise und entwickelten sich bereits vor Millionen Jahren, als die Vergabe der Lebensräume anstand. Wie die Ahnen der Greifvögel die Tageshelle nutzten, so wählten die Urahnen der Eulen das Nachtdunkel im gleichen Lebensraum. Aus ihnen gingen rund 130 Arten hervor, bei denen die Weibchen stets die Männchen an Größe übertreffen. Obgleich ihre Vorfahren das Dunkel der Umwelt bei der Besetzung des Lebensraumes in Kauf nahmen und die aus entstandenen Arten allgemein Vögel der Nacht blieben, haben manche von ihnen ihre Aktivitäten in die Dämmerungsstunden verlegt. Die arktische Schnee-Eule *(Nyctea scandiaca)* jagt sogar in der Monate anhaltenden ganztägigen Helle der Polarsonne die Lemminge in den weiten Tundren. Sie sieht am Tage vorzüglich, was übrigens unsere einheimischen Arten auch können.

Die Eulen wandten sich unterschiedlichen Nahrungsquellen zu. Von Insekten und Kriechtieren über Fische und Vögel bis zu Igeln und Hasen hat die Waldohreule fast nur Mäuse als Nahrung gewählt und trägt auf diese Weise dazu bei, die unermüdlich Nagenden in einer der Lebensgemeinschaft angemessenen Populationsstärke und damit den Schaden an der Pflanzenwelt in Grenzen zu halten. Es soll nicht verschwiegen werden, daß Gelbhals-, Brand- und Waldmäuse auch teilweise Insekten verspeisen, und dabei auch manche Forstschädlinge. Dadurch können selbst sie, die vom Menschen als große Schädlinge eingestuft wurden, für ihn nützlich werden und belegen deutlich, daß eine Lebensgemeinschaft nicht nach Nutzen und Schaden ihrer einzelnen Glieder fragt, sondern diese insgesamt gut aufeinander abgestimmt, eine gesunde Pflanzen- und Tiergemeinschaft bilden.

Noch ein-, zweimal vielleicht auch öfter, wird der Todesschrei auf der Lichtung das Treiben unterbrechen. Nicht immer geht er auf das Wirken der Waldohreule zurück; auch Wald- und Rauhfußkauz, Fuchs, Iltis und Wiesel greifen unerbittlich zu.

Nach links und rechts wendet das Waldohreulen-Männchen den Kopf, packt mit sicherem Schnabelgriff die Erdbraune im Nacken und strebt lautlos in Richtung des brütenden Weibchens. Bald herrscht wiederum die alte Geschäftigkeit an dieser Stelle, überhaupt nichts erinnert mehr an das Vorgefallene.

Das Männchen hat seine Beute auf dem Rand des Reisignestes abgelegt, in dem das Weibchen breit, tiefgeduckt auf den vier weißen Eiern sitzt. Eine tarnende Farbe blieb ihnen versagt, als die Ahnen der Waldohreule vor langer Zeit von der höhlenbrütenden Fortpflanzung, ganz im Gegensatz zu vielen anderen der Verwandtschaft, abkamen und sich unter die Freibrüter begaben. Die Fertigkeit, ein ordentliches, haltbares Nest zu bauen, blieb ihnen aber fremd. Soweit paßten sich die Waldohreulen den Brutgewohnheiten nicht an. Die Fortpflanzung als Höhlenbrüter sitzt zu tief in der Erbmasse verwurzelt. Zum anderen war die Änderung auch nicht unbedingt nötig, denn leere Nester früherer Jahre gab es überall, seit alters her, vor Jahrmillionen wie heute, wenn auch im Wald der Fichten weniger als in Mischbeständen, wo die Wald-Lebensgemeinschaft am vielfältigsten ist.

Das von den Waldohreulen belegte Nest erbauten im vorigen Frühling Rabenkrähen, die der Weidmann abschoß, um Gelege und Küken von Birk- und Auerwild, die Junghasen und die Bruten der Singvögel vor ihren Zugriffen zu bewahren. Was heute der Mensch tun muß, besorgten früher Adler und Wanderfalken, die leider längst schon die Lebensgemeinschaft für immer verließen, die einen früher, die anderen später. Das Nachstellen mit Büchse und Fangeisen, das Aushorsten und Schlingenstellen raffte in wenigen Jahrzehnten hinweg, was sich in Jahrmillionen einen festen Platz in der Tiergemeinschaft geschaffen hatte. Das Fehlen wird heute voll tiefem Bedauern bemerkt. Zu Zeiten, als noch vieles gerettet werden konnte, verhallten die Stimmen einzelner Verantwortungsbewußter ungehört. Nun ist es wohl nur noch der flinke Baummarder, der die Krähenbrut zehntet. Aus lebensgemeinschaftlicher Sicht ein unbedeutender Feind, da er zum anderen auch noch aus Gründen des Gleichgewichtes der Tierpopulationen des Waldes durch den Menschen kurzgehalten werden muß. So wählten denn in diesem Jahr die Waldohreulen das hochstehende Nest der Rabenkrähen für ihre Brut, die diesmal vielleicht mit mehr Erfolg aufgezogen wird als die letztjährige, die übermütige Jungen zerstörten. Es war damals ein flaches Nest, noch ein Jahr früher von Ringeltauben erbaut, das durch den Baummarder seiner beiden Jungen beraubt wurde. Zwei bis drei Bruten im Jahr sind bei Ringeltauben schon notwendig, um die Art zu erhalten; denn neben dem vierbeinigen Räuber stellte Uttendörfer unter 10000 Greifvogelrupfungen 431 Ringeltauben fest.

Trotz der Ausbesserung, die die Waldohreulen im vergangenen April vornahmen, hängt das Nest nun schief auf dem Zweig, läßt das Licht durchschimmern und ist insgesamt zu dünn geworden. Der Wind trug manches Reis fort. Nur bei sehr günstigem Standort wird ein Nest mehrfach benutzt. Es muß jedesmal mit Hilfe des Schnabels ausgebessert werden. So einfach, schlicht und wenig kunstvoll der Reisigteller aussieht, das Bauen macht Mühe. Nicht alle trockenen Zweige geben dem Winkeldruck des nach links und rechts kippenden, fest zupackenden Schnabels nach, besonders, wenn langer Regen der trockenen saftlosen Rinde etwas von der alten Elastizität zurückgab. Das schiefhängende, von keinem beachtete Nest, das nun niemand mehr nützt, wird den nächsten Herbst und Winter nicht mehr überdauern. Warum auch, es hat seine Aufgabe erfüllt. Das heißt, eigentlich nicht: Keine ausfliegenden Jungvögel, weder Tauben noch Eulen verließen die tragende Plattform, die einmal ihrer Funktion durch ein Mitglied der Lebensgemeinschaft enthoben wurde, das andere Mal durch Kinderhände. Der erste Zugriff war notwendig, um Hunger zu stillen und damit Leben zu erhalten, der zweite sinnlos für alle, niemand nützend, der Lebensgemeinschaft und dem Walde sogar schadend. Zwei bis vier mäusejagende Waldohreulen gingen dem Forstmann als Helfer verloren.

Der jahreszeitliche Aufbau einer Fichte.

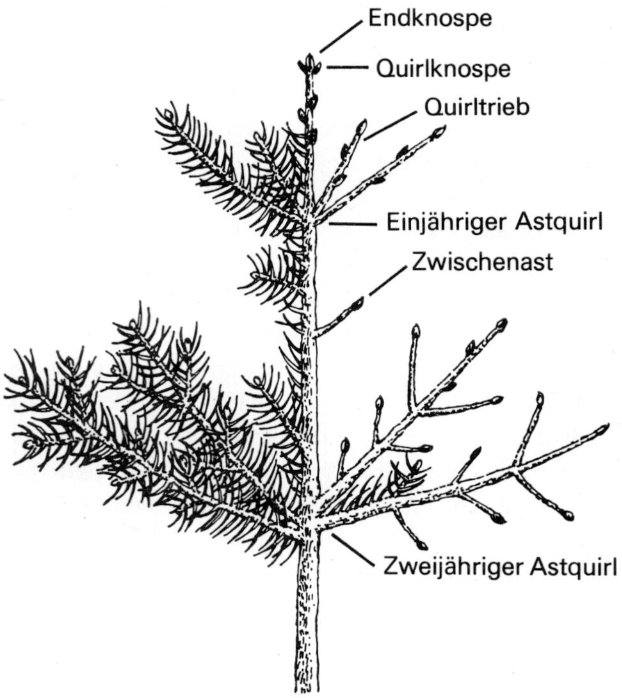

Wo niedrige Fichte, Heidelbeer-, Brombeer-, Himbeersträucher, Farne und hohe Gräser neben alten Stubben gedeihen, teils umgestürzt mit ihren Wurzeln in die Luft ragen, Ebereschen und Traubenholunder stehen, da werden auch die Randbezirke des Waldes in die Lebensgemeinschaft solcher Freiflächen einbezogen. Die Helligkeit, die größere Durchlüftung bedeuten für den Waldhumus beste Voraussetzungen zu einer schnellen Überführung in nährstoffreichen Boden. Auf ihm siedeln sich nun wiederum üppige Pflanzengesellschaften an, die den Boden unter anderem vor Erosionsschäden, für die Kahlschläge in Hanglagen immer anfällig sind, bewahren. Durch die nun die Freifläche bedeckende Kraut- und Strauchschicht und den Fichtenjungwuchs entsteht hier ein abwechslungsreicher Biotop für eine vielfältige Fauna, die im Hinblick auf die lebensgemeinschaftliche Zusammensetzung weit mehr Glieder aufweist als der reine Fichtenwald. Hier findet die sonderbar aussehende Kamelhalsfliege *(Raphidia ophiopsis)* im Schatten der Kräuter und Sträucher die notwendigen Umweltbedingungen für ihre räuberische Lebensweise (Bild). Mit ihren kräftigen Mandibeln packt sie Raupen, Insekten und Spinnen. Dabei stößt sie den erhoben getragenen Kopf auf die Beute. Ihre Gefräßigkeit ist groß. In den ersten Tagen als Vollinsekt macht das Weibchen selbst vor Artgenossen nicht halt, die sich ihr unvorsichtigerweise nähern. Erst nach Wochen, wenn die Paarungszeit näherrückt, legt sich dieses Verhalten, obwohl sich anfangs die Partner mit weitgeöffneten Oberkiefern bedrohen. Selbst Bisse werden ausgeteilt, die allerdings harmlos sind. Lebte das Weibchen bisher vorwiegend auf Lichtungen in der Nähe des Waldrandes, so sucht es nach der Begattung den Altholzbestand auf und legt unter die Borke der Bäume bis zu 50 Eier im Gelege ab, insgesamt 200 bis 300. Wenn im Juli die Larven schlüpfen und ihre Eihülle verspeist haben, machen sie sich bald danach auf, um gleichfalls wie die Imago (Vollkerf) unter den Völkerschaften der hier reichlich lebenden Insekten verschiedenste Raupen und Kerfen

Im Schatten der Kräuter und Sträucher lebt die räuberische Kamelhalsfliege.

lauernd und pirschend zu jagen. Viele Waldschädlinge werden auf diese Weise vernichtet. So unterstützt die Kamelhalsfliege zusammen mit ihrer Larve letztlich den Menschen bei der Erhaltung des Waldes. Wird es kälter, ziehen sich die Larven in geschützte Stellen ihres Jagdreviers, also dem wurzelnahen Stammbereich, zurück, um zu überwintern. Besonders gern kriechen sie in die verlassenen Gänge des Borkenkäfers. Das nächste Frühjahr erleben sie nochmals als Larve im Walde, während die vorherige Generation bereits als Vollkerfe räuberisch auf der Lichtung haust.

Überall, wo sich auf der Lichtung und am Wegrand lockerer Sandboden findet und Ameisen leben, hat gleichfalls einer aus der Gruppe der Netzflügler (Neuroptera) sein wind- und regengeschütztes Domizil. Er arbeitet mit einer Fanggrube, auf deren Boden er selbst mit seinen starken, gezähnten Vorderkiefern lauernd sitzt. Es ist der Ameisenlöwe, der nur rückwärts läuft, die Larve der Ameisenjungfer *(Myrmeleo formicarius)*. Eingegraben wartet er hier auf ahnungslos vorbeikommende Ameisen, Spinnen und andere Kleintiere. Er steckt nur den Kopf heraus, wohlweislich im tarnenden Schatten des Trichters. Der rieselnde Sand ist sein Hilfsmittel. Er hält ihn aber auch immer munter, denn jedes nach unten rollende Korn wird sofort wieder hinaufgeworfen. Der Durchmesser von einigen Millimetern bis wenigen Zentimetern muß erhalten bleiben. Rutscht ein kräftiges Insekt in den Kessel und versucht sich eiligst herauszuarbeiten, so eröffnet er sofort ein Trommelfeuer von Sandkörnern. Unter deren Wucht und dem nunmehr rutschenden Untergrund landet das Insekt unweigerlich in den Zangen des Räubers. Ein eingeimpftes Gift beendet schnell den ungleichen Kampf. Der Ameisenlöwe saugt sich voll und sitzt wenig später bereits wieder still auf der Lauer.

Einige Stockwerke höher arbeitet ein Insekt im großen Stil, das wesentlich zum biologischen Gleichgewicht der Lebensgemeinschaft «Wald» beiträgt, eine von 3000 Arten in Mitteleuropa und 20000 in der Welt (abgesehen von den Arten, die vorerst noch unerkannt sind). Die Riesenschlupfwespe *(Rhyssa persuasoria)* ist gemeint. Sie darf für sich und ihre über die ganze Erde verbreitete Familie diese Bedeutung in Anspruch nehmen. Sie ist der erklärte Feind der Holzwespen (Siricidae). Diese größten Pflanzenwespen legen in verletzte, kranke und gefällte Bäume mittels eines sägebohrerartigen Legeapparates am Ende des Hinterleibes bis zu 1000 Eier pro Weibchen in das Holz. Gleichzeitig wird an die Nahrung der geschlüpften Raupe in der holzigen Umgebung gedacht, wozu verschiedene Pilze Schrittmacherdienste leisten müssen. Sie zersetzen das nährstoffarme harte Holz, das die Raupe erst dann aufnehmen kann. Um zu gewährleisten, daß die nahrungsaufweichenden Mitbewohner rechtzeitig zur Stelle sind, werden sie bei der Eiablage gleich mit in den Bohrgang gegeben. Jahre dauert die Entwicklung der Raupen, und nicht selten schlüpfen die Wespen erst, wenn das Holz bereits als Werkstoff verarbeitet wurde. Manchmal richten sie dann recht großen Schaden an, weniger durch den Bohrgang im Holz als in dem benachbarten Material, das sie unter allen Umständen zu durchbohren versuchen, was ihnen auch gelingt, angefangen von Stoffballen über Wandputz und Linoleum bis zu Blei. Die Wespe ist ein großer Holzschädling, der durch seine «Nahrungszubereiter», die Pilze, den Schaden noch vergrößert. Obgleich die Bohrgänge der Holzwespenlarven von Holzmehl zugestopft sind und nun als absolut sicher vor Feinden zu sein scheinen, haben sich doch einige Kerfen gerade diese Larven als Entwicklungsstätte für den eigenen Nachwuchs gewählt. Eine davon ist die Riesenschlupfwespe *(Rhyssa persuasoria)*, die mit ihrem Legebohrer noch in 6 cm Stammtiefe die Larven

Die Riesenschlupfwespe erreicht mit ihrem Legebohrer noch in 6 cm Stammtiefe die Larven der Holzwespe, in die sie ihre Eier legt.

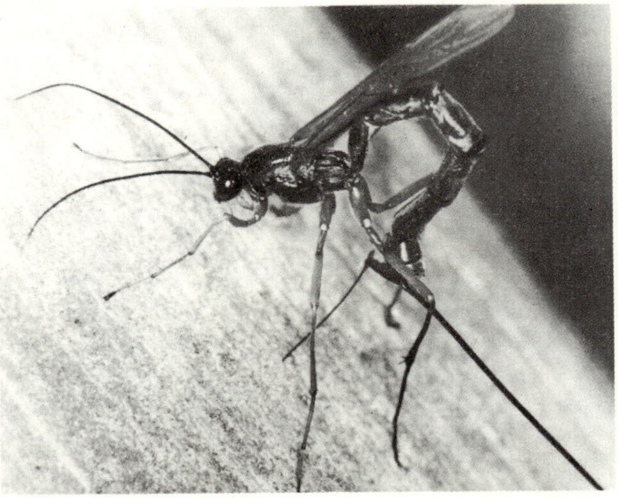

der Holzwespen erreicht, sie ansticht und ihre Eier hineinlegt (Bild). Im Wirt entwickeln sich nun die geschlüpften Larven, verzehren ihn von innen heraus, so daß sein Ende besiegelt ist.

Die Holzwespenlarven haben aber noch einen anderen Feind, die Gallwespe *(Ibalia leucospoides)*, die nicht minder durch Parasitieren im Larveninneren deren Nachkommenschaft liquidieren. In der ersten Zeit der Entwicklung fressen sie den Wirt von innen her langsam auf, dringen später nach außen und tun sich dann weiterhin gütlich an ihm. Aus ihm wird keine Holzwespe schlüpfen, um auf kürzestem Weg die hölzerne Festung zu verlassen.

Diese beiden Beispiele aus dem Reich der riesigen Insektenvölker zeigen deren Bedeutung für das biologische Gefüge des Waldes. Das Fehlen der Nützlinge aus der Insektenwelt könnte unvorstellbare Folgen für ganze Lebensgemeinschaften herbeiführen und womöglich das Ende des Waldes mit seinen Biozönosen bedeuten. In ähnlichem Maße kommt den Ichneumoniden, den Echten Schlupfwespen, eine regulierende Aufgabe bei Insektenschädlingen der Landwirtschaft zu. Da aber durch viele Insektizide Schädling und Feind gleichzeitig getötet werden, wie beispielsweise die Schlupfwespen, ist ein Einsatz chemischer Schädlingsbekämpfungsmittel nicht immer sinnvoll. Manchmal schaden sie mehr als sie nützen. Vorteilhaft wäre eine künstliche Vermehrung solcher biologischen Helfer, wie sie vereinzelt auch schon durchgeführt wird. Meistens sind allerdings Laboratoriumszuchten durch die Vermehrungsform des Nützlings natürliche Schranken gesetzt. So entwickelt beispielsweise jeder Vertreter der Ichneumoniden nur jeweils einen Nachkommen in einer Wirtsraupe, und damit gestaltet sich die angestrebte Massenvermehrung als ein viel zu aufwendiges, wenig sinnvolles Unterfangen. Die zunehmende Entwicklung artspezifischer Bekämpfungsmittel und ihr Einsatz im Rahmen des integrierten Pflanzenschutzes, die Nützlinge schonen, läßt für die Zukunft hoffen. Auf diese Weise würde in eine Lebensgemeinschaft gezielt eingegriffen, würden ihre Proportionen wieder in vernünftige Grenzen gebracht und nicht noch mehr verschoben. Die Zahl der Kerfen, die durch ihre Ernährung und Vermehrung beim massenhaften Auftreten als gefürchtete Schädlinge wirken, ist groß. Groß ist aber auch die Zahl ihrer Feinde allein aus den Reihen ihrer Klasse, die diese wiederum zur Erhaltung des eigenen Lebens und ihrer Art benötigen. Zu ihnen gehören die räuberischen Spinnen, Marienkäfer, Raubwanzen, Ameisen, Laufkäfer und viele andere mehr. Ohne den Menschen würden sie alle in sich selbst begrenzender Abhängigkeit leben, ohne daß es einem von ihnen gelänge, sich massenhaft zu vermehren, was heute durch vielerlei Eingriffe in die Umwelt leicht ermöglicht wird, so daß am Ende die Chemie wieder Ordnung im Ökosystem schaffen muß. Die Monokulturen des Waldes, gleichermaßen die Landwirtschaft, bedeuten Lebensräume, die manche Arten unvorstellbar in ihren Lebens- und Vermehrungsbedingungen begünstigen. Andererseits läßt der Bevölkerungszuwachs, die fortschreitende Zivilisation, nur eine weitflächige, industrielle Anbauform in Land- und Forstwirtschaft zu. Beispielsweise muß der Wald in 20 bis 25 Jahren doppelt soviel Holz produzieren wie heute.

Soweit es sich unbedingt notwendig macht, chemische Bekämpfungsmittel anzuwenden, gilt es das Beste an biologischen Gegebenheiten zu erhalten. Dazu gehört vor allem ein Denken, das die Umwelt und ihre Lebensgemeinschaft schonend behandelt, sich auf das Allernotwendigste beschränkt und stets vorher alle infragekommenden Möglichkeiten prüft, ohne dabei ausschließlich die finanzielle Seite zu sehen. In der Vergangenheit lösten unüberlegtes oder gesellschaftsabhängiges egoistisches Handeln zu oft entscheidende Eingriffe in das biologische Gleichgewicht aus und verursachten nicht selten Störungen an völlig unerwarteten Stellen. Ihre Beseitigung war meist aufwendig und dauerte jahrelang. Glücklicherweise entstanden nur selten irreparable Endzustände. Die Auswirkungen beschränkten sich häufig nicht allein auf den betroffenen Biotop und seine Biozönose, sondern dehnten sich auch auf die gesamte Weitflächigkeit einer Landschaft aus, wo sie damit oft auch den Menschen in seinem Wirkungsbereich störten. Beim «Frühling am See» erfuhren wir davon.

Ein Helfer bei der Vertilgung von Schadinsekten, der Baumpieper *(Anthus trivialis)*, der Kräuter, Sträucher und junge Fichten von Raupen und kleinen Insekten befreit, gehört zur Klasse der Vögel (Bild). Sie nimmt sich freilich mit ihren 8600 Arten kümmerlich genug aus gegenüber den 1 Millionen Kerbtierarten, die über die Erde verbreitet sind. Allein in Mitteleuropa leben 30000 der Insecta auch Hexapoda, Sechsfüßer genannt, die 75% der Tiere überhaupt darstellen, denen in ganz Europa nur runde 430 Brutvogelarten gegenübergestellt werden können. Zu diesem Artenreichtum der Kerfen trugen mehrere günstige Faktoren bei. Nicht etwa in der schnellen Generationsfolge der Insekten im Vergleich zu anderen Tierarten und der dadurch größeren Geschwindigkeit der stammesgeschichtlichen Entwicklung liegen die ursächlichen Zusammenhänge, wie man vermuten könnte, sondern im erdgeschichtlich frühen Auftreten der Hexapoden und in ihrem vorteilhaften Grundbauplan. Bereits im Erdzeitalter Devon begann ihre Entwicklung, wo eine Vielzahl freier ökologischer Nischen bereitstand. Die Insekten hatten ihre Entfaltung schon zu etwa 85% beendet, als Anfang des Tertiärs die große Zeit der Säugetiere begann. Außer dem zeitlichen Vorlauf beim Besetzen ökologischer Nischen wurde die Kerbtierentwicklung wesentlich durch die geringe Körpergröße der Sechsfüßer begünstigt. Durch diesen Vorzug standen den Insekten außerdem pro Fläche weit mehr offene Nischen zur Verfügung als größeren Tieren. Besonders hat aber die frühe Flugfähigkeit der Kerbtiere zu der Artenfülle beigetragen, denn die Möglichkeit des schnellen Ortswechsels, das Aufsuchen neuer Nahrungsquellen ließen eine Fülle weiterer Spezialisierungen zu. Wenn auch nicht in dem Maße wie das Flugvermögen, so halfen doch die Sechsbeinigkeit, die sich bei aller herausgebildeter Formenvielfalt der Insekten als vorzügliche Stabilisatoren auf verschiedenstem Untergrund bewährte und damit erhielt, und die leichte, elastische und ausgesprochen widerstandsfähige Körperhülle bei der reichen Entfaltung dieser Tierklasse.

Als Insektenfresser vertilgt der Baumpieper auch mancherlei Schadkerfe des Waldes.

Nicht der Hochwald, sondern die durch ihre offene, abwechslungsreiche, niedrige Pflanzenwelt seinen Lebensansprüchen entgegenkommende Lichtung sagt dem Baumpieper zu. Nur einige Jahre wird er hier sein Nest bauen, dann hat sich die Zusammensetzung der Pflanzengesellschaften durch das Wachstum der anfänglich noch kleinen Fichten über Aufwuchs, Dikkung, verschieden starkes Stangenholz bis zum Hochwald und dem damit verbundenen stetigen Rückgang der Kraut- und Strauchschicht so verändert, daß ihm nicht mehr das zum Leben Notwendige geboten wird. Gleich dem bodenbrütenden Rotkehlchen, das nur einige Stubben entfernt von seiner gut versteckten Kinderstube die vier Jungen großzieht und dem brütenden Dompfaff im Reisernest am Fichtenstämmchen werden die Nachkommen betroffen sein, nicht die nächsten, auch nicht die übernächsten, sondern erst Generationen in weiter Zukunft. Die vorherigen sind dann alle schon in eine Nahrungskette eingeflossen oder gehörten zu dem jährlich zu zahlenden Tribut an die Witterungsunbilden, den vor allem die Zugvögel entrichten müssen. Auch der in größeren Abständen auftretende Nahrungsmangel durch vielerlei Umstände wirkt dezimierend auf die Populationen. In neuerer Zeit steuern ferner manche der chemischen Insektenbekämpfungsmittel, häufig durch unsachgemäße Anwendung, nicht unwesentlich zu diesen ökologischen Härten bei. In ihrer Gesamtheit lassen die natürlichen populationsschwächenden Faktoren 80% der Singvögel ein zweites Lebensjahr nicht erreichen. Erst für die übriggebliebenen steigt die Lebenserwartung in den folgenden Jahren durch vielerlei gewonnene Erfahrungen wieder an. Erkenntnisse, die ganz «nebenbei» durch die Beringung, die ursprünglich nur der Erforschung des Vogelzuges galt, gewonnen wurden.

Warzenbeißer leben auf den Lichtungen und Waldwiesen. Links Männchen, rechts Weibchen, das ausgiebig einen Fuß säubert.

Manche Spinne, Raupe, Mücke und etliche Falter werden von Singvögeln gefressen und verfüttert, und mancher Forstschädling verschwindet auf diese Weise aus der Lebensgemeinschaft des Waldes. Die gut 4 cm langen Warzenbeißer *(Decticus verrucivorus)* aus der Familie der Laubheuschrecken sind allerdings meistens vor ihren Nachstellungen sicher; ihre Größe bewahrt sie vor dem Speisezettel vieler Gefiederter. Sie gehören zu denen, die sehr weit springen können, aber bei Beunruhigung oft schreitend das Weite suchen. Ein Drittel pflanzliche und zwei Drittel fleischliche Kost, also Insekten, stillen ihren großen Hunger. Nach einer Mahlzeit reinigen sie sorgfältig jedes Vorderbein. Über mehrere Minuten erstreckt sich diese Prozedur, bis die Mundwerkzeuge alles wieder gesäubert haben. Kräftig sind die Kiefer, die vor Jahrzehnten zur Entfernung menschlicher Warzen benutzt wurden, wobei der zusätzlich erbrochene Magensaft besonders günstig gewirkt haben soll. Das mag ein eindrucksvolles Erlebnis für die Patienten gewesen sein, so daß wohl letztlich psychogene Faktoren das Nachwachsen der Warzen unterbanden.

Wenn im Frühjahr oder Sommer gleichförmig nieselnder Regen den ganzen Tag trübt, der Wald satt von Feuchtigkeit ist, wo die siebzigjährigen Fichtenkronen allein 30% der Nässe festhalten und verdunsten lassen, und ein Wanderer aufmerksamen Auges die von Rinnsalen und Pfützen gezeichneten Waldwege geht, kann ihm der hier selten lebende knapp 20 cm lange Feuersalamander *(Salamandra salamandra)* begegnen. Er ist eigentlich ein Bewohner der Schluchtenwälder. Den Fichtenwald meidet er. Nur die Lichtung und der nahe Gebirgsbach, der sich im Zickzack durch die Wiese schlängelt, ließen ihn hier seßhaft werden. Hochbeinig überquert er den Weg (Bild). Beim näheren Betrachten verharrt er, läßt sich nieder und liegt nun breit auf dem Bauch. Trotz der auffälligen Färbung ist er sich der Schutzwirkung des scharfen Sekrets aus seinen Drüsen am Hinterkopf und auf dem Rücken sicher, das schon oft kleinere Feinde abschreckte. Er ist ein Nachtaktiver, den nur der anhaltende Regen unter der Schieferplatte auf der

Ein Charaktertier der Mittelgebirge aus der Klasse der Lurche ist der Feuersalamander.

Lichtung vorgelockt hat. Hier verbrachte er auch den Winter. Lange wird er nicht mehr auf dem kraut- und strauchreichen Fichtenanwuchs bleiben; die Trockenheit wird ihm an heißen Sommertagen ringsumher einfach zu groß. Der Marsch durch das schmale Stangenholz zur nahen, ganzjährig feuchten Waldwiese steht ihm dann bevor, dort wo nach monatelanger Tragzeit jedes der Weibchen um die 50 Larven im Quellbach gebiert. Im klaren kühlen Wasser kommen sie mit büschelförmigen Kiemen beidseits des Kopfes und vier Beinen zur Welt. Der gesäumte, flache Ruderschwanz ist in dieser Entwicklungsphase das Organ für die Fortbewegung, und mit dem Schrumpfen der Kiemen nimmt auch er mehr rundliche Gestalt an. Die Zeit des ersten Landganges wird nun bald folgen, wo die Atmung sich ändert und die Beine das Vorwärtskommen übernehmen. Dazu muß der Organismus sich langsam vorbereiten, er muß umgerüstet werden.

Mitten durch das etwa 30 cm hohe, steife Borstengras, die weißblütige feinblättrige Bärwurz, das rötlich überhauchte Rotschwingelgras, die bis 60 cm lang werdende Drahtschmiele, den geschützten, leuchtend orangegelben Bergwohlverleih *(Arnica montana)*, vielerorts unter dem Namen Arnika bekannt, und die übrigen 200 bis 300 Arten der höheren Pflanzen und Moose, plätschert das kleine Quellgewässer. Sie gehören alle zu der Bergwiese, die vor einigen Jahren zu einem Naturschutzgebiet erklärt wurde. Manche seltenen Pflanzen in ihrer Mitte, Reste der einstigen Waldflora, die durch die Monokultur «Fichtenforst» zurückgedrängt wurde, gaben dabei den Ausschlag. Sie blieb im Gegensatz zu vielen anderen Wiesen von einer landwirtschaftlichen Nutzung verschont, die entsprechend der ökonomischen Forderung nach mehr Milch und Fleisch ansonsten notwendig ist. Leider erfolgt sie häufig noch zu «rationell» und läßt notwendige pflegerische Maßnahmen vermissen. Zertretene Ränge und Quellstellen, breite pflanzenlose, zerstampfte Trampelpfade, Trittwunden im Vegetationsbett der Wiese und starker Verbiß an Baum- oder Strauchgruppen zeugen einerseits von hoher landwirtschaftlicher Intensivbewirtschaftung, andererseits aber von unverantwortlich großer Vernachlässigung der Pflege. Düngung, Melioration und ein zu häufiger Viehauftrieb, der der Pflanzenwelt nur wenig Zeit zur Erholung läßt, tragen dazu bei, daß die ursprüngliche Wiesenflora zunichtegemacht wird. Geschützte Pflanzen haben dann schon längst keinen Lebensraum mehr und sind gänzlich verschwunden. An ihre Stelle traten übliche, überall vorkommende Gräser und wenige andere Pflanzen. Die Artenverarmung bei Pflanzen und Tieren, die schon recht bald beobachtet werden kann, ist ein Charakteristikum der Intensivnutzung. Ebenfalls schlecht bestellt ist es mit den bergigen Wiesen, die, da sie nicht mehr genutzt, auch nicht mehr gepflegt werden. Hier machen sich bald die auf Waldschlägen lebenden Pflanzen breit, und nach wenigen Jahren schon haben sich Pflanzengesellschaften in typischer, zeitlicher Reihenfolge angesiedelt, die letztlich zum gemischten Walde führen. Um dem Auge des Naturfreundes den Zauber der bunten Bergwiesen zu erhalten und den Wiesenblumen Leben und Gedeihen zu sichern, kommt noch nicht einmal die Beweidungsform früherer Jahrzehnte, also eine extensive, in Betracht, denn auch sie zerstört die Artenfülle. Allein die Mahd erhält die Vielfalt der Pflanzen. Am besten wohl, wie Hartmut Kempf empfiehlt, in der Erntelücke, also Ende Juli, Anfang August, denn der landeskulturelle Wert der vielschichtigen, reich in wechselnder Folge blühenden Bergwiesen ist beträchtlich. Es sind zwischen den ausgedehnten Fichtenwaldungen eingestreute Naturdenkmäler, die aber bereits wenige Jahre nach intensiver Nutzung oder vollständiger Vernachlässigung für immer ihre floristisch-soziologischen Strukturen und Abstimmungen eingebüßt haben. Oft verloren auf ewig.

Kehren wir zurück zur Lichtung, zusammen mit der durch das Stangenholz wechselnden Ricke, die bei den Roten Fingerhutpflanzen *(Digitalis purpurea)*, denen die hängenden purpurnen Blüten ein attraktives Aussehen verleihen, ihr Kitz zwischen den ersten Fichten des Hochwaldes abgelegt hat. Ungedeckt liegt es neben einem dürren, lichten Ast auf dem Nadelboden, nur schwer zu entdecken (Bild). Die Ricke, die erst beim nochmaligen Brunften im naßkalten November erfolgreich vom Sechserbock beschlagen wurde, hat dieses Jahr spät gesetzt. Das befruchtete Ei beginnt sich aber gleich zu entwickeln, so daß sich die Tragzeit auf 22 Wochen beläuft. Im warmen Sommer, Anfang August, wo die Blattzeit in vollem

Gange war, wurde bei ihr kein Ei befruchtet, ganz im Gegensatz zu den übrigen Altrehen im Revier, deren Embryonen aber keinen Entwicklungsvorlauf haben, da ihre befruchteten Eier ohne jegliches Wachstum bis Dezember ruhen, ihre Tragzeit also 40 Wochen beträgt.

Nur zum Säugen sucht die vorsichtige, oft sichernde Ricke ihr abgelegtes Kitz auf, das recht wackelig auf den Beinen steht, von Tag zu Tag aber kräftiger wird. Hat es sich sattgetrunken, tut es sich wieder nieder, und die Alte wird fortan in der Nähe bleiben, zwischen Lichtung, Wald und naher Bergwiese wechseln.

Die leichten Erschütterungen durch die Tritte der grazilen Rehläufe nimmt die ruhende Kreuzotter *(Vipera berus)* bereits aus einigen Metern Entfernung wahr, eine Sinnesleistung, die vor allen anderen bei ihr am ausgeprägtesten ist. Sie gehört auch zu denen, der das Mikroklima, die bedeckende Pflanzenwelt mit ihren weitgehend aufgelockerten Lichtverhältnissen auf der Lichtung zusagt. Die beste Lebensstätte bietet ihr und etlichen ihrer Verwandten der sonnige, wärmehaltende Waldrand. Mit seinen undurchdringlichen Brombeersträuchern, dem dichten Heckenrosen-

Einen Tag altes Rehkitz. Farbe und Zeichnung des Fells tarnen es vorzüglich auf dem Nadelboden.

Die Kreuzotter liebt nicht die sengende Sonne, sondern die anheimelnde wärmende, auch gewittrige Schwüle. In solchen Stunden bekommt man sie dann am ehesten zu sehen.

gestrüpp, den alten oberirdischen Wurzeln, den Stubben und kleinen Steinhaufen ist sie hier weitgehend vor Hitze, Wind, unbotmäßigem Wetter, vor gefiederten und vierbeinigen Feinden geschützt. In etwa einem Meter Tiefe unter einem morschen Stubben verbrachte das noch junge, aber kräftige Weibchen zusammen mit etwa einem Dutzend anderer Ottern den Winter. Die kalte Jahreszeit wird von den Tieren gern gemeinsam überdauert. Es wurden schon Quartiere bekannt, wo sich 300, ja sogar 800 Ottern eingefunden hatten, Ansammlungen, die in unseren Breiten nach Expertenmeinungen der Vergangenheit angehören. Meistens werden Funde von 25 bis 30 eng verschlungener Schlangen beschrieben. Nicht selten finden sich darunter auch Beutetiere, wie die Waldeidechse oder die meist verschmähte Erdkröte. Ende März sucht das Weibchen den alten Schlupfwinkel unter einer freiliegenden starken Fichtenwurzel auf. Gar nicht selten klettert es, nun lebhaft braun gefärbt, auf einen der alten Äste des über dem schützenden Erdloch liegenden Reisighaufens, um die wärmende Sonne zu genießen (Bild). Weit häufiger werden aber von den kletterfaulen Artgenossen sonnenbeschienene Steine oder breitflächige Stubben gewählt, auf denen es sich bequem aus dem wandernden Schatten herauskriechen läßt. Die Ottern lieben nicht die sengende Sonne, sondern die Wärme und die gewittrige Schwüle. Dann bekommt man sie auch am ehesten zu sehen. Über Jahre halten sie an dem einmal gewählten Ort fest. Selbst wenn sie 80 m von diesem entfernt ausgesetzt werden, kehren sie nach wenigen Tagen an die alte Stelle zurück.

In der Dämmerung kriecht die Otter beutehungrig, träge, aber geschmeidig über Wurzeln, zwischen Farnen und Gesträuch dahin. Nicht planlos, dem Zufall vertrauend, der ihr vielleicht eine Erd- oder Brandmaus, eine Waldeidechse und ganz selten die Brut eines Baumpiepers oder die einer Tannenmeise unter dem Wurzelstock beschert. Nein, sie spürt wie ein Jagdhund, folgt den Fährten. Obendrein kann sie mit den senkrechten, schmalen Pupillen gut sehen. Aber nicht die Augen verhelfen ihr zum Auffinden eines Beutetieres, sondern die züngelnde, gegabelte Zunge hat gemeinsam mit dem im Dach des Gaumens befindlichen Jakobsonschen Organ, die «Nasenfunktion», das sichere Verfolgen der Fährte übernommen. Aber eine noch weit phantastischere Sinnesleistung weisen alle Ottern der Familie Viperidae auf: Ein Wärmesinnesorgan erlaubt es, Temperaturunterschiede der Umgebung wahrzunehmen und zu lokalisieren, selbst wenn sie nur den Bruchteil eines Grades ausmachen. Darum brauchen sie das einmal gebissene, todgeweihte Tier nicht während seines Todeskampfes festzuhalten, sondern können es noch seiner letzten Flucht überlassen. Ohne Hast folgen sie dann zielsicher der Wärmespur ihres inzwischen verendeten Opfers. Und schließlich vermittelt die «riechende Zunge» auch über tastende Sinne neben vielem anderen noch die Beschaffenheit des Beutetieres, damit es kopfwärts verschlungen werden kann.

Wie miozäne Funde zeigen, also vor 10 bis 25 Millionen Jahren, als die explosive Entfaltung der höheren Säugetiere begann, nehmen die Ottern den stammesgeschichtlich jüngsten Platz der Schuppensaurier ein. Ihre Entwicklung, besonders die des Giftapparates, seine Funktion und die Giftzusammensetzung, lief damit einher und wurde bestimmt von der ihrer Beutetiere, also den kleinen Säugern und den für sie jagdbaren Vögeln. Über die zwei aufzurichtenden Giftzähne, die in Sekundenbruchteilen in das Opfer geschlagen werden, gelangt das Gift aus den langgestreckten, dreieckigen Giftdrüsen, von denen jeweils eine hinter dem Auge liegt, in das Opfer. Es besteht aus blut- und gefäßschädigenden und wenigen neurotoxischen Einzelgiften. Die in ihrer Gesamtheit aus solchen Partialgiften bestehende gelbliche Flüssigkeit schwankt in ihrer Zusammensetzung und ist abhängig von jahreszeitlichen Einflüssen, Stoffwechselsituationen und auch dem Alter. Interessant dabei, daß bereits neugeborene Kreuzottern über Gift verfügen.

Mögen die natürlichen Feinde der Otter mit dem Igel an erster Stelle, ferner dem Iltis, den Krähenvögeln, dem Waldkauz, dem Mäusebussard und in der Ebene dem Schrei- und Schlangenadler zu suchen sein, mitunter auch unter den beiden mitteleuropäischen Störchen und dem Kranich; der Hauptfeind dieser unauffällig arbeitenden Mäusevertilgerin war und ist der Mensch. Unter gesetzlichen Schutz gestellt wie alle Kriechtiere und Lurche, von denen Blindschleiche, Ringel- und Glattnatter durch Verwechslung mit der giftigen Kreuzotter häufig mit dem Leben büßen mußten, wird dieses im Grunde ängstliche Tier auch heute noch bei zufälligen Begegnungen, und bedauerlicherweise gar nicht selten, erschlagen. Eine solche strafbare Handlung bleibt leider meist ungesühnt — kein Kläger ist da. Aber nicht um eine Bestrafung geht es, sondern um das Verständnis für ein Tier, das in der Natur seinen festen Platz ebenso hat wie das possierliche Eichhörnchen, die Singdrossel oder die Ricke mit ihrem Kitz. Auch dann, wenn es durch sein Verhalten nicht die Zuneigung eines jeden Menschen gewinnen kann. Die Kreuzotter jedenfalls ist dankbar, wenn der Mensch ihr aus dem Wege geht, und er ist dann sicher vor dem gefährlichen Biß einer sich im höchsten Maße bedroht fühlenden Viper. Die fortschreitende Kultivierung, besonders die Industrialisierung der Landwirtschaft, schränkt ihren Lebensraum ein, läßt sie allgemein weniger werden, auch wenn sie in manchen Jahren in einigen Gegenden gehäuft auftritt. Allein schon diese Maßnahmen zehren an ihrer Bestandsdichte, lichten ihre Reihen. Sie ist nützlich für den Menschen, nicht allein durch ihre unbestrittenen Verdienste bei der Bekämpfung der Wühlmäuse, besonders der Feldmaus, deren Gänge sie aufsucht und alle Insassen eines Nestes vernichtet. Sie ermöglicht durch ihr Gift die Herstellung hochwirksamer Heilmittel.

Der Igel, ein altertümlicher Allesfresser, der sich in den letzten 50 Millionen Jahren seines Daseins auf der Erde kaum veränderte und schon manche jüngere, bereits wieder ausgestorbene Tierart gesehen hat, gehört ebenfalls zu den gesetzlich geschützten Tieren. Zu seinen Beutetieren zählt, wenngleich recht selten, auch die Kreuzotter. Wenn er ihr bei seinen Reviergängen begegnet, entbrennt ein harter Kampf, den er eigentlich immer gewinnt. Nur ganz selten stirbt er nach Stunden, die verzehrte Otter im Magen, an ihren Bissen. Zum einen verträgt er weit mehr ihres Giftes als die übrigen Säuger seiner Größe, zum anderen schützen ihn die der Viper entgegengerichteten Kopfstacheln vortrefflich. Wieder und wieder versucht sie vergeblich eine ungeschützte Hautstelle zu erreichen, muß Biß auf Biß der Igelschnauze hinnehmen und wird bald schwächer in ihrer Abwehr. Nun dauert es nicht mehr lange, bis es ihm gelingt, ihr Rückgrat durchzubeißen. Obwohl die Viper noch keineswegs tot ist, drückt er sie mit den Vorderfüßen auf den Boden und beginnt, sie vom Schwanzende her, schmatzend und ohne Hast, so recht nach Igelart, Stück um Stück zu verspeisen.

Die Igelin hatte in diesem Jahr noch keinen solchen Kampf ausgefochten; es fehlte an Gelegenheit. Sie ernährt sich von nestjungen Mäusen, wohin sie ihr vorzüglicher Geruchssinn leitet, der sie auch kriechende Schnecken, krabbelnde Insekten und deren Larven finden läßt, die häufig genug zu den Schädlingen des Waldes zählen – weshalb ihrer Sippe der gesetzliche Schutz zuerkannt wurde. Unbedeutend sind die seltenen Übergriffe auf Gelege und Nestjunge der Bodenbrüter und ihr Beutemachen unter Kriechtieren und Amphibien. Auch Heidel- und Preißelbeeren und andere leckere Früchte werden gern verspeist. Selbst Pilze, die sie gut durch den empfindlichen Geschmackssinn zu unterscheiden vermag, zerkleinern die 36 Zähne zum Nahrungsbrei.

Schwefelköpfe auf einem Stubben der Waldlichtung.

Säugende Igelin. Die Jungen sind erst wenige Tage alt.

Als infolge des nahenden, lebenverheißenden Frühlings die nur noch 6 °C betragende Körpertemperatur des Igelweibchens durch zunehmende Boden- und Außenwärme eines Tages auf 34 °C anstieg, erwachte das Weibchen aus dem Winterschlaf. Es ist Zeit zum Verlassen des laub- und heureichen, mit Moos in einer trockenen Bodenmulde, unter alten Stämmen angelegten Winterquartiers. Die nahrungsreiche Zeit naht, und die Ranzzeit ist nicht mehr fern. Ende April, an einem trüb regnerischen Tag, wo sie auf ihren ausgedehnten Streifzügen im Revier einem zwischen den Heidelbeersträuchern entlanglaufenden Männchen begegnet, kommt es dann zur Begattung. Ähnlich wie Fuchs, Rehbock und Hirsch vollzieht das Männchen den Begattungsakt vom Rücken her. Die flach anliegenden Stacheln des Weibchens verletzen den empfindlichen, stachellosen Bauch des Männchens und den langen Penis nicht. Fortan trifft man sich, immer nur zufällig, nimmt schnüffelnd voneinander Kenntnis und geht wieder seiner Wege. Nach einigen Wochen wird die Igelin aber bei solchen Begegnungen aggressiv. Heftig bearbeitet sie ihn mit den aufgestellten Kopfstacheln, ruckartige Schläge muß sein Körpervorderteil hinnehmen. Immer mehr drängt sie ihn ab, bis er sich plötzlich umdreht und hochbeinig, einem kleinen Schwein ähnelnd, von dannen läuft. Fauchend und schnaufend geht es bei dieser Rempelei zu. Der Vater ihrer Jungen muß aus der Nähe des Nestes gebracht werden, das an einem alten Stubben unter einem dichten Reisighaufen liegt, wo sie endlich einen ruhigen Fleck gefunden hatte und emsig trockenes Laub und weiches Gras zum dickwandigen Nest zusammentragen konnte. Sie hat es eilig, denn die 40tägige Tragzeit neigte sich dem Ende zu. Dann ist es soweit. Fünf blinde Junge, deren Ohren ebenfalls noch geschlossen sind, werden fürsorglich von der Alten beleckt. Wenige weiße, ganz weiche Stacheln bedecken die rosafarbenen Körper (Bild). Das letzte von ihnen ist etwas klein, aber nicht minder vital im allgemeinen Gedränge um das milchreiche Gesäuge der Mutter, die sich jetzt und auch später allein um den Nachwuchs sorgt. In den gut zwei Wochen ihrer Blindheit machen sie der Igelmutter durch ihr Temperament arg zu schaffen, drängeln sich ungestüm um die eine oder andere «Milchquelle», klettern über Rücken und Schnauze der Mutter wie der Geschwister und wirken dabei mit ihrem faltigen Gesicht wie Komiker. Alles erträgt die Igelin mit bewundernswerter Ruhe. Meistens ist der stachelbewehrte Rücken dem Eingang des Nestes zugewandt und soll sicherlich Feinde am Eindringen hindern.

Wenn der abendliche Abmarsch in das Revier bevorsteht, muß sie infolgedessen erst über die junge Schar steigen. Vorsichtig windet die schwarze Nase nach draußen, wird der Kopf Zentimeter um Zentimeter nachgeschoben, bevor auf gewohntem Pfad der Gang auf Nahrungssuche angetreten wird. Erst nach drei, manchmal auch vier Wochen folgen die Igeljungen der Mutter, die besorgt ist, daß keines der selbständig fressenden, dabei aber noch recht ungeschickten Igelchen verloren geht. Gemeinsam kehren sie in das Nest zurück und werden selbst jetzt noch hier gesäugt. Je älter die Jungen werden, um so öfter folgen nun auch Ausflüge am Tage. Bald wird die Bindung zwischen Mutter und Jungen lockerer, die Zeit naht, da sich die Familie auflöst und jedes Tier seine eigenen Wege gehen wird. Bevor es bei unserer Gruppe soweit war, mußte die Mutter für drei Tage alle Jungen unter einen nahen Steinhaufen umquartieren. Ein Iltis interessierte sich für das Nest der Igel, und die kiloschwere Alte hatte wahrlich ihre Not, alle Jungen unter sich zu bedecken. Die 16 000 aufgerichteten Stacheln und das furchteinflößende Fauchen kühlten des Iltis Beutelust aber ab und veranlaßten ihn doch weiterzuziehen. Der Alten war das Nest zu sehr zerstört, auch nicht mehr sicher genug. Trotzdem kehrte sie nach fünf Tagen zurück, nachdem sie noch mehr Laub und trockenes Gras zusammengetragen und alles wieder ordentlich hergerichtet hatte, denn das Ausweichlager unter den Steinen hatte eine zu dünne Polsterung, war zu kalt und zu eng für alle.

Iltis, Marder, Fuchs oder Hunde können dem Igel selten erfolgreich gefährlich werden. Allenfalls der Uhu, der indessen heute so selten geworden ist, daß er als natürlicher Feind kaum noch in Betracht kommt! Auch Waldkauz, Habicht und ausnahmsweise der Mäusebussard, wie wir im Mischwald erfuhren, erbeuten ihn ab und an. Ihre Fänge greifen gut durch den Stachelpanzer. Kommt ein Igel zufällig vor einen Wildschweinrüssel, so nützen ihm dann gleichfalls die Stacheln nichts mehr; er wird samt und sonders verspeist. Große Verluste erleiden die Igel

In einer Wurzelnische der umgestürzten Fichte hat der Zaunkönig sein Nest. Hungrig sperren die Jungen dem futtertragenden Altvogel ihre Schnäbel entgegen.

aber jedes Jahr durch den Kraftfahrzeugverkehr auf den Straßen, besonders auf den Autobahnen. Mit Zunahme des Verkehrs müssen immer mehr ihr Leben lassen. Trotz dieses zivilisationsbedingten Aderlasses, leben Igel aber noch vielerorts in ausreichender Zahl. Begünstigend wirken das weitgehende Fehlen der Feinde innerhalb der heutigen Lebensgemeinschaften, ferner die meistens um die sieben Jungen starken Würfe, in günstigen Jahren sogar zwei, und die infolge seiner guten Anpassung weite Verbreitung in Hof und Garten, Parks und Friedhöfen, Feld, Flur und Wald. Einer, um dessen Bestand vorerst nicht gebangt zu werden braucht.

Obgleich der Forstmann den einstigen Kahlschlag auf der heutigen Anwuchsfläche so wählte, daß der Baumhieb entgegen der Richtung der kräftigen Weststürme verlief und damit auch für die Zukunft eine sturmsichere Hiebfolge erhalten bleibt, stürzen im Herbst unter den fast orkanartigen Böen doch einige hohe Fichten. In der stürmischen Jahreszeit sind die älteren Bestände der Flachwurzler ausgesprochen gefährdet. Aber durch die geschilderte Hiebrichtung werden sie von den jüngeren wurzelfesteren Beständen, also dem Anwuchs, dem Aufwuchs, der Dickung und dem Stangenholz gut geschützt, so daß sich bei Stürmen in üblichen Stärken ein Flächenwindbruch meistens vermeiden läßt. Ein Nachteil dieser forstwirtschaftlichen Monokultur, der aber durch den umsichtigen und erfahrenen Förster auf diese Weise gemildert werden kann. Einige der gestürzten 90jährigen Fichten rissen gut die Hälfte des Wurzelballens mit nach oben, der sich nun wie eine aufgestellte braune Scheibe ausnimmt.

In einem solchen Baumfuß, nur wenige Baumlängen von der Lichtung entfernt, hat der Zaunkönig *(Troglodytes troglodytes)* sein kugeliges Nest tief in eine erdige Nische der Wurzeln gebaut. Es fügt sich vorzüglich in die bräunliche Umgebung ein und ist selbst für das scharfe, beutesuchende Eichelhäherauge nur schwer zu entdecken. Eigentlich verrät es sich nur, wenn sich dem Altvogel beim Anfliegen plötzlich die gesperrten orangeroten Schnäbel der in wenigen Tagen flügge werdenden Jungen aus dem seitlichen Anflugloch entgegenstrecken. Nur zwei, höchstens drei der sechs Hungrigen haben in der Öffnung Platz, sperren dem Futtertragenden entgegen, auch wenn er noch gut zwei Meter vom Nest entfernt ist (Bild). Nur kurz fliegt der fleißige Zwerg unter den Vögeln die Öffnung an, klammert sich außen fest und stopft schnell die schreienden Schnäbel, um geschwind im schnurrenden Flug den nahen Anwuchs oder den Hochwald aufzusuchen. Der kleine Kerl reizt wohl jeden zu einem freundlichen Lächeln, sieht er ihn quicklebendig die alten Reisighaufen, die vielen Schlupfwinkel unter den Büschen, die Wurzelstöcke und überhaupt alles Bodennahe durchstöbern, was bei flüchtigem Hinsehen manchmal wie eine huschende Maus wirkt. Kein Gespinst, kein Räupchen, kein krabbelndes oder sitzendes Kerbgetier entgeht seinen Blicken. Kann der Schnabel wirklich nichts mehr fassen, geht es flugs zurück zum Nest, wo ein Junges gerade sein Körperende ans Licht brachte, um einen weißen Kotballen abzusetzen, der nun tropfenförmig unter dem Einflugloch hängt. Er wird vom Altvogel bei seinem Abflug vom Nest mitgenommen und nach einigen Metern fallengelassen. Der Anwuchs ist die eigentliche Lebensstätte des «Königs mit dem hochgestelzten Schwanz». Er sorgt für die Ansiedlung im Hochwald, denn dieser hier bietet ihm, wie auch vielen anderen Singvögeln, zu wenig Nahrung. Kein Wunder, daß Arten- und Individuenzahl in dieser Monokultur so gering sind und das an einem Maimorgen in seiner Vielstimmigkeit so lieblich ins Ohr klingende Vogelkonzert vermissen läßt, wie wir es vom Mischwald her gewohnt sind. Unser kleiner Vogel gehört hier mit zu denen, deren wechselvolle Töne dem Jungwald wie dem Waldrand das ganze Jahr über stimmliches Leben verleihen. Selbst bei schneidender Kälte schmettert er sein frisches Lied mit anschließendem Roller in den Winter und läßt jeden Wanderer aufhorchen und nach ihm Ausschau halten.

Steht die Wiege der sechs Zaunkönige in dem Wurzelstock, so haben sich unter der Rinde der gestürzten Fichte ganz andere eingenistet. Hier ist gleichermaßen eine Entwicklungsstätte für solche, die ebenfalls hinaus über Lichtungen und in den Wald fliegen oder kriechen und selten die schützende Baumrinde verlassen. Als «lichtscheue Finsterlinge» wurden sie früher treffend bezeichnet. Große Fichtenborkenkäfer werden sie heute genannt, auch Buchdrucker – *Ips typographus*, wie die Wissenschaft sagt. Das typische Fraßbild der Rindenbrüter veranlaßte

Carl von Linné, sie so zu benennen. Sie gehören zu der weitaus größeren Gruppe der fast 100 mitteleuropäischen Borkenkäferarten, die sich deutlich von den in das Holz eindringenden Familienmitgliedern, den Holzbrütern, unterscheiden. Die 4,5 bis 5,5 mm langen walzenförmigen, rötlich bis schwärzlichbraunen Käfer wird man selten zu Gesicht bekommen. Kränkelnde, beschädigte und gefällte, liegengelassene Fichten suchen sie auf. Jedes Männchen bohrt in einen solchen Stamm ein senkrechtes Loch und hat je nach Rindendicke Stunden oder Tage später den angestrebten Bast erreicht. Hier frißt es weiter, schafft Platz für die bald erfolgenden Kopulationen. Ist die kleine Höhle, die Rammelkammer, fertiggestellt, streckt das Männchen den Hinterleib aus dem Bohrloch, wo der abgesonderte Sexualduft die Weibchen anlockt. Mehrmals werden sie in der engen Kammer begattet, und jedes von den zwei bis drei Weibchen frißt von hier in Richtung der Holzfasern einen bis zu 12 cm langen Gang, den Muttergang. Das anfallende Bohrmehl schiebt das Männchen rückwärts kriechend zum Bohrloch hinaus. In gleicher Breite gehen von den Muttergängen kleine Bohrungen nach außen, die der Belüftung und gleichzeitig dem Ausschlupf der Alt- und Jungkäfer dienen, auch dem Einschlupf manches Weibchens zum Männchen. In kleinen, genagten

Auch die Larven der Bockkäfer nagen im Holz.

Nischen, so im Abstand von 1 bis 3 mm, legt das Weibchen links und rechts des Mutterganges je ein Ei. Läßt dabei auch manche Nische aus, wenn sie nicht die besten Lebensbedingungen für die fressende Larve bereithält. Die geschlüpften, weichhäutigen Larven treiben die Nischen überwiegend im Bast rechtwinklig zum Brutgang weiter vor, so daß bald Gänge entstehen, die hinter den fressenden Larven mit dem Bohrmehl angefüllt sind. Vor der Verpuppung nimmt die Larve eine Verbreiterung des Ganges vor, die, fertiggestellt, die ovale Puppenwiege oder -kammer darstellt. Nach dem, je nach Umweltfaktoren variierend, ein- bis vierwöchigen Puppenlegen, dem das Eistadium mit 7 bis 14 Tagen vorausging, folgt nun die ein bis zwei Wochen währende Entwicklung in der Puppe und das Schlüpfen des Jungkäfers, der nach ungefähr zwei Wochen voll ausgereift ist. In trockenen, warmen Jahren können sich zwei Bruten entwickeln, mancherorts vielleicht auch drei. In nassen, kühlen Sommern hingegen bleibt es bei einer Generation im Jahr. Meistens sterben die Mutterkäfer, nachdem sie fleißig für die Vermehrung Sorge trugen, nur wenige überwintern nochmals im Baum oder kriechen in einen alten Stubben oder in die Bodenspreu. Befallen die Käfer einen bereits kranken Baum, so erhält er, wenn zu viele unter seiner Rinde fressen, nur noch wenig Saft aus den Wurzeln und stirbt bald ab. Das Ende kündigt sich mit dem Gelbwerden der Krone an. Weil die Rinde noch festsitzt, werden nur Unkundige nicht wissen, daß hier die gefährlichste europäische Art der Borkenkäferfamilie (Scolytidae) ihr vernichtendes Werk verrichtet. Anders zeigt sich der befallene Baum im Nachsommer, wenn die Säfte wurzelwärts absteigen. Seine Spitze bleibt dann grün, und die Rinde löst sich nun durch die Schädigung des Kambiums ab, der Schicht, die vorwiegend das Dickenwachstum des Stammes bewirkt. Wie schon erwähnt, kommt dieser Art Borkenkäfer der Fichtenwirtschaftswald vorzüglich entgegen. Eigentlich gehörte sie zu denen, die unter die Sekundärschädlinge eingeordnet wurde, die aber bei einer Massenvermehrung, wenn Nahrung und Lebensraum knapp werden, auch gesunde Fichten befallen. In normalen Zeiten, wenn der eine oder andere von ihnen saftige Stämme anbohrt, verstopft ihm meistens das entgegenfließende Harz die Stigmen, der Käfer erstickt. Während einer Epidemie bohrt aber eine Vielzahl von Käfern an einer gesunden Fichte, wie bei einem großangelegten Generalangriff, so daß deren Harz dann nicht mehr ausreicht, die vielen kleinen Wunden zu verschließen. Sie unterliegt langsam den Eindringlingen, und ihr Ende ist nur noch eine Frage der Zeit. Während einer solchen Massenvermehrung befallen die Buchdrucker nicht allein harzarmes Holz, sondern erheben auch Anspruch auf feinschuppige Rinde jüngerer Bäume. Selbst noch dünnrindige, junge Kulturen fallen ihnen wie die sonst bevorzugten 80- bis 100jährigen Fichten zum Opfer.

Bereits im 18. und 19. Jahrhundert, auch schon im Mittelalter, verursachte der Buchdrucker vernichtende weitflächige Zerstörungen von Fichtenwäldern. So gingen unter anderem die Verwüstungen 1783 im Harz in die Geschichte ein.

Immer, wenn Wind- und Schneebruch Wälder niederwarfen, oder Schadinsekten das großräumige Absterben der Bäume bewirkten und die forstlichen Räumungsarbeiten nicht zügig erfolgten, dann hatte der Borkenkäfer beste Vermehrungsbedingungen. Auch während des zweiten Weltkrieges blieb die notwendige Aufarbeitung des Holzes auf den Windbruchflächen aus. So fand der Buchdrucker durch die mangelnde Forsthygiene vorzügliche Voraussetzungen für seine Fortpflanzung vor, die von 1944 bis 1951 zur größten Fichtenvernichtung in Europa führte. Von 1945 bis 1948 «räumte» er auf seine Weise ca. 16000 Hektar Fichtenwald allein in den damaligen Ländern Thüringen, Sachsen und Sachsen-Anhalt, was einer Schadholzmenge von 4500000 Festmetern gleichkommt. Im Jahre 1947 waren es allein in Bayern 1 Million Festmeter! Alles Holzverluste, die auch andere europäische Länder in dieser Zeit verzeichnen mußten; Nachteile einer Monokultur, die nur durch intensive Bekämpfung selbst kleinster Befallsherde und laufende Vorsorgemaßnahmen vermieden werden können. In einem solchen Bestand reichen die natürlichen Feinde innerhalb der Lebensgemeinschaft nicht aus, um einer Massenvermehrung der Forstschädlinge Einhalt zu gebieten. Gleichgültig, ob es die in den Eiern parasitierenden Milben (Acari), der gleichfalls unter der Rinde räuberisch lebende Steinläufer *(Lithobius forficatus)* oder die Larven der bereits früher besprochenen Kamelhalsfliege, einige Laufkäfer, die parasitierenden Erzwespen (Chalcididae) und Fadenwürmer (Nematoda) oder die Spechte, Meisen und einige andere Gefiederte sind. Sie alle wirken nur in normalen Zeiten regulierend, beugen einer Kalamität vor, wie etwa die Hemmfaktoren bei Witterungseinflüssen, nämlich Kälte und Hitze, Stürme und große Feuchtigkeit. Letztere wirken vorwiegend indirekt, da sie vermehrt Pilze wachsen lassen, die mit ihrem Myzel alle Entwicklungsstadien des Buchdruckers befallen und dessen Tod herbeiführen. Nicht minder zählen Viren und Bakterien zu den Feinden, die eine große Vernichtung unter den Schädlingen dann herbeiführen, wenn zu gewaltige Populationen unter Nahrungsmangel leiden und dadurch deren Nachkommenschaft in ihrer Lebenskraft geschwächt ist. Einer Massenvermehrung wird aber meist nur der Mensch mit chemischer und mechanischer Bekämpfung Herr werden können.

Fallen im jungen Wald, den der Forstmann bei seiner Anlage wohl überlegt vor Bodenerosion, intensiver Sonneneinstrahlung und starker nächtlicher Auskühlung, also vor ungünstigem Klima zu schützen verstand, die vielen Glieder einer guten Lebensgemeinschaft und ihre Beziehungen zueinander ins Auge, so tritt uns das hochstämmige Altholz in seiner gleichförmigen Art ausgesprochen monoton gegenüber. Die Gründe dafür wurden bereits erwähnt. Indessen darf ein solcher Wald, abgesehen von seinem forstwirtschaftlichen Nutzen, nicht nur unter dem Gesichtspunkt der gemeinschaftlichen, reichen Beziehungen zwischen Pflanzen und Tieren betrachtet werden, sondern auch in seiner Bedeutung, die er innerhalb einer Landschaft besitzt, wie das bereits für den Wasserhaushalt erwähnt wurde. Bedeutungsvoll ist er auch als örtlicher Staubfilter. Von allen Vegetationsformen fällt dem Wald, gleich welcher Art, die weitaus größte Aufgabe bei der Luftfilterung zu. Blätter, Nadeln, Äste und Stämme stellen eine gewaltige Oberfläche dar, die um ein Vielfaches größer ist als der Boden, auf dem sie stehen. Sie fangen nicht zu zählende Staubpartikel ab. Der Regen spült diese natürlichen Filter wieder frei, nimmt die Schmutzstoffe mit zu Boden und hält sie hier in der Humusschicht fest, baut sie in ihr um. Fällt gar zu viel an, so kann sich dadurch sogar der *p*H-Wert der obersten Erdschicht verändern. Was schwebt nicht alles in der

Luft! Der Straßenstaub ist noch das geringste, was beseitigt werden muß, obwohl an Verkehrsknotenpunkten heute auch schon eine beträchtliche Menge anfällt. Flugasche von Industriebetrieben wird in näherer, aber auch in kilometerweiter Entfernung von der Filteranlage Wald in einem Umfange und einer Mächtigkeit abgefangen, die soweit gehen kann, wie wir das in der Nähe von Zementwerken beobachten können. Hier sind Bäume und Pflanzen total verschmutzt, teils verkrustet, kein Blattgrün ist mehr zu sehen, so daß jede Vegetation gefährdet und die Photosynthese völlig eingeschränkt ist. Aber auch vor übermäßigen radioaktiven Beimengen der Luft schützt uns der Wald, denn er reinigt sie gleichermaßen wie vom Staub und hält die Strahlenpartikel in seiner Humusschicht fest. Er bewahrt so Mensch und Tier vor der direkten wie auch vor der indirekten Aufnahme durch die Nahrung. Bäume erleiden dabei keine Strahlenschädigung, obgleich an den dem Wetter ausgesetzten Baumkronen schon eine 32mal höhere Radioaktivität gemessen wurde als auf der windgeschützten Seite. Allein schon parkähnliche Grünanlagen inmitten der Städte wirken säubernd. Baumbestandene Wohngebiete in Duisburg wiesen beispielsweise 25% weniger radioaktive Substanzen in der Luft auf als die Innenstadt. Aber Staub, selbst wenn er radioaktiv ist, bedeutet nur die eine Seite der Luftverunreinigung; Gase sind nicht weniger gefährlich. Durch sie wird der Wald direkt geschädigt, und zwar überall dort, wo es Hütten- und Wärmekraftwerke gibt, wo Industrieschornsteine rauchen. Selbst die Heizungsanlagen der Wohnkomplexe tragen dazu bei. Insgesamt beläuft sich der Rauchschaden an den Wäldern in der DDR auf 200000 Hektar, gar nicht so wenig, wenn man bedenkt, daß die gesamte Waldfläche 2,95 Millionen Hektar beträgt und damit 27,2% unseres Territoriums bedeckt sind. Andererseits liegen wir bei der Umrechnung auf die Prokopfzahl um die Hälfte niedriger als der europäische Durchschnitt, der sich um die 0,3 Hektar bewegt. Durch seine Häufigkeit und die Toxidität kommt dabei dem Siliziumdioxid die größte Bedeutung zu. Blattnekrosen sind der Beweis für das Eindringen des Pflanzengiftes. Über die Spaltöffnungen nimmt es den Weg zu dem Zellstoffwechsel des Blattes, verursacht seine Störungen. Chlorophyllschädigungen, Störungen des Blattöffnungsmechanismus, führen zu verminderter Stoffproduktion, zum Welken und Verdorren. Eingeschränkte Assimilationen hemmen den Baum in seinem Wachstum, können es sogar vollständig zum Erliegen bringen. Je nach Tageszeit, Licht- und Feuchtigkeitsverhältnissen im Boden wie in der Luft lassen die Eintrittspforten, die Spaltöffnungen der Blätter, mehr oder weniger schädigende Stoffe in das Blatt eindringen. Auch das Alter der Blätter spielt eine Rolle, denn die geringer assimilierenden jüngeren und älteren von ihnen nehmen weniger Schadstoffe auf. Vertrocknete Nadelspitzen, Spitzen- und Blattrandzerstörungen bei Laubbäumen, auch sich wölbende Blattspreiten lassen bereits eine Beeinträchtigung der Assimilation erkennen. Fluor, etwa um das Hundertfache giftiger als das SO_2-Gas, schädigt in gleicher Weise die Pflanzenwelt. In der Umgebung von Fluor- und Aluminiumwerken trägt die Flora deutlich die zerstörenden Zeichen des Giftstoffes, der bereits in kleinen Konzentrationen wirksam wird. Auch der «Smog» in Großstädten, gleichermaßen berüchtigt wie gefürchtet, den überwiegend die starke Motorisierung verursacht, schädigt die Bäume beträchtlich, in der Hauptwindrichtung auch noch in kilometerweiter Entfernung, so daß sie gar nicht selten absterben. Den ständig zunehmenden Kohlendioxidgehalt der Luft vermag die Pflanzenwelt nicht mehr abzufangen, selbst dort nicht, wo ein ausgedehnter Grüngürtel, und damit eine größere Assimilation zu einer geringen Verminderung in der Atmosphäre führt. Im allgemeinen sind die Nadelbäume, besonders Tannen, Fichten und Douglasien, empfindlicher gegenüber Rauchschäden als Laubbäume. Zu den rauchunempfindlicheren Blättertragenden gehören bei uns Birken, Eichen und einige Pappelhybriden. Als spezifisch rauchempfindlich gelten Eschen, Rotbuchen, verschiedene Ahorne und Erlen. Allerdings gibt es standortbedingte Klimaabhängigkeiten. Bäume, die sich in wärmeren Breiten als rauchhart erweisen, zeigen diese Eigenschaft in kälteren Regionen bei weitem nicht mehr, wie z. B. Platanen und Eichen. Wenn man sich auch bemüht, «rauchfeste» Bäume zu züchten, die neben Stechfichte, Weymuths-, Schwarzkiefer, Gingko und Platane eine abwechslungsreiche Baumvegetation in rauchgeschädigten Landschaften bilden sollen, gilt es doch, das Übel an der Wurzel zu packen.

Das heißt: unter allen Umständen durch Filteranlagen eine staub- und abgasarme Luft schaffen! Alles andere sind Kompromißlösungen, denn bevor der künftige biologische Filter-Baum seine luftreinigenden Aufgaben erfüllen kann, haben bereits Tausende Menschen x-mal Gift eingeatmet. Bei jedem einzelnen strichen in der Minute mindestens 6 bis 8 Liter mit giftigen Gasen angereicherte und gleichzeitig oft noch sauerstoffarme Luft an den Schleimhäuten der Lungenbläschen und Bronchien entlang, traten teilweise ins Blut über, führten oft zu örtlichen Reizungen. Ein Zustand, der ja nicht über Stunden oder Tage, sondern Jahre und Jahrzehnte ständig fortdauert. Gesundheitliche Schäden bleiben da nicht aus.

Bleiben wir noch etwas bei den Aufgaben, die der Wald innerhalb einer Landschaft wahrnimmt. Auf seine Bedeutung im Wasserhaushalt wurde bereits hingewiesen, wobei die Hochwasserverhütung wie die Filterwirkung bei der Abwässerverrieselung nicht unerwähnt bleiben darf. Der Mischwald bietet bei der Verrieselung wesentlich mehr als der Fichtenwald. Neben seinem Einfluß auf Bildung eines fruchtbaren Bodens, hat er vor allem auch die Aufgabe, ihn «festzuhalten», vor Wind-, Wasser- und Frosterosionen zu schützen und im Hochgebirge die Lawinengefahr zu mindern. Allein deshalb und wegen der erdabtragenden, reißenden Wildbäche versucht man unter beschwerlichen Bedingungen, die Weideflächen oberhalb der zur Zeit künstlich abgesenkten Waldgrenze aufzuforsten, um damit den baumlosen Entstehungsort der Lawinen weitgehend einzuschränken und die Bäche «friedlicher» zu gestalten. Besonders die unzähligen starken, überwiegend aber kleinen Wurzeln, halten das Erdreich fest. Felsige Höhen, steinige Wüsten an den verschiedensten Stellen der Welt zeigen den Endzustand der Erosionen, die begannen, als der Wald verschwand, gleichgültig ob das durch Waldbrand oder unverantwortliche, ausgedehnte Abholzungen geschah. Mit ihm ging auch viel fruchtbares Erdreich verloren, entstanden Wüsten, wo einst ährentragende Felder standen. Schlamm und Schutt in den Talsperren vieler Länder, der von Jahr zu Jahr zunimmt, deuten an, wo der Boden bleibt.

Landeskulturell ist der Wald auch mit seinem Klima bedeutungsvoll, doch für die Großklimalage einer Landschaft oder eines Erdteils kommt ihm wahrscheinlich keine Bedeutung zu, wie weite, waldlose Strecken in China und Nordamerika belegen. Andererseits meinen Fachleute, daß die Beseitigung des Amazonas-Urwaldes durch Rodungen aus kommerziellen Gründen nach Fertigstellung der Trans-Amazonien-Straße des Klima dort bedeutend verändern würde. Unbestritten ist, daß sich der Wald durch seine Vegetation ein eigenes Klima schafft. Die Luftfeuchte wird durch Zurückhaltung der Niederschläge in den Stockwerken des Waldes und ihr zögerndes Eindringen in seinen Boden erhöht; auch die Transpiration trägt viel zur Luftfeuchte bei. Er bügelt zwischen seinen Stockwerken unter dem Kronendach, das wie eine isolierende Decke wirkt, Temperaturextreme aus, wie sie die offene Landschaft in seiner Umgebung zwischen Tag und Nacht und innerhalb der verschiedenen Jahreszeiten aufweist. Diesbezüglich «sorgt» er noch für seine allernächste Umgebung, indem er ihr durch seine Strahlung im Sommer die kühlen Nächte etwas mildert, unterstützt durch seinen Windschutz an der Leeseite des Randes, der die Wärme des Tages nur gering fortwehen läßt. Er wehrt auch früh und spät nächtliche Fröste ab und bewahrt damit seine Lebensgemeinschaft vor mancherlei klimatischen Nachteilen.

Auf seine große Bedeutung innerhalb einer Landschaft, in Feld und Flur, wurde dort bereits hingewiesen, selbst wenn es sich nur um ein schmales Feldgehölz oder einen Heckenstreifen handelt. Schließlich sei seine, wenn auch bescheidene «dämmende» Wirkung gegenüber Lärm, besonders an verkehrsreichen Straßen, erwähnt, die für die Umgebung als eine recht schätzenswerte Funktion innerhalb einer hochtechnisierten Zivilisation zu gelten hat.

Kehren wir nun wieder zurück in den Wald der Fichten, in ein 20- bis 30jähriges Stangenholz, wo sich ein halbwüchsiger Hase (Bild) auf dem über und über mit Nadeln bedeckten strauchlosen Boden drückt und wo der kleine klebrige Hörnling *(Calocera viscosa)* aus der Gruppe der Ständerpilze hier und da einen Farbfleck in der sich weithin ziehenden Eintönigkeit der Nadelspreu bildet. Herumliegende entspelzte Zapfen erzählen von der Arbeit der Fichtenkreuzschnäbel, Spechte und Eichhörnchen. Auch nadlige Haufen fallen uns auf. Man muß schon ein ganzes

Stück laufen, um mehrerer ansichtig zu werden. Sie gehören der gesetzlich geschützten Roten Waldameise *(Formica rufa)*, die in einem Staat lebt, der aus den flügellosen Arbeitstieren, den Weibchen, den zeitweise flügeltragenden Männchen und einer bzw. auch mehreren «Königinnen» besteht; und nur die letzteren pflanzen sich fort. Im lichtarmen Fichtenforst baut so ein Volk manchmal seinen Hügel, bis zu 1,5 m hoch. Er besteht aus einem vielfältigen, bis zu 2 m tiefen Gangsystem in der Erde. Um dem Pilzbefall vorzubeugen, wird der Nadelhaufen ständig umgewälzt. Alle 30 Tage sind die Teilchen wieder an alter Stelle, haben den Haufen von oben nach unten und wieder nach oben «durchwandert». Aus den im März von den Königinnen in Kammern gelegten Eiern – es sind die ersten – kriechen im Mai die flügeltragenden Männchen und die Weibchen aus. Später Geschlüpfte gehören alle der Kaste der Arbeiterinnen an. Unzählige der weiblichen Tiere können nicht an dem Wettlauf teilnehmen, Königin eines Volkes von 200000 bis 2 Millionen Ameisen zu werden. Vögel, Kriechtiere und einige Lurche verzehren sie vorher. Nicht wenige bleiben auch unbegattet. Hat ein Volk mehrere Königinnen, ist es polygyn, wie die Wissenschaft sagt, so wird die eindringende junge, begattete Königin in einem Staat gleicher Königinnenkonstellation fast immer getötet. Entstammt sie einem Volk, wo nur eine Königin lebt, also einem monogynen, so fordert sie Einlaß in einen Hügel der Hilfsameisen *(Formica fusca)*, dringt ein und tötet die hier lebende Königin, wenn nötig auch noch einige sich feindlich zeigende Arbeiterinnen, und läßt sich in dem eroberten Staat nieder. Die von der Königin gelegten Eier werden dann von den Arbeiterinnen des Volkes *Formica fusca* versorgt. Die Zahl der ursprünglich hier lebenden Bewohner wird durch die laufend schlüpfenden Monogynen der neuen Volkmutter einerseits und den natürlichen Tod der arbeitenden Ameisen alter Herkunft andererseits immer mehr «verdünnt», bis endlich auch die letzte stirbt und nun ein einheitlicher monogyner Staat besteht. Welch ein Weg der Arterhaltung!

Ameisenvölker haben wichtige Aufgaben im ökologischen Gefüge des Waldes wahrzunehmen. Die

Drückender, halbwüchsiger Hase.

räuberische Ernährungsweise der 6 bis 11 mm großen Roten Waldameise bedeutet für viele Arten von Kerfen, von denen zahlreiche zu den Forstschädlingen gehören, den Tod. Haben sie wieder einmal überhand gewonnen, so daß höchste Gefahr für die Bäume besteht, kann der Anteil eines Volkes an der Vernichtung bis zu 90% der schädlichen Raupen betragen. Sie sind somit enorm wichtig für die Erhaltung des Waldes, emsige Helfer des Menschen, der sie auch künstlich anzusiedeln versucht, was bisher aber nur mit der *Formica polyctena*, einer sich nur wenig von *Formica rufa* unterscheidenden Art, gelang. Die Ursachen liegen in der überwiegend polygynen Staatenstruktur, wobei diese Art den Drang zur Koloniebildung hat.

Obgleich Monokulturen mangelnde Brutmöglichkeiten für Vögel bereithalten und besonders die Strauch- und Höhlenbrüter benachteiligt sind, schneidet die Fichte beim Vergleich der bevorzugten Brutbäume nach Untersuchungen F. J. Turceks keineswegs schlecht ab. Hinter den durchaus führenden Eichen und Pappeln steht sie an dritter Stelle und läßt Tanne, Kiefer, Erle, Lärche und Birke hinter sich, wobei die Arten- und die Individuenzahl der Vögel im Wald davon allein nicht abhängen. Einer, der bevorzugt hier seinen Reisighorst in halber Höhe des dichten Stangenholzes, möglichst in Nähe eines Quellbaches baut, ist der Sperber *(Accipiter nisus)*, der in mitteleuropäischen Breiten von der Ebene bis an die gebirgige Waldgrenze hin seine Reviere hat. Am meisten sagen ihm die mittelgebirgigen Höhen zu. Schnellen Fluges kommt er einige Meter über dem Boden daher, nutzt dabei Büsche und Bäume als Deckung und stößt urplötzlich in ein Gestrüpp, wo eine Spatzengesellschaft lärmend schilpt. Nicht immer gelingt es ihm, einen aus der Schar fortzutragen, manchmal verhindern die Zweige ein Zufassen seines gelben Fanges, dessen lange Mittelzehe auf überwiegende Vogelbeute hinweist und dem Weibchen eine Griffweite bis 6 cm, dem kleineren Männchen bis 5 cm erlaubt. In unserer Heimat reguliert der Sperber die Bestandsstärke vieler Singvogelarten, greift kranke, unerfahrene und nicht voll flugfähige aus ihren Reihen. Schon vor einigen Millionen Jahren, als sich die einzelnen Singvogelarten herauszubilden begannen, haben sie sich bereits durch ihre Gelegestärke und die Zahl der jährlichen Bruten den bestandsmindernden Umwelteinflüssen und den Zugriffen ihrer verschiedensten Feinde, zu denen auch der Sperber gehört, angepaßt. Ja, sie bedürfen ihrer sogar, um als gesunde, kräftige, vitale Populationen fortbestehen zu können.

Die Zusammensetzung der Beute eines Sperbers hängt sehr von dem Biotop ab, wo er pirschend, startfliegend und seltener von oben her, dann aber ausgesprochen gewandt in der Luft, Vögel schlägt. Meistens jagt er in den hecken- und gebüschreichen Feldgehölzen und an den Rändern der Ortschaften, nur selten im Wald, wobei ihm Fichtenforste durch ihren Mangel an Kleinvögeln sowieso nicht viel zu bieten haben. L. Tinbergen und V. Kramer erwähnen die Bedeutung der Entfernung des Horstplatzes für die Zusammensetzung des Nahrungsspektrums, besonders bei Haussperlingen als Beutetieren. Bei Sperbern, deren Horste 500 bis etwa 1000 m von einer Siedlung entfernt stehen, besteht die Beute aus gut 40% dieses Kulturfolgers, dem der Mensch ungewollt

Nadelhaufen der Roten Waldameise. Die an den stattlichen Haufen gelegten Äste und Fichtenstangen verhindern weitgehend dessen Beschädigung durch nahrungssuchende Spechte.

Sperber-Weibchen auf dem Horst. Dieses letzte bebrütete Ei war unbefruchtet.

in seinem Siedlungsbereich Schutz vor natürlichen Feinden gewährt und ihm, gleichfalls unbeabsichtigt, noch gute Lebensbedingungen bietet und somit optimale Vermehrungsmöglichkeiten schafft. Nicht selten entstehen auf diese Weise starke, geradezu Dezimierung heischende Kolonien. Um so notwendiger ist die Jagdtätigkeit des Sperbers nach den «Gassenjungen» der Singvögel sowohl am Rande wie auch hin und wieder in den Ortschaften, wo er ihnen besonders im Winter nachstellt. Nicht unerwähnt, da ebenfalls von Bedeutung für den Menschen, darf seine Mitwirkung bei der Vernichtung von Feldmäusen in Jahren starker Vermehrung bleiben. Jedes fünfte Beutetier ist dann eine Wühlmaus.

Etwa 10 km^2 benötigt ein Paar, um ausreichende Nahrung zu finden; in manchen Biotopen reichen bereits 7 km^2. In vielen Landschaften hat der kleine Greifvogel weit mehr Raum zur Verfügung, weil Angehörige seiner Art in den letzten Jahren selten geworden sind. Nicht seine Feinde innerhalb der

Lebensgemeinschaft, der er angehört, sind an seinem Rückgang schuld – also vor allem der Habicht, der Baummarder und weit weniger der Waldkauz –, sondern das Bejagen und Fangen in einigen europäischen Ländern, wo er nicht den gesetzlichen, ganzjährigen Schutz wie in der DDR (seit 31. 1. 1969) genießt. Auch die Pestizide scheinen seit ihrer Anwendung an der geringeren Vermehrung beteiligt zu sein, die durchschnittlich drei Junge, manchmal noch weniger pro Jahr, aufweist und bei weitem nicht so hoch ist, wie das vier bis sechs Eier zählende Gelege verspricht. Nach V. Kramer, der von Beobachtungen in der Südlausitz über ein gutes halbes Jahrhundert berichtet, kommen auch nur 66,3 % aller Bruten überhaupt zum Ausfliegen. Falls die im Körper des Sperbers nachgewiesenen Pestizidablagerungen für die von Fachleuten vermutete Dünnwandigkeit der Eier als Ausdruck der Störungen im Kalziumstoffwechsel verantwortlich sind, wäre es in Zukunft um den Sperberbestand ausgesprochen schlecht bestellt. Den kalten Nächten und kühlen Tagen, die bislang als die hauptsächlichste Ursache des verminderten Schlupfes angesehen wurden, dürfte dann nur noch untergeordnete Bedeutung zukommen.

Auch bei dem Weibchen im Stangenholz wird in diesem Jahr kein Junges groß. Das erste Gelege ging Mitte Mai durch den Baummarder verloren. Von den zwei Wochen später im neugebauten Horst nachgelegten drei Eiern waren zwei abgestorben, wobei auffiel, daß ein Ei wesentlich kleiner war als die anderen. Das letzte von ihnen erwies sich als unbefruchtet. Etliche Tage länger als die normalen fünf Wochen brütete nun das Weibchen, bis es dann doch die Eier mit den abgestorbenen Embryonen zur Seite auf den Horstrand schob, als sich die Schalen einzudrücken begannen (Bild). Zwei Tage später fielen sie dann zu Boden. Während des Brütens kündete sich der Beute herbeibringende Terzel in Horstnähe durch leises Gicken an und veranlaßte dadurch das Weibchen kurz zum Verlassen des Geleges, in dessen Nähe sie den Fang kröpfte. Es ist eines der wenigen Paare, das nur im Walde und auf den Lichtungen jagt und damit den Buchfinken am häufigsten erbeutet. Etwa jeder fünfte geschlagene Vogel ist einer seiner Art, jeder siebente eine Drossel, jeder elfte eine Meise und jeder neunzehnte ein Pieper draußen von der Lichtung. Das sind Durchschnittszahlen, die natürlich nichts über die Reihenfolge aussagen und auch in ihrem Stellenwert je nach dem umgebenden Biotop schwanken. Die in unmittelbarer Horstnähe brütenden Singvögel sind vor dem Sperber sicher; er schießt immer hinaus in die Weite seines Reviers und kümmert sich nicht um die neben ihm wohnenden, auch nicht um die in einem Stubben brütende Tannenmeise *(Parus ater)*, die wohl infolge ihrer Kleinheit nur ganze 0,8 % seiner Beute ausmacht, was wiederum günstig für die Fichten ist, wenn sie ihnen als hüpfender, flatternder, schlüpfender und rüttelnder Insektenvertilger erhalten bleibt. Dabei vermag sie gar wohl zwischen – für sie – gut schmeckenden und anderen Kerfen zu unterscheiden.

Der tiefere Einblick in unseren grünen Wald, den die vorangegangenen Betrachtungen boten, hat gezeigt, wie vielfältig die Zusammensetzung seiner von ihm beschirmten Lebensgemeinschaft ist, zu der kleinste bis größte Pflanzen und die verschiedensten Lebewesen aus dem Tierreich gehören. Nicht alle, denen er bei ihrer Verbreitung hilft, lassen ihn unbeschadet; manche Glieder der Gemeinschaft sind seine ärgsten Feinde, wie wir sahen. Steht er auch als Lieferant des begehrten Rohstoffes Holz an erster Stelle des menschlichen Interesses, so ist dieses bei uns heute untrennbar mit den übrigen genannten Funktionen zu verbinden. Der Lebensraum der waldgebundenen Pflanzen und Tiere ist vor unüberlegten Eingriffen zu bewahren. Er bedeutet eine großartige Erholungsstätte des Menschen, die er gegenwärtig und in Zukunft mehr denn je nötig hat. Wie unterschiedlich präsentieren sich die Wälder im Wandel der Jahreszeiten: Sprießendes, brodelndes Leben im Frühjahr, erquickende Kühle bei sommerlicher Hitze, unvergleichliches Rauschen im Herbstwind und frostige, winterliche Stille mit märchenhaften Formen beeindrucken den Naturfreund stets aufs neue. Das alles ist der erholsame Rahmen einer Naturbühne, deren Hauptdarsteller Pflanzen und Tiere (Bild) der durch den Menschen kontrollierten Lebensgemeinschaft sind. Grüne Lungen einer Landschaft und damit wohltuender Lebensborn in einer luftverschmutzten, lärmbelasteten Umwelt, Ziel der Naturverbundenen in der Freizeit – all das verbirgt sich in diesem größten Erholungsrefugium unserer Zeit.

Das Wintergoldhähnchen füttert zwei seiner 8 flüggen Jungen. Zur Lebensgemeinschaft des Fichtenwaldes gehören auch diese kleinsten einheimischen Vögel.

Literatur

Autorenkollektiv, Jagd und Wild, VEB Deutscher Landwirtschaftsverlag, Berlin 1968
– Urania-Pflanzenreich, Höhere Pflanzen 1., Leipzig/Jena/Berlin 1971
Berg, B., Mit den Zugvögeln nach Afrika. Berlin 1925
Boback, W. A., Das Auerhuhn. Geest & Portig K.-G., Leipzig 1952
– Das Birkhuhn. Ziemsen-Verlag, Wittenberg Lutherstadt 1968
Bösenberg, K., Die Nestlingsentwicklung bei einigen Höhlenbrütern während einer aviochemischen Maikäferbekämpfung. Beitr. Vogelkd., Leipzig *18*, S. 123–134, 1972
Brauns, A., Taschenbuch der Waldinsekten. Fischer Verlag, Jena 1964
Creutz, G., Ernährungsweise und Aktionsradius der Lachmöwe (Larus ridibundus L.). Beitr. Vogelkd., Leipzig *9*, S. 3–58, 1963
– Taschenbuch der heimischen Singvögel. Urania-Verlag, Leipzig/Jena/Berlin 1973
Dathe, H., Zur Ernährungsbiologie des Kranichs (Grus grus). Falke *9*, 8–11, 1962
Dornbusch, M., Auswirkungen eines Flugzeugeinsatzes gegen Maikäfer und andere Schädlingsbekämpfungsmaßnahmen auf Waldvögel. Aufsätze ü. Vogelschutz u. Vogelkd., Heft 2, S. 34–41, 1966
– Die Siedlungsdichte des Brutvogelbestandes und die Vogeldichte außerhalb der Brutzeit in Kiefernjungbestockungen sowie ihre Beeinflussung durch Vogelschutzmaßnahmen. Beitr. Vogelkd., Leipzig *18*, S. 265–294, 1972
Dost, H., Zum Kranichproblem auf Rügen. Falke 5, S. 159–161, 1958
Drechsler, H., Die Kraniche vom Weissen Lug. Neumann-Verlag, Radebeul
Ecke, H., Weltproblem Ölpest. In: Fünfzig Jahre Seevogelschutz, Festschrift des Vereins Jordsand, Hamburg 1957
Feiler, A., Die Hege des Birk- und Auerwildes. Unsere Jagd, H. 4, S. 1–7, 1965
Formozov, A. N., Melkije gruzumy i nasekomojadnyje Sarinskogo rajona kostramskoje oblasti v period 1930–1940 gg. Fauna i ekologia gryzunov (Materialy po gryzunam, vyp. 3), Mosk. obscestvo ispyt. prirody, Moskva 1948, 2–110
Franz, J., Über Ernährung und Tagesrhythmus einiger Vögel im arktischen Winter. Journ. Orn. *91*, 1, 1943
Frommhold, E., Die Kreuzotter. Ziemsen-Verlag, Wittenberg Lutherstadt 1969
Geiler, H., Praxis der integrierten Schädlingsbekämpfung in Agro-Ökosystemen. Biol. Rdsch. *13*, S. 226–232, 1975
Gentz, K., Die Große Dommel. Ziemsen-Verlag, Wittenberg Lutherstadt 1965
Gerth, E. und *M. Dornbusch*, Zwei flügge Schreiadler (Aquila pomarina) in einem Horst. Beitr. Vogelkd., Leipzig *19*, S. 73–75, 1973
Grzimek, B., Wildes Tier – weißer Mann. Kindler, München 1967
Günther, K., H.-J. Hannemann, F. Hieke, E. Königsmann, H. Schumann, Urania-Tierreich, Insekten. Leipzig/Jena/Berlin 1968
Hartley, P. H. T., The assessment of the food of birds. The Ibis *90*, 1948
– Wild fruits in the diet of Britisch trushes. Britisch Birds XLVII, S. 97–107, 1954
Haufe, H. und *Schretzenmayr, M.*, Taschenbuch der heimischen Moos- und Farnpflanzen. Urania-Verlag, Leipzig/Jena/Berlin 1961
Heinzel, H., R. Fitter, J. Parslow, Pareys Vogelbuch. Verlag Paul Parey, Hamburg und Berlin 1972
Hempel, W. und *H. Schiemenz*, Unsere geschützten Pflanzen und Tiere. Urania-Verlag, Leipzig/Jena/Berlin 1975
Hilprecht, A., Höckerschwan, Singschwan, Zwergschwan. Ziemsen Verlag, Wittenberg Lutherstadt 1956
– Nachtigall und Sprosser. Ziemsen-Verlag, Wittenberg Lutherstadt 1965
– Auf schwimmenden Inseln. VEB Deutscher Landwirtschaftsverlag, Berlin 1971
Hohl, R., Unsere Erde. Urania-Verlag, Leipzig/Jena/Berlin 1974
Hueck, K., Deutsches Moorland. Geest & Portig K.-G., Leipzig 1953
Hundt, R., Die Bergwiesen des Harzes, Thüringer Waldes und Erzgebirges. Fischer Verlag, Jena 1964
Keller, Th., Auswirkungen der Luftverunreinigungen auf die Vegetation. In: Leibundgut, H., Schutz unseres Lebensraumes. BLV, München/Bern/Wien 1971
Kempf, H., Ergebnisse und Erfahrungen bei der wissenschaftlichen Betreuung und praktischen Grünlandpflege in NSG «Harzgrund» bei Suhl. Landschaftspflege und Naturschutz in Thüringen *10*, H. 2, 16–24
Keve, A., Der Eichelhäher. Ziemsen-Verlag, Wittenberg Lutherstadt 1974
Kleinschmidt, O., Raubvögel und Eulen der Heimat. Ziemsen-Verlag, Wittenberg Lutherstadt 1958
Kramer, V., Habicht und Sperber. Ziemsen-Verlag, Wittenberg Lutherstadt 1973

Kroll, M., Der Fasan. Neumann Verlag, Radebeul 1957

Lenin, W. I., Neue Daten über die Entwicklungsgesetze des Kapitalismus. In: Werke, Bd. *22*, S. 63

Libbert, W., Über das Verhalten der Kraniche (Grus grus) auf Rast- und Sammelplätzen. Beitr. Vogelkd., Leipzig *14*, S. 388–405, 1968/69

Löhrl, H., Zur Ernährungsbiologie des Eichelhähers. Allg. Forstz. 25, 1960

– Die Kleiber Europas. Ziemsen-Verlag, Wittenberg Lutherstadt 1967

– Die Tannenmeise. Ziemsen-Verlag, Wittenberg Lutherstadt 1974

Lyr, H., Über den Wirkungsmechanismus neuer Fungizide. Biol. Rdsch. *11*, S. 156–165, 1973

Makatsch, W., Der Kranich. Ziemsen-Verlag, Wittenberg Lutherstadt 1959

– Die Eier der Vögel Europas. Bd. I, Neumann Verlag, Radebeul 1974, Bd. II, Leipzig/Radebeul 1976

Mauersberger, G., Urania Tierreich, Vögel. Leipzig/Jena/Berlin 1969

Mansfeld, K., Zur Ernährungsbiologie des Kranichs und seiner Abwehr auf landwirtschaftlichen Nutzflächen an norddeutschen Rastplätzen. Falke *8*, S. 272–276, 1961

Melde, M., Der Mäusebussard. Ziemsen-Verlag, Wittenberg Lutherstadt 1971

Meyburg, B.-U., Versuche zur künstlichen Vermehrungsrate des Schreiadlers (Aquila pomarina) zu seinem Schutze. Beitr. Vogelkd., Leipzig *17*, S. 207–227, 1971

Milne, L. u. M., Das Gleichgewicht in der Natur. Parey, Hamburg/Berlin 1965

Mohrig, W., Struktur und Dynamik tierischer und menschlicher Populationen. Biol. Rdsch. *13*, S. 209–226, 1975

Möhring, G., Die Beerenäsung unseres Federwildes. Archiv f. Forstwesen *6*, S. 330–342, 1957

Moll, K. H., Kranichbeobachtungen aus dem Müritzgebiet. Beitr. Vogelkd., Leipzig *8*, S. 221, 368, 412, 1963

– Unter Adlern und Kranichen am Großen See. Ziemsen-Verlag, Wittenberg Lutherstadt 1963

– Neue Kranichbeobachtungen vom Ostufer der Müritz. Beitr. Vogelkd., Leipzig *18*, S. 354–356, 1972

Müller, J., Genetische Blattlausbekämpfung. Biol. Rdsch. *11*, S. 115–116, 1973

Münch, H., Der Wespenbussard. Ziemsen-Verlag, Wittenberg Lutherstadt 1955

Needon, C., J. Petermann, P. Scheffel, B. Scheiba, Pflanzen und Tiere. Ein Naturführer. Urania-Verlag, Leipzig/Jena/Berlin 1971

Novikov, G. A., Jelovyje lesa kak sreda obitanija i rol b ich žižni mlekopitajuščich ptic. Sbornik Rol životnych v žižni lesa, Izd. Mosk. gos. univ., Moskva 1956, 6–165

Nuorteva, P., Methylquecksilber in den Nahrungsketten der Natur. Naturwiss. Rdsch. *24*, S. 233–243, 1971

Petzsch, H., Urania Tierreich, Säugetiere, Leipzig/Jena/Berlin 1969

Piechocki, R., Die Zwergmaus. Ziemsen-Verlag, Wittenberg Lutherstadt 1958

Prange, H., Bemerkungen zur Ernährung der Kraniche (Grus grus) am Rastplatz des Bock. Beitr. Vogelkd., Leipzig *19*, S. 212–219, 1973

Przygodda, W., Pflanzenschutzmittel und Vögel. Falke *14*, S. 10–13, 48–49, 1967

Quaschick, E., Der Fichtenborkenkäfer. Geest & Portig K.-G., Leipzig 1953

Rauschert, S., Wiesen- und Weidepflanzen. Neumann Verlag, Radebeul 1965

Rinnhofer, G., Zum Rasten von Ziegenmelkern, Caprimulgus europaeus, auf Verkehrswegen. Beitr. Vogelkd, Leipzig *13*, S. 127–128, 1967

Ritter, L., Begegnungen in heimatlicher Natur, Bd. I–IV. VEB Deutscher Landwirtschaftsverlag Berlin 1970–1973

Rörig, G., und *H. Knoche*, Beiträge zur Biologie der Feldmäuse. Arb. Kais. Biol. Anstalt 4, 1916

Sedlag, U.; Die Tierwelt der Erde. Urania-Verlag, Leipzig/Jena/Berlin 1972

Sedlag, U.: Leistungen und Strukturen der Insekten im Lichte ihrer Evolution. Biol. Rdsch. *11*, S. 366, 369 u. 370, 1973

Sielmann, H., Vögel über Haff und Wiesen. Königsberg 1943

Sperber, G., Brutergebnisse fränkischer Sperber. Orn. Mitt. *22*, S. 8–11, 1970

Spillner, W., Land unter dem Wind. VEB Deutscher Landwirtschaftsverlag, Berlin 1971

Sulkava, P., Kanahankka ja sen Ravinto Etelä Ja Keski – Suomessa. Suom. Riista *17*, S. 22–42, 1964

Szederjei, A., u. M., und *L. Studinka*, Hasen, Rebhühner, Fasanen. Berlin 1959

Schifter, H., Seltene und vom Aussterben bedrohte Greifvögel. Falkner *21/22*, 1971/72

Schlegel, R., Die Ernährung des Ziegenmelkers (Caprimulgus europaeus L.), seine wirtschaftliche Bedeutung und seine Siedlungsdichte in einem Oberlausitzer Kiefernrevier. Beitr. Vogelkd., Leipzig *13*, S. 145–190, 1967

Schmidt, E., Ökosystem See. Quelle & Meyer Verlag, Heidelberg 1974

Schretzenmayr, M., Der Wald. Urania-Verlag, Leipzig/Jena/Berlin 1973

Schwerdtfeger, F., Ökologie der Tiere, Bd. 2, Parey-Verlag, Hamburg–Berlin 1968

Stein, H. W. G, Die Feldmaus. Ziemsen-Verlag, Wittenberg Lutherstadt 1958

Stephan, B., und *J. Breitmeier*, Geschützte und jagdbare Vögel. Urania-Verlag, Leipzig/Jena/Berlin 1973

Stöcker, F. W., Luftverunreinigung und Vegetation. Biol. Rdsch. *10*, S. 206–207, 1972

Stugren, B., Grundlagen der allgemeinen Ökologie. Fischer Verlag, Jena 1972

Tinbergen, L., De Sperwer als Roofijand van Zangvogels. Ardea *34*, S. 1–213, 1946

Trier, K.-H. und *R. Metzger*, Möglichkeiten des Einsatzes von Lockstoffen in der Schädlingsbekämpfung. Biol. Rdsch. *10*, S. 188–200, 1972

Turček, F. J., Ökologische Beziehungen der Vögel und Gehölze. Verlag der Slowakischen Akademie der Wissenschaft, Bratislava 1961

– Über eine gesanglose Vogelsprache. Beitr. Vogelkd., Leipzig *18*, S. 137–140, 1972

Uttendörfer, O., Neue Ergebnisse über die Ernährung der Greifvögel und Eulen. Ulmer, Stuttgart 1952

Vainio, I., Zur Verbreitung und Biologie der Kreuzotter in Finnland. Ann. Soc. zool.-bot. Fenn. 12, 1–19, 1952

Wendland, V., Schreiadler und Schelladler. Die Neue Brehm-Bücherei, Ziemsen-Verlag, Wittenberg Lutherstadt 1959

Wurm, W., Kritische Naturgeschichte des Auerwildes. Parey, Berlin 1909